DISCOURS

PARLEMENTAIRES

DE

M. THIERS

PUBLIÉS PAR M. CALMON

Sénateur, Membre de l'Institut

XVI

TABLE GÉNÉRALE

ANALYTIQUE ET ALPHABÉTIQUE

DES MATIÈRES

contenues dans les quinze volumes

PARIS

CALMANN LÉVY, ÉDITEUR

3, RUE AUBER ET BOULEVARD DES ITALIENS, 15

A LA LIBRAIRIE NOUVELLE

1889

DISCOURS

PARLEMENTAIRES

DE

M. THIERS

XVI

TABLE GÉNÉRALE

Maison Quantin Imprimerie
S. Benoît 7 à Paris

TABLE GÉNÉRALE

DES MATIÈRES

— Attitude des agents de l'administration en 1873-77, XV, 678.
V. *Agents, Angleterre, Fonctionnaires.*

ADMISSIONS TEMPORAIRES. Effets des — sur les prix, XI, 630.
— Leurs effets sur l'industrie alsacienne, XII, 353.
V. *Acquits-à-caution.*

ADNET (M. —, député à l'Assemblée nationale). Sa proposition relative à la qualification du chef de l'État (1871), XIII, 453.

ADRESSE. Discours de M. Thiers sur le projet d' —, (9 août 1831), notice de M. Calmon, I, 43; vues principales du gouvernement de Juillet, 46; sa politique intérieure, 49; son attitude vis-à-vis des partis, 56; sa situation et sa politique extérieures, 60; discours de M. Thiers, ministre de l'Intérieur, sur l' — de 1832 (29 nov. 1832), notice de M. Calmon, 467; affaire des troubles de juin 1832, 469; exposé de la politique intérieure du gouvernement, 476; attitude des partis, 483; situation extérieure et politique étrangère, 487; comparaison avec les régimes antérieurs, 492; critique des vues de l'opposition, 496.
— Discours de M. Thiers, ministre des Travaux publics, sur la politique intérieure, à propos de l' — de 1834, notice, II, 161; situation du cabinet, 164; justification de l'attitude de M. Thiers, 165; caractère absolu de la responsabilité ministérielle, 169; système politique du Cabinet, 174; difficulté de changer le système électoral, 183; second discours de

M. Thiers relatif à l'adresse de 1834 (discussion du passage relatif aux affaires étrangères), notice, I, 192; attitude du gouvernement de Juillet dans diverses questions après 1830, 194; question d'Orient, 206; principes énoncés par l'adresse de 1827, inutilité de cet avertissement, 283.
— La dynastie est traitée avec respect dans l' — des 221, III, 140; discours de M. Thiers sur le projet d' — de 1836 (13 janvier 1836), notice, 187; politique suivie par le gouvernement de Juillet, 190; son caractère conciliateur, 194;
— Questions relatives à l'Espagne dans l' — de 1838, notice, IV, 205; importance de la question, 207; intérêts de la France en Espagne, 210; politique du gouvernement français en Espagne, 210; sens du projet d'adresse, 213; réplique de M. Molé, ministre des affaires étrangères, 215; nécessité pour la France d'agir en Espagne, 217; second discours de M. Thiers relatif à l' — de 1838 (affaires d'Espagne), notice de M. Calmon, 221; M. Thiers a refusé un portefeuille à cause de cette question, 223; nécessité de réserver l'avenir, 224; effets de la non-intervention en 1836, 226; la politique utile à suivre, 227; critique de la politique du Cabinet, 229; interprétation du traité, 237; dissidence avec l'Angleterre à ce sujet, 240; examen des questions extérieures survenues depuis 1830, 244; situation de l'Europe avant et après 1830, 253; nécessité d'une politique nette en Espagne, 260; discours de M. Thiers dans la discussion du projet d' — de

en Allemagne, XII, 49 : sa nouvelle situation militaire, 610, 618.

— Discours de M. Thiers sur une convention à conclure avec l' — (16 septembre 1871), notice, XIII, 495; motifs de cet arrangement, 497; pourquoi il est soumis à l'Assemblée avant la signature, 499, urgence de la libération du territoire, 500; ses progrès, 501; résultat des emprunts de libération, 505; étendue du Crédit de la France, 506; difficultés des opérations de payement de l'indemnité de guerre, 507; danger d'une crise monétaire, 508; question du régime commercial entre la France et l'Alsace, 510; concessions faites en ce sens, régime temporaire des étrangers, 512; mesures prises pour restreindre cet avantage à l'Alsace-Lorraine, 515; garanties fournies à l'Allemagne pour hâter l'évacuation, 519.

— Négociations commerciales de 1871 avec l' —, XIV, 118.

V. *Adresse, Espagne, Guerre de 1870, Politique extérieure, Prusse, Alsace-Lorraine.*

ALLEMANDS. Désir de paix chez les — en 1870, XV, 550; 577; 584.

ALLIANCES. Nécessité d'avoir des — pour rompre les traités de 1815, I, 64; l'—franco-anglaise, opinion de lord Brougham citée par M. Thiers, 88; la révolution de 1830 prive la France de toutes ses —, 442.

— Principes qui régissent les —, II, 159; les — ne peuvent être éternelles, 159.

— Nécessité des — en 1831, III, 75; utilité d'une — avec l'Amérique

du Nord, III, 78; difficulté de former des alliances avec les États Allemands (1836), 350; attaques du duc de Fitz-James contre l'—franco-anglaise, réponse de M. Thiers (1836), 437; son utilité en 1830, 443; il n'y a pas d' — perpétuelles, 446; 601; influence des analogies constitutionnelles sur les —, 601; les avantages de l' — anglaise en 1830, 603.

— Empressement du gouvernement de Juillet pour l' — anglaise, IV, 32; l' — anglaise mise en péril par le triomphe éventuel de don Carlos, 69; 73; désir du gouvernement de Juillet de se concilier l' — anglaise, 240; nécessité des — pour la France après 1830, 357; nécessité de l' — anglaise pour la France, 358; solidité de l' — du Nord, nécessité de lui opposer une contre-ligue, 359; les avantages de l' — anglaise (avril 1840), 452; 516.

— L'alliance anglaise regrettée par M. Thiers (1840), V, 274.

— Attitude de M. Thiers dans la question de l'—anglaise, VI, 197; M. Thiers fait l'historique de l' — anglaise, 286; caractères nécessaires des — en général, 287; les mauvais côtés de l' — anglaise en 1844, 301; les — peuvent se former sans traités, 307; opinion de M. Thiers sur l' — anglaise en 1845, 602; théorie des — selon M. Thiers, 604.

— Importance d'une — avec l'Amérique du Nord dans tous les temps, VII, 277; utilité de l' — anglaise pour la France (1846), 418; utilité de l' — anglaise pour résoudre la question italienne (1848), 505.

— L'alliance anglaise recherchée

par le gouvernement provisoire
de 1848, VIII, 293.

— Comment les alliances sont fon-
dées sur les intérêts, XI, 79; l' —
anglaise est plus nécessaire que
jamais pour la France (1867), 88;
le gouvernement impérial n'a rien
fait pour empêcher la conclusion
de l' — entre l'Italie et la Prusse,
144.

V. *Adresse, Allemagne, Angle-
terre, Autriche, Espagne, États-
Unis, Politique extérieure, Prusse,
Russie.*

ALLIÉS. Nécessité de secourir ses
— pour les conserver, VI, 422.

AL-MOKRAÏN. Chef de l'insurrection
arabe, tué (1871), XIII, 211.

ALMONTE (le général). Son attitude au Mexique, IX, 483.

ALPES. Leur importance stratégique, I, 95.
V. *Frontière.*

ALSACE-LORRAINE. Effets des admissions temporaires sur l'industrie en —, XII, 353.
— Protestation de M. Keller contre
la cession de l' —, discours de
M. Thiers (17 février 1871), XIII,
1; nécessité d'une prompte décision, 2 et suiv; négociations relatives à l' — (1871), 531.
V. *Allemagne, Guerre de 1870,
Politique extérieure.*

AMBASSADEURS. Réductions proposées sur leurs traitements (1831),
I, 246; on ne peut réduire sensiblement leurs appointements,
352; on propose de réduire le
nombre et le traitement des —,
191; caractères de leur mission,

I, 453; pénurie des agents en 1830,
ses causes, 458.

— Leur rôle, son importance, V,
276.
V. *Agents diplomatiques, Diplomatie.*

AMBITION. L' — est moins dangereuse sous le gouvernement parlementaire que sous tout autre
régime, IX, 395.
V. *Gouvernement parlementaire.*

AMBITIONS NATIONALES. Utilité des —, VI, 41.
— Les ambitions jouent un rôle utile
dans la vie des nations, XI, 320.
V. *Politique extérieure.*

AMÉNAGEMENT des bois de l'État,
ses conditions, I, 17.
V. *Forêts de l'État.*

AMENDEMENT. Nécessité du droit
d' —, XII, 321.
V. *Liberté, Politique intérieure.*

AMÉRIQUE. Développement rapide
des chemins de fer dans l' — du
nord, ses causes, III, 333.
— Intérêts français dans l' — du
sud, VIII, 338.
— Relations de l'Europe avec l' —
(1864), IX, 452; situation troublée
de l' — du sud (1864), 454.
V. *Brésil, États-Unis, La Plata,
Mexique, Politique extérieure.*

AMILHAU (M. — député). Rapporteur
du budget du Ministère de l'Intérieur (1836), III, 417.
— Son amendement au projet
d'adresse de 1839, IV, 298.
V. *Budget, Finances.*

AMNISTIE. L' — proposée par le
maréchal Gérard en faveur des

insurgés d'avril (1834), II, 379; motifs pour ne pas l'accorder en 1834, 383; l'amnistie réclamée à la Chambre des pairs en faveur des insurgés d'avril (1835), 466; l' — des accusés d'avril serait une erreur politique, 476 et suiv.; son utilité en 1804, 477; l' — ne peut suffire pour réconcilier les partis, 481; la question de l' — a entravé la formation d'un Cabinet (mars 1835), 534; opinion de M. Thiers sur l' —, 534; l' — doit suivre la répression, 547.

— L'amnistie comprise dans le programme du Cabinet du 15 avril 1837, IV, 173.

V. *Emeutes, Politique intérieure.*

AMORTISSEMENT. Loi sur l' — revisée en 1831, I, 27; l' — au budget de 1832, 234; critiques dirigées contre l' — (1831), 285; M. Thiers les réfute, 286 et suiv.; son influence sur la spéculation, 286; son véritable but est de payer les dettes de l'État, 287; causes de son inefficacité jusqu'en 1831, 288; il faut pratiquer l' — pendant la paix et en vue de la guerre, 289; son action sur les cours, 289; un prélèvement sur l' — produira la chute des cours, 290; l' — est le seul moyen pratique de faire disparaitre la dette, 349; la Restauration a disposé de l' — en faveur des émigrés, 367; utilité de le conserver intact pendant un temps (1832), 369; discours de M. Thiers sur l' —, (26 janvier 1832); notice de M. Calmon, 373; ses ressources en 1832, 373; critiques dirigées contre l' — , 373; système de l' — exposé par M. Thiers (1832), 381; par la

suppression de l'amortissement, l'Angleterre a proclamé son impuissance en face de la dette, I, 383; le système de l'intérêt composé expliqué par M. Thiers, 384; quelle doit être la période d' —, 384; taux successif de l' — par intérêt composé, 387; l' — a été interrompu pendant cinq ans sous la Restauration, 388; opinion de M. Thiers sur le système de l' — au moyen des seuls excédents de recettes, 392; taux moyens des rachats de rentes opérés par l' — sous la Restauration, 393; il est équitable de racheter plus cher qu'on n'a émis, 394; son effet sur le marché des capitaux, 395; danger de sa suppression en 1832, 396; nécessité de le conserver pour préparer une conversion, 397, 499; discours de M. Thiers sur l' — (27 février 1833), notice, 562; nécessité de maintenir l' —, 568; il y a un amortissement fictif et un — réel, 569; l' — est contraire aux jeux de Bourse, 571; pertes du Trésor par le fait de l' —, 572; M. de Villèle a paralysé l' — au profit de l'indemnité aux émigrés, 573;

— Son montant en 1829 et en 1830, III, 575; l' — suspendu pour le service de l'indemnité aux émigrés, 592.

— Plans de Cambon en vue de l' — de la dette, V, 63; sa situation en 1840, 76, 121.

— La réserve de l' — affectée à l'extinction des découverts du Trésor, VI, 139.

— Emploi des réserves de l' — (1840-44), VII, 139, 452; nécessité de l' — pendant la paix, 451.

— Chiffre total des rachats de rentes opérés par l'amortissement (1848), VIII, 23.

— L'amortissement est un service essentiel de l'État, IX, 578.

— L'amortissement détourné de son but (1865), X, 203; on lui prend les rentes rachetées, 213; délai normal d' —, 214; nécessité de l' —, 230; dispositions de la loi de 1833, 273; son influence sur les cours, 274; projets de suspension de l' — (1865), 314.

— Insuffisance des textes pour assurer l' —, XI, 96.

— L'amortissement abandonné en France, XII, 10; le budget de l' — depuis 1866, 18.

— Nécessité de l' —, XIII, 489; l' — négligé par le second Empire, 548.

— Nécessité de maintenir l' — (1872), XIV, 23, 25; nécessité d'un — régulier, 486.

V. *Angleterre, Dette publique, Finances.*

ANARCHIE. Conséquences de l' — en Belgique en 1830, I, 94; l'Europe craint de voir l'esprit d' — renaître en France en 1830, 488; — Ses conséquences naturelles, XV, 28.

V. *Belgique, Politique intérieure et extérieure.*

ANCEL (M. — député de la Seine-Inférieure au Corps législatif). Son amendement relatif aux droits sur les sucres, IX, 534.

ANCIEN RÉGIME. Différences entre le budget de l' — et celui du gouvernement de Juillet (1832), I, 362.

V. *Budget, Finances.*

ANCÔNE. L'expédition d' — critiquée par le général Lamarque (1832), I, 422; l'expédition d' — appréciée par M. Thiers (1832); 440; l'occupation d' — n'amènera pas la guerre, 448.

— Discours de M. Thiers sur l'évacuation d' — (14 janvier 1839), IV, notice, 331; engagements pris par la France avec le pape, 335; politique de Casimir Perier, 336; concessions libérales demandées au pape, 339; utilité de rester à —, 342; politique de M. Thiers à ce sujet, 345.

— Particularités sur l'affaire de l'occupation d.' —, VI, 346 et suiv.

V. *Adresse, Italie, Papauté, Politique extérieure.*

ANISSON-DUPERRON (M. —, député). Prend part à la discussion relative au secours demandé pour les victimes de l'insurrection de Lyon (1835), II, 574.

— Parle dans la discussion des tarifs de douane (1836), III, 270.

ANGLETERRE. Ses raisons pour rester en paix avec la France en 1830, I, 61; importance de l'opinion publique en —, 68; elle est opposée à l'annexion de la Belgique par la France, 70; la réforme parlementaire en — appréciée par M. Thiers, 83; elle veut la paix en 1831, pourquoi, 88; sa sympathie pour le gouvernement de Juillet, 88; elle ne peut se servir de la Belgique pour introduire ses produits en France, 100; détermination de son intérêt politique particulier en 1830, 110; l' — refuse d'intervenir en faveur de la Pologne, 110; sa politique en matière

ARGENTINE (la République). Affaires de 1840 avec la —, IV,
547.
— La situation sous Rosas, VI,
356.
— Traité conclu par la France avec
la —, VIII, 372.
V. *Plata (La)*, *Montevideo*, *Politique extérieure*.

ARGOUT (M. d' —). Nommé ministre du Commerce et des **Travaux publics** (11 octobre 1832), **I,**
468; nommé ministre de l'Intérieur, 1er janvier 1833, 541.
-- Nommé ministre des **Finances**
(1836), III, 197.

ARISTOCRATIE. Le gouvernement
de l' — défini par M. Thiers, I,
153; l' — élément nécessaire de
la monarchie représentative, 158;
l' — parlementaire doit être libé-
rale, 170; arguments contre le
rétablissement d'une —, 171;
l' — ancienne comparée avec
l' — parlementaire, 173; l' — de
robe sous l'ancien régime, 174;
l' — parlementaire ne peut donner lieu aux abus de l'ancienne
—, 174; qualités et défauts de
l' — 177; l' — à Florence, 179;
comment se forment des aristo-
craties nouvelles, 180; l' — rend
gratuitement la justice en Angleterre, à quelles conditions, 276;
une — d'argent peut sortir de
l'esprit d'exclusion et d'économie
mal entendue, 462; elle n'est pas
redoutable en 1832, 462.
— Lutte de l' — anglaise contre la
Révolution, IV, 450.
— Son rôle en Angleterre, VIII,
421.
— Sa situation et ses sacrifices en

Angleterre, IX, 161; son rôle et
Angleterre, 219.
— Sa situation en France (1865),
X, 42; renouvellement des aristo-
craties par des éléments nouveaux,
42 et suiv.; ce n'est plus l' — qui
dirige l'Angleterre (1865), X, 45.
V. *Angleterre*, *Noblesse*, *Pairie*.

ARLANGES (le général d'). Suites
de son échec en Algérie, III, 527.
V. *Algérie*.

ARMAN (M. —, député), parle sur le
libre-échange, XI, 539.

ARMÉE. Une — de 434,000 hommes
préparée en 1830, I, 31; l' — de
la Révolution, composée de troupes
disciplinées jusqu'à Jemmapes,
91; conséquences, 91; proposition
du général Lamarque tendant à
créer une — de réserve au moyen
de la garde nationale mobile, 192;
M. Thiers la combat, 193; système militaire du gouvernement
de Juillet, exposé par M. Thiers,
197; l' — active sur le pied de
paix, quelle doit être sa composition, 198; les éléments de recrutement de l' — active, 199; l' —
de réserve doit se trouver dans
l'armée active, 198; éléments de
recrutement de l' — de réserve,
199; le système français comparé au système prussien, 203;
danger de la maintenir trop nom-
breuse, 201; effectif de l' — proposé pour 1832, 253; abus dans l'—
avant 1830, 278; l'entretien de
l' — coûte plus cher à l'étranger
qu'en France (1831), 278; dépenses
militaires en Angleterre, leur taux
élevé, 278; dépenses relatives à
l' — comparées à celles des autres
États (1832), 356; dépense par

— Elle était plus éclairée que celles de 1848-49. VIII, 607.
V. *Révolution*.

ASSEMBLÉE CONSTITUANTE de 1848. Appui donné par l' — à des associations ouvrières, VIII, 506.
— Éloge de l' — par M. Thiers, IX, 315.
V. *Politique intérieure*.

ASSEMBLÉE LÉGISLATIVE. Réunie le 28 mai 1849, VIII, 247.
— Discours de M. Thiers sur le droit de réquisition directe demandé pour l'Assemblée (17 novembre 1851), IX, notice, 311; explication de son vote, 313; nécessité de ce droit, 315; la circulaire du général Saint-Arnaud, 317; droits de l'Assemblée en ce qui concerne sa sûreté, 322.
V. *Napoléon III, République*.

ASSEMBLÉE NATIONALE de 1871. Première séance, à Bordeaux, le 13 février 1871, XIII, 1; opportunité d'une suspension de ses séances, 5.
— Nécessité de la rapprocher de Paris, discours de M. Thiers (10 mars 1871), XIV, 61; Fontainebleau proposé, 62; tableau des faits écoulés, 64; difficultés des affaires et embarras du gouvernement, 6; nécessité pour celui-ci d'être à Paris, 70 et suiv.; utilité d'amener l'Assemblée près de Paris, sinon à Paris, 84; situation de l' —, 85; motifs de sa réserve en matière de constitution, 86; réserve du choix de la capitale, 91; utilité de choisir Versailles,

XIV, 94; date possible du transfert, 96; l'Assemblée nationale n'use pas de son pouvoir constituant, 197; elle ne conspire pas contre la République, 198; elle déclare que l'armée et M. Thiers ont bien mérité de la patrie, 270; rôle et programme de l' — à Bordeaux et à Versailles, 317; étendue de ses pouvoirs (1871), 475; elle est souveraine, 576; question de la prorogation, proposition Target, message de M. Thiers (1871), 484; sa prérogative en matière de traités internationaux, 490.
— La campagne de banquets contre l' — (1872), incident de Grenoble, XV, 45; utilité de laisser au Président de la République accès à la tribune de l' —, 101, divisions des partis dans l' —, 112; son pouvoir constituant affirmé par M. Thiers (1873), 147; sa prochaine dissolution, 148; opinion de M. Thiers sur ce point, 149 et 640; divisions de l' — sur la question de la forme du gouvernement, 182; elle accepte la démission de M. Thiers, 223; l' — n'a pu rétablir la monarchie ni en 1871 ni en 1873, 635 et suiv.; nécessité de la traiter avec modération, 640.
V. *République*.

ASSIGNATS. Leurs différences avec les obligations du Trésor (1831), leurs caractères, 1, 19.
— Les assignats créés pour combler le déficit résultant de la suppression des impôts de consommation, II, 25.
— Les émissions d' — tiennent lieu du produit des impôts, VI, 107.
— Leur nécessité, leurs effets

situation faite à divers ouvriers dans les ateliers nationaux, VIII, 96.
— Leurs dangers, 514.
V. *Assistance publique.*

ATELIERS PUBLICS. Danger d'ouvrir simultanément à Paris de nombreux — de travaux publics. II, 114, 119.

ATTACHEMENTS. Détail sur les — dans les travaux de Paris, III, 411.
V. *Monuments de Paris.*

ATTELAGES de l'artillerie. Projet de placer 3,000 chevaux chez des agriculteurs; dangers de cette mesure (1868), XII, 52.
V. *Armée, Artillerie.*

ATTENTATS POLITIQUES. Inefficacité du jury pour les juger, III, 147.
— Nécessité de définir l' — en matière de presse, V, 518.
— Dispositions de la loi de 1819, relative aux — contre le chef de l'État et l'ordre établi, XI, 428.
V. *Presse.*

ATTRIBUTIONS des Conseils municipaux, II, 53, 239; des maires, 213.
— Du pouvoir exécutif, amendement Dufaure (1872), XV, 117; des pouvoirs publics (1873), 119.
V. *Administration , Conseils municipaux, Maires, Politique intérieure, Pouvoir exécutif, Pouvoirs publics.*

AUBIGNY (le commandant d'). Fait arrêter Pritchard, VI, 569.
V. *Politique extérieure, Pritchard, Taïti.*

AUDREN DE KERDREL (M. —, député). Parle sur l'incident soulevé par M. Mortimer-Ternaux (affaires de la Commune de Paris, 1871), XIII, 227.
— Sa proposition relative au Message du 13 novembre 1872, XV, 37.

AUDRY DE PUYRAVEAU (M. —, député). Propose d'éteindre la dette au moyen de la vente des forêts etc. (1832), I. 297; M. Thiers combat sa proposition relative à la suppression du budget des cultes (1832), 353.

AUGUSTEMBOURG (les princes d'). Leur renonciation à leurs droits sur les duchés danois. X. 588; rappel de ces droits en 1862, 601; ils sont exclus par la Prusse, 606.
V. *Danemark, Politique extérieure.*

AUMALE (le duc d'). Élu député (1871), XIII, 295; discours de M. Thiers à ce sujet, 297; nécessité de l'abrogation des lois d'exil contre les princes, 298; situation intérieure et extérieure du pays, 300; politique à suivre, 301; charges du moment, 304; solidité du crédit, 306; dangers de la coexistence de deux gouvernements dans le pays, 309; entrevue entre M. Thiers et Louis-Napoléon en 1849, 310; le rappel des lois d'exil est-il opportun ? 311; sens et portée du pacte de Bordeaux, 312; situation particulière des princes, 330; engagements pris par eux, 332.
V. *Politique intérieure.*

AUSTRALIE. Concurrence faite par les laines d' — aux laines françaises, XII, 572.

V. *Laine, Protection.*

AUTORISATION PRÉALABLE. La suppression de l' — proposée en matière d'établissements d'instruction (1844), VI, 480.

V. *Instruction publique.*

AUTORISATIONS DE POURSUITES. Accordées par le Conseil d'État contre des fonctionnaires (1836), III, 298.

V. *Agents, Article 75 de la Constitution de l'an VIII; Fonctionnaires.*

AUTORITÉ. L' — doit s'appuyer sur la liberté, X, 360.

V. *Liberté, Politique intérieure.*

AUTRICHE. Son intérêt au maintien de la paix en 1830, I, 62; elle est obligée de s'en tenir à la politique du *statu quo*, 87; ne ressent aucune sympathie pour le gouvernement de Juillet, 89; son intérêt particulier en 1830, 110; son attitude prévue en cas d'intervention française en Italie, 114; l' — serait restée en Italie sans l'intervention de la France (1830), 117; son attitude en Italie (1831), 212; ses forces militaires disponibles en 1831, 215; son armée lui coûte moins que celle de la France, pourquoi (1831), 278; dépenses militaires de l' — (1832), 357; l' — ne veut pas interposer sa médiation en Pologne en 1830, 430; elle ne peut former une coalition contre la France

sans les subsides de l'Angleterre, I, 445.

— Son impuissance à empêcher la formation du *Zollverein*, III, 348; l' — n'a pu empêcher la formation du *Zollverein*, pourquoi, 489.

— Ses promesses relativement à Cracovie, IV, 349.

— Sa situation en 1839, V, 256; l' — et la Prusse auraient pu être amenées à consentir des concessions dans la question d'Égypte après le traité du 15 juillet 1840, 562.

— Son rôle dans les affaires d'Orient en 1840-41, VI, 6; sa politique vis-à-vis de la France après 1830, 16; motifs de son alliance avec la France en 1756, 287; effets de ses conseils sur l'alliance anglo-française, 293.

— Son attitude en Italie en 1848, VII, 487; l' — a été l'adversaire permanent de la France, 495; ses routes d'invasion contre la France, 495; son influence en Italie (1848), 502.

— Difficultés d'une guerre avec l' — (1849), VIII, 213; l' — secourue par la Russie (1849), 214; nécessité de l'arrêter en Italie (1849), 314.

— Utilité éventuelle d'une alliance entre la France et l' —, X, 66; sa politique dans l'affaire des duchés danois, 592.

— Conséquences de l'application du principe des nationalités à l' —, XI, 43; nécessité de l'alliance autrichienne pour la France, 49; sa situation comparée au xviii⁰ siècle et au xix⁰, 51; son attitude dans la question danoise, 55; son rôle dans l'équilibre européen, 120.

— Causes de ses échecs en 1866,
XII. 611.

— Ses intentions en 1870, XIII,
352; sa politique vis-à-vis de
l'Italie (1871), 415.

— Son attitude en 1870, XV, 545,
578.

V. *Adresse, Danemark, Italie,
Politique extérieure, Prusse.*

AVERTISSEMENT. Critique du régime de l'— en matière de presse,
X, 16.

V. *Presse.*

AVEUGLES. Moyens mis en œuvre
pour les instruire, VIII, 472.

V. *Assistance publique.*

AYMAR (le général). Reçoit une
épée d'honneur de la ville de
Lyon (1834). II, 582.

V. *Émeutes, Lyon.*

B

BACCALAURÉAT. Questions relatives au —, VIII, 634.

V. *Enseignement, Instruction publique.*

BACLE. Cas du nommé —, sujet
français, à Buénos-Ayres, VI, 356.

V. *Plata (La).*

BADE (Grand-duché de). Attaque
dirigée contre le — par des réfugiés politiques, IV, 4.

BAILLOT. Le sieur — assassiné
pendant les journées d'avril 1834,
II, 355.

V. *Émeutes.*

BALANCE DU COMMERCE. Son importance, XV, 10; application de
la — au mouvement du numéraire, 162.

V. *Douanes, Libre-Échange, Protection.*

BANQUES. Ancienneté et invaria-
bilité des principes en matière
de —, V, 7; activité de la concurrence entre les —, 42.

— Les banques ne peuvent prêter
sur hypothèques, VIII, 128 et suiv.;
causes de l'insuccès des — territoriales, 128; le rôle des — d'escompte, 129; règle de leurs opérations, 135; exemple tiré des —
d'Écosse, 139; limites de leur
action, 483 et suiv.; l'origine et
le but des — territoriales, 494.

— Proportion de la réserve métallique
dans les — d'émission, IX, 335.

— Origines et définition des — de
dépôt, XV, 369.

V. *Crédit.*

BANQUE D'AMSTERDAM. Exemple
fourni par la —, VIII, 135, et XV,
370.

BANQUE D'ANGLETERRE. Son emprunt à la Banque de France en
1839, V, 13; son rôle au point de
vue du recouvrement des impôts,
37.

— Supériorité du mécanisme de la
Banque de France sur celui de
la —, XV, 458; acte de Peel relatif
aux émissions, 460.

V. *Impôts.*

BANQUE DE FRANCE. On propose
de lui remettre le service de la
dette (1832), I, 298.

— Ses relations avec le Trésor, IV, 117.

— Discours de M. Thiers relatif au privilège de la Banque de France (19 mai 1840), V, notice, 1; nécessité d'admettre le progrès, 5; situation éminente de la —, 5; critiques dirigées contre la —, 6; ses origines, 7; cause de la suspension de ses payements en 1805, 10; services rendus par la —, 12; formes de l'escompte, 15; raisons de la solidité de la —, 27; son action sur les crises de 1810 à 1837, 30; secours fournis à l'État par la —, 33; difficulté de lui confier le service des impôts, 35; moyens d'étendre son action (1840), 40; obstacles au développement des comptoirs, 44; ses prêts à l'État en 1848, 47; jeu de ses opérations, 129.

— Excès inusité de son encaisse (1868), XI, 557.

— Concours prêté par la — au gouvernement en 1870-1871, XIII, 51 et 73; solidité de son crédit (1871), 365; emprunts à la — (1871), 364; sa situation, 375; avantages des emprunts faits à la — 378; discussion sur le taux d'intérêt à lui payer, 394; inutilité d'étendre la circulation des billets, 397; sa situation en 1871, 561; discours de M. Thiers sur le projet de loi relatif aux émissions de la — (29 déc. 1871), 631; nécessité du cours forcé, 633; rôle de la — pendant la crise de 1870-1871, 635; solidité du crédit de la France, 639; effets de la crise monétaire, 643; théorie du papier de circulation, 653; situation de la —, 655; limite utile de l'émission des billets, 660; nécessité de l'étendre

pour assurer la libération du territoire, XIII, 663.

— Secours fournis par la Banque de France (1871), XIV, 168; nécessité de la rembourser à bref délai, 172; engagements pris par le gouvernement vis-à-vis de la — (1872), 488.

—Son rôle et sa situation fin 1872, XV, 7; déposition de M. Thiers dans l'enquête ouverte sur la — et sur la circulation fiduciaire (27 juillet 1866), 357; caractères du vrai crédit, 359; solidité de la —, 362; critiques adressées à la —, 364; besoins de la circulation, 367; rôle du papier, 368; origine des Banques, 369; conditions de circulation fiduciaire, 372; origines de l'escompte, 373; services rendus par les banques d'escompte, 377; dangers de la multiplicité des banques, 378; crise de 1848, ses causes, 379; conditions nécessaires de l'escompte, 381; dangers des affaires à long terme, 383; crises de la —, leurs causes, 384; conditions de sa solidité, 387; nécessité des trois signatures, 388; dangers des prêts sur titres, 389; nécessité de maintenir le monopole d'émission des billets de banque, 395; dangers de la spéculation pour les banques d'émission, 397; définition des capitaux réels, part des métaux précieux dans le rôle de ces capitaux, 398; rôle des banques en matière de grande industrie, 401; rapports de la —, 403; nécessité de laisser à l'État la nomination du gouverneur de la — 403; de laisser à la — son indépendance, 405; dangers du cours forcé, 407; disponibilité de son

capital en rentes, XV, 409;
escomptes du Trésor à la Banque
de France, 412; exemple du
mauvais effet de la pluralité
des banques d'émission, 416;
rôle de son capital social, 417;
usages de son capital en cas de
crise, 422; attitude de la — pendant les crises de 1826, 1830, 1847,
effets des crises monétaires, 423;
état de la circulation en France,
429; emploi du capital en rentes
de la —, 431; achats de métaux,
433; utilité générale de ce genre
de commerce, 434; utilité d'une
fusion avec la Monnaie, 436; variations du taux de l'escompte,
437; impossibilité de le fixer par
la loi, 439; moyens d'y remédier,
440; effets sur la spéculation, 443;
nécessité de modérer les mouve-
ments de l'escompte, 447; résumé
de la question, 448; difficultés
relatives aux établissements pratiquant le prêt à long terme, 449;
conclusion, 457; supériorité de son
mécanisme sur celui de la Banque
d'Angleterre, 458; causes qui ont
amené une différence prolongée
du taux de l'escompte entre ces
deux établissements, 462; absence de solidarité entre les
deux établissements, 465; effets
des disettes sur la sortie du numéraire, 470.
V. *Billet de banque, Crédit,
Emprunts, Escompte, Monnaies.*

BANQUE D'ITALIE. Sa situation
comparée à celle de la Banque de
France, XIII, 396.

BANQUEROUTE. La — est la conséquence inévitable du désordre,
I, 54.

— Véritable origine de la banque-
route de l'an VI, V, 59.
— Nécessité d'amortir pour éviter
la —, X, 236.
V. *Amortissement, Dette publique,
Finances.*

BANQUETS. Campagne des —, ses
résultats (1847), VII, 429; discours
de M. Thiers relatif aux — (10 février 1848), notice, 585; droit
absolu de chaque député à la pa-
role, 587; pouvoir de chaque parti
de juger la politique des autres,
limites de ce pouvoir, 590; caractère du discours du trône, 594.
— Discours de M. Thiers sur l'interpellation relative au — de Grenoble (1872), XV, 45.
V. *Adresse, Politique intérieure.*

BANQUIERS. Justification du rôle
des — en matière de crédit public,
I, 572.
V. *Banque de France, Crédit public, Emprunts.*

BARANTE (M. de —, pair de France).
Son rapport à la Chambre des pairs
sur les monuments à achever à
Paris, III, 374.

BARBÈS. Émeute de mai 1839, dirigée par —, IV, 410.
V. *Émeutes.*

BARBET (M. —, député). Son opinion sur le contrôle des arrêtés
municipaux, II, 214.
V. *Arrêtés municipaux, Maires.*

BARLOW (M.). Cité par M. Thiers,
III, 49.

BAROCHE (M. —, garde des sceaux).
Parle sur la proposition de M. de
Rémusat (1851), IX, 62; réponse
de M. Thiers, 63.
— Parle sur la liberté de la presse
(1868), XI, 435; réplique de
M. Thiers, 510.

BARODET (M. —, maire de Lyon).
Effets de son élection à l'Assem-
blée nationale (1873), XV, 171.
V. *Politique intérieure.*

BARROT (M. Odilon —, député).
Demande l'extension du corps électoral départemental, I, 530; il réclame l'extension du suffrage dans
les élections locales (1833), 537;
ses critiques sur la politique extérieure du gouvernement de Juillet
(1833), 550; il reproche à M. Thiers
de faire intervenir le nom du roi
dans les débats parlementaires
(1833), 558.
— Ses critiques contre le Cabinet
(Adresse de 1834), II, 161; réponse
de M. Thiers, 163; il parle sur
les affaires polonaises et allemandes, 193; son opinion sur le contrôle des arrêtés municipaux, 226;
son opinion sur le projet de loi
relatif aux associations (1834), 250;
il se déclare partisan de la censure
dramatique (1834), 326; parle sur
les affaires de Lyon, 464; sur les
réclamations pécuniaires relatives
au grand-duché de Varsovie, 491.
— Intervient dans la discussion sur
la conversion des rentes (1836),
III, 261.
— Intervient dans l'affaire Conseil
(1837), IV, 5; défend le Cabinet du
22 février, 174; il est proposé pour
la présidence de la Chambre
(1839), 392.

— Nommé président du Conseil des
ministres (1848), VIII, 203.
V. *Conversion, Élections, Gouvernement provisoire, Politique intérieure et extérieure, Théâtres.*

BARTHE (M. —, député). Rapporteur
du projet de loi sur la responsa-
bilité des ministres, III, 295.
— Ministre de la justice (15 avril
1837), IV, 173.
— Son ordre du jour dans la ques-
tion relative au Saint-Siège (1871),
XIII, 426.
V. *Cabinet, Ministres, Papauté,
Rome.*

BARTHÉLEMY SAINT - HILAIRE
(M. Jules —, député). Son opinion
sur le droit de l'État en matière
d'Instruction publique (1850), VIII,
387; parle sur la loi relative à l'instruction publique (1850), 594.
V. *Enseignement, Instruction publique.*

BASQUES. Émigration des — dans
l'Amérique du Sud, VI, 390; VIII,
349, 529.
V. *Plata (La).*

BASSANO (le duc de). Nommé
président du Conseil, II, 380.
— Cité par M. Thiers (indemnités
aux États-Unis), III, 50.

BASTIDE D'IZAR (M. —, député).
Demande l'établissement d'un impôt sur le revenu et sur le luxe
(1833), II, 21.
V. *Impôts.*

BASTILLE. Montant des pensions
accordées aux vainqueurs de la —
(1833), II, 3.
V. *Pensions.*

les puissances, I, 213; importance du traité du 15 octobre 1831 relatif à la Belgique, 220; effets de la Révolution de Juillet en —, 425; principes sur lesquels on a fondé l'existence politique de la — en 1830, 426; l'intervention en — appréciée par M. Thiers, 434; résultats de l'affaire de — au point de vue français (1832), 489.

— Causes de l'intervention française en —, II, 197; la nécessité de la Révolution de — reconnue par l'Europe, 414.

— Ses rapports industriels avec la France, III, 84; activité de son industrie (1836), 323; intérêts communs de la France et de l'Angleterre dans la question de —(1830), 450; attitude de l'Angleterre dans la question de —, 606.

— La Belgique obligée de réprimer par une loi les tentatives des réfugiés politiques, IV, 7; difficulté d'avoir l'alliance anglaise dans les affaires de —, 241; la frontière de la — a perdu de son importance, 247; discours de M. Thiers relatif à la question franco-belge (1839), 301; exposé de la question de —, 305; causes de l'attitude de l'Angleterre en — en 1839, 361.

— Résultat de la création des chemins de fer en —, V, 115; la — crée des lignes de paquebots à vapeur (1840), 133.

— L'attitude des Puissances dans les affaires de — en 1839, VI, 18; développement rapide des chemins de fer en —, 167; état de la question de — en 1844, 307.
V. *Adresse, Angleterre, Anvers, Autriche, Politique extérieure.*

BELLIGÉRANTS. Leurs devoirs vis-à-vis des neutres, III, 38.
V. *Guerre, Neutralité.*

BENEDETTI (M. —, ambassadeur à Berlin). Ses démarches près du roi de Prusse (1870), XII, 638.
— L'incident — (1870), XV, 505.
V. *Politique extérieure, Prusse.*

BÉRARD (M. —, député). Demande l'extension du corps électoral départemental, I, 530.
— A présenté la Charte de 1830, II, 103.

BÉRENGER (M. —, député). Son rapport sur le projet de loi concernant la pairie, I, 151.
— Son amendement relatif aux associations (1834), II, 250.
V. *Associations, Pairie.*

BERNADOTTE (le maréchal). Il est devenu Suédois, I, 98; envoyé comme ambassadeur à Vienne par le Directoire, 351; le — envoyé à Vienne comme ambassadeur de la République, 456.

BERNARD (le général). Ministre de la guerre (1836), IV, 3; il autorise l'expédition contre Constantine, 124; le —, ministre de la guerre (15 avril 1837), 172.
V. *Algérie.*

BERRY (duchesse de). La — en Vendée, I, 467; arrêtée à Nantes, 468; résolutions du gouvernement de Juillet à son égard (1832), 479; son parti lui a conseillé de renoncer à ses projets (1832), 484; causes véritables de son arrestation, 495; discours de M. Thiers sur l'arrestation et la captivité de la duchesse de Berry (5 janvier 1833), notice, I, 507; nécessité d'une mesure spéciale contre la —, 510; caractère de la Révolution de 1830, 513; situation de la branche aînée, 516; mesures extraordinaires prises pour son arrestation, 519; la famille royale étant hors du droit commun, on ne peut employer contre elle que des mesures politiques, 521; impossibilité d'instruire régulièrement son procès, 523; inconvénients d'intenter un procès à la — devant la Chambre des pairs, 525; les partis le désirent pour se livrer au désordre, 526.

— La duchesse de Berry prépare son expédition à Modène, IV, 344.
V. *Gouvernement de Juillet.*

BERRYER (M. —, député). Son opinion sur l'emprunt en obligations du Trésor (1831), I, 13; M. Thiers combat cette opinion, 15; il critique le projet de budget pour 1832, 298; il s'oppose à la mise en jugement de la duchesse de Berry, 508; effet de l'acquittement de — par une juridiction politique, 524.
— Son opinion relative au procès intenté devant la Cour des pairs aux insurgés d'avril (1834), II, 445; intervient pour défendre la Restauration attaquée par M. Thiers, 460.
— Il intervient dans la discussion sur l'indemnité américaine (1835), III, 23; ses raisons pour contester l'illégitimité des indemnités réclamées par les États-Unis, 34; ses critiques sur la politique financière du gouvernement de

Juillet, III, 549; il fait l'apologie de la gestion financière de la Restauration, 580.
— Il intervient dans la discussion sur les affaires d'Espagne, IV, 79; il attaque la politique extérieure du Gouvernement (1839), 353.
— Il parle sur la question de la Régence (1842), VI, 207; se rend auprès du comte de Chambord (1843), 327.
V. *Politique intérieure et extérieure.*

BERTRAND (le général). Intervient dans la discussion relative aux fortifications de Paris et de Lyon, X, 267.
V. *Fortifications de Paris.*

BESANÇON. Une insurrection est préparée à — (1834), II, 601.
V. *Émeutes.*

BÉTAIL. Nécessité de la protection pour l'élève du — en France, IX, 166.
V. *Libre-Échange, Protection.*

BETTERAVE. Développement de l'industrie du sucre de —, IV, 561 et suiv.; situation des cultures en 1840, 600.
— Son importance dans les départements du Nord, X, 421.
V. *Protection, Sucres.*

BEUGNOT (M. —, député). Rapporteur de la loi sur l'Instruction publique (1850), VIII, 387.

BEYROUTH. Bombardé par les Anglais, V, 151; affaire de — (1840), ses effets, 221.
V. *Égypte, Orient, Politique extérieure.*

BIBLIOTHÈQUE ROYALE. Discours de M. Thiers sur la — (31 mai 1833), II, notice, 127; nécessité d'une reconstruction, 129; projet de l'installer au Louvre, 131; projets de Napoléon Ier à ce sujet, 132; détail des plans proposés, 134; idée de subdiviser la —, 137; dépenses à faire, 139.
V. *Monuments de Paris.*

BIENFAISANCE. La — n'est pas humiliante pour celui qui reçoit, VIII, 93; ses caractères, 454; la —, qualité morale opposée à la misère, 456; variété et ancienneté de ses moyens d'action, 465; utilité des secours à domicile, 582.
V. *Assistance publique.*

BIENS DU CLERGÉ. Les pensions ecclésiastiques en sont la représentation, II, 5.
V. *Pensions.*

BIENS COMMUNAUX. Nécessité d'en surveiller la gestion, II, 67; cas de dilapidation des —, 241, 243.
V. *Communes.*

BIENS NATIONAUX. Les — aliénés à des prix misérables, I, 19.
V. *Émigrés, Révolution.*

BIGELOW (M. —, ministre des États-Unis à Paris). Cité par M. Thiers, XI, 233.

BIGNON (M. —, député). Son système de politique étrangère analysé par M. Thiers, I, 80; rapporteur du budget des affaires étrangères de 1832, économies qu'il propose, 451.

— Son respect pour la dynastie restaurée, III, 140; sa proposition relative aux rails étrangers (1836), 232.

BILAN. Le — de la Révolution de Juillet, III, 567.
— Le bilan de la France en 1865, X, 237.
V. *Politique intérieure.*

BILLAULT (M. —, député). Parle contre le droit de visite (1842), VI, 55, 181; parle sur la politique extérieure (1844), 282.
— M. Billault, ministre à Rome, cité par M. Thiers (1865), X, 155.

BILLET DE BANQUE. Dangers de l'emploi du —, VIII, 142.
— Il fait prime malgré le cours forcé (1871), XIII, 365; solidité du —, 639; effets de la crise monétaire de 1871, 643; théorie du papier de circulation, 653; limites utiles des émissions, 660; nécessité de l'étendre (1871), 663.
— Utilité de l'emploi du —, XV, 372; nécessité de maintenir le monopole d'émission du —, 395; circulation du — en France (1866), 429.
V. *Banque de France, Cernuschi, Papier-Monnaie.*

BISMARCK (M. de). Son attitude parlementaire (1865), X, 21; sa politique dans l'affaire des duchés danois, 592.
— Sa politique vis-à-vis de l'Autriche (affaire des duchés danois), XI, 58; sa politique dans l'affaire du Danemark, 135; en Allemagne, 136; sa situation en 1867, 334; modération de sa politique dans la question romaine, 334.

I, 17; M. Thiers recommande cette opération, 18, 20; on propose de les vendre pour rembourser la dette, M. Thiers combat cette idée (1832), 344.
V. *Amortissement, Dette, Forêts.*

BOISSIÈRE (M. —, député). Intervient dans la discussion sur les affaires d'Espagne, IV, 79.
V. *Espagne, Quadruple alliance.*

BOISSONS. Révolte contre l'impôt des — en 1830, I, 27; la perception est rétablie par M. Laffitte, 27.
— Proposition de M. Bastide d'Izar tendant à la suppression de l'impôt sur la circulation des — (1833), II, 21; l'impôt des — devient onéreux par l'effet des surcharges locales, 68; effet des octrois sur l'impôt des —, 244.
— Impopularité de l'impôt sur les boissons en 1848, VIII, 51.
— Consommation et produit fiscal des — en France, XIII, 598.
V. *Impôts.*

BOLOGNE. Attitude de la ville de — en 1831-32, I, 439.
V. *Italie, Papauté, Politique extérieure.*

BOMBARDEMENT. Dangers d'un — pour Paris, V, 408.
— M. Thiers proteste contre le — de Palerme, Copenhague, Barcelone, VII, 491.
V. *Fortifications de Paris.*

BONAPARTE. V. *Napoléon.*

BONAPARTISTE. Le parti — au pouvoir (janvier 1851), IX, 109.
V. *Partis.*

BONPLAND (M.). Retenu prisonnier dans le Paraguay, IX, 457.
V. *Plata (La)*

BONS DE DÉLÉGATION. De la ville de Paris, leur usage, III, 169.
V. *Paris.*

BONS HYPOTHÉCAIRES. Projet relatif aux — (1848), VIII, 107.
V. *Crédit.*

BONS ROYAUX ou DU TRÉSOR. Caractères de ce moyen de crédit, I, 18; émissions en 1830-31, exemples pris en 1822-23, 33; taux de l'escompte sur les — (1832), 339.
— Utilité d'en augmenter l'émission (1837), IV, 121.
— Limite d'émission des — (1848), VII, 462.
— Excès des émissions sous le second Empire, IX, 328; leur utilité, limites de leur emploi, 337; les — remboursés en rentes en 1848, 591.
V. *Budget, Finances.*

BORDEAUX. Ses intérêts dans l'affaire des indemnités d'Amérique, III, 16.
V. *Indemnités, Plata (La), Uruguay.*

BOSPHORE (détroit du). Inutilité d'un acte international pour le fermer aux navires armés, V, 572.
V. *Orient, Politique extérieure, Turquie.*

BOSSUET. Il a dû solliciter Mme de Maintenon pour obtenir la publication de ses œuvres, VII, 100.

— Le Concordat est moralement l'œuvre de Bossuet, XIII, 422.
V. *Concordat, Quadruple alliance.*

BOTSAY. Condamné pour enrôlements carlistes (1832), I, 471.
V. *Espagne.*

BOURBONS. La dynastie des — est étrangère à la France depuis plus d'un siècle, I, 516; ils comptent sur l'invasion étrangère pour rentrer en France (1833), 517.
— Les — sont rentrés en France avec l'étranger, II, 463.
— Désaccord de la dynastie des — avec le pays, III, 135.
— Discours de M. Thiers sur l'abrogation des lois d'exil contre les — (1871), XIII, 295; caractères de cette mesure, 298; situation du pays, 299; nécessité de calmer les passions, 301; de rétablir la confiance, 302; nécessité de l'union des partis, 307; but des lois d'exil, 308; portée du pacte de Bordeaux, 312; fautes du gouvernement de la Défense nationale, 313; but de l'Assemblée en formant le gouvernement de M. Thiers, 315; forme de gouvernement désirée par lui, 317; avantages du régime anglais, 318; danger des révolutions, 319; tâche imposée à l'Assemblée et au gouvernement, 320; dispositions de M. Thiers à ce sujet, 322; effets de ses déclarations sur la province, 325; situation exceptionnelle des princes, 330; leurs promesses, 332.
V. *Politique intérieure, Restauration, Révolution de 1830.*

BOURBON (l'île). Sa situation (1840), IV, 570.
— Son importance militaire, VI, 73.
V. *Colonies.*

BOURGEOISIE. Importance de son rôle en France, VIII, 177.
V. *Classes.*

BOURMONT (le maréchal de). Son rôle en Espagne, IV, 32.

BOURQUENAY (M. de). Accusé d'erreur par M. Passy, défendu par M. Thiers (affaires d'Orient), V, 242.
V. *Politique extérieure.*

BOURSE. Utilité de la — de Paris, I, 143; influence de l'amortissement sur les jeux de la —, 286.
— Nécessité de ne pas surcharger la — par des valeurs flottantes, III, 228.
— Effet produit à la Bourse par les affaires d'Orient (1840), V, 299.
— Influence de l'amortissement sur les cours de la —, X, 274.
— Effet de la hausse du taux de l'escompte sur les jeux de —, XV, 443.
V. *Amortissement, Banques, Crédit.*

BOURSES scolaires. Leur suppression dans les petits séminaires proposée, I, 248; réductions proposées au budget de 1832 sur le crédit relatif aux —, 249; nécessité des — dans les séminaires, 328.
— Création de bourses dans les petits séminaires, VI, 550.
V. *Séminaires.*

BOUSQUET (M. —, député). Sa proposition relative aux pensions (1832), I, 402.

— Il propose la revision des pensions accordées du 1er avril 1814 au 29 juillet 1830 (1833), II, 1.
V. *Pensions*.

BRAME (M. —, député). Parle sur le libre-échange (1868), XI, 538.

— Interpelle le gouvernement sur la question des traités de commerce, XII, 519.

BRÉSIL. Sa situation politique en 1849, VIII, 359; traité de commerce de 1826, 360.

— Causes de sa prospérité, IX, 458, 509.

— Commerce de la France avec le Brésil, X, 546.
V. *Traités de commerce*.

BREVET DE CAPACITÉ. Le — proposé pour les chefs d'établissements d'instruction (1844), VI, 488.
V. *Enseignement*.

BRESSON (M. —, ambassadeur à Madrid). Son rôle dans l'affaire des mariages (1845), VII, 384.
V. *Espagne*.

BRICQUEVILLE (M. de —, député). Demande la mise en jugement de la duchesse de Berry (1833), I, 508.

BROGLIE (le duc V. de). Ministre des affaires étrangères (11 octobre 1832), I, 468.

— Répond aux critiques dirigées contre la politique extérieure du Cabinet (1834), II, 193; donne sa démission de ministre des affaires étrangères (1834), II, 301; nommé président du Conseil (12 mars 1835), 521; opinion de M. Thiers sur le duc de Broglie (1835), 535.

— Son exposé de la situation après l'attentat de Fieschi, III, 128; ses explications sur l'incident Humann (1836), 197.

— Son rôle dans la crise ministérielle de mars 1839, IV, 405; parle en faveur du ministère (avril 1840), 493.

— Son opinion sur la situation après le 15 juillet 1840, V, 224.

— Son rapport sur le projet de loi Villemain relatif à l'instruction secondaire (1844), VI, 446.

BROGLIE (le duc Albert de). Parle dans la discussion de l'interpellation relative au banquet de Grenoble (1872), XV, 46, 53; son rapport sur la question des attributions des pouvoirs publics (1873), 119; réponse de M. Thiers, 121; interpelle le gouvernement (23 mai 1873), 172; sa politique le conduira à devenir le protégé de l'Empire, 222.

BROUGHAM (lord). Son opinion sur l'alliance franco-anglaise, I, 88.
V. *Alliances, Angleterre*.

BRUN (M. Lucien —, député). Son projet d'impôt sur le chiffre des affaires, XIV, 84, 140.

BRUNET (M. Jean —, député). Sa proposition concernant les opérations de l'armée allemande, discours de M. Thiers à ce sujet (29 mars 1871), XIII, notice, 153; l'évacuation arrêtée par la Com-

le gouvernement de Juillet, X, 265.

— Son origine et ses progrès, XII, 19 ; caractère de permanence de la plupart de ses charges, 20 ; nécessité de le verser dans le budget ordinaire, 92.
V. *Budget, Finances.*

BUDGET RECTIFICATIF. Importance du — sous le second Empire, X, 271.
V. *Budget, Finances.*

BUDGET SUR RESSOURCES SPÉCIALES. Le —, critiqué par M. Thiers, IX, 577.
V. *Budget.*

BUDGET DE LA VILLE DE PARIS. Le — sous le second Empire, IX, 634.
— Ses accroissements, XII, 179 ; détail du —, 182.
V. *Paris.*

BUÉNOS-AYRES. Situation des Français émigrés à — avant 1840, IV, 549.
— Situation de cette ville, VI, 355.
— Son infériorité vis-à-vis de Montévidéo, VIII, 318.
V. *Plata (La), Politique extérieure.*

BUFFET (M. —, député). Parle sur le payement des dommages causés par l'invasion, XIII, 442.
— Parle à propos du projet d'impôt sur les matières premières, XIV, 312.
V. *Impôts.*

BUGEAUD (le maréchal). Cité par M. Thiers, I, 91.

— Son opinion sur une intervention française en Pologne, II, 200.

— Proposé par M. Thiers pour diriger l'armée combinée en Espagne (1836), IV, 48 ; il est chargé de la direction des opérations en Afrique (1837), 123 ; système de colonisation proposé par le général Bugeaud en Algérie, 630.

— Ses propositions relatives à la colonisation de l'Algérie (juin 1840), V, 89 ; réponse de M. Thiers, 90.

— Il est cité par M. Thiers (organisation de l'armée, 1872), XIV, 261.
V. *Algérie, Armée.*

BUREAUX DE BIENFAISANCE. Les — ne peuvent être abandonnés à la discrétion des communes, II, 83.
V. *Communes, Conseil municipal, Maire.*

BURGRAVES. Allusion à la commission dite des — (1850), IX, 2.
V. *Politique intérieure.*

C

CABET (M. —, député). Croit les Hollandais disposés à rentrer en Belgique (1831), I, 99 ; il propose d'abaisser le cens pour l'électorat départemental (1833), 530.

CABINETS. Les — étrangers croient que le gouvernement de Juillet veut la guerre (1830), I, 92 ; leurs raisons pour rester en paix avec lui, I, 92.

V. *Adresse, Affaires étrangères. Belgique. Gouvernement de Juillet, Politique extérieure.*

CABINET. Chutes répétées du — en 1830-31, I, 72; nécessité de la stabilité du —, 146; le — du 11 octobre 1832, sa constitution, 467.
— Attaques dirigées contre le —, (adresse de 1834), réponse de M. Thiers, II, 161; questions sur lesquelles un — peut se diviser sans danger, 173, le — du 5 avril (1834), sa constitution, 301; le — du 11 octobre dissous par la retraite de MM. le duc de Broglie, Barthe et d'Argout (1834), 302; discours de M. Thiers sur la crise ministérielle (décembre 1834), 379; causes de la retraite du — du 11 octobre, 390; accord complet de ses membres sur toutes les questions graves, 393; le — du 18 novembre, son système exposé par M. Thiers (1834), 400 et suiv.; ordre du jour de M. Hervé en sa faveur, 430; attitude qu'un nouveau — doit prendre vis-à-vis des Chambres, 434; le — doit être appuyé sur la confiance des Chambres, 440; difficulté de former un — (mars 1835), 517; discours de M. Thiers sur le — du 12 mars 1835, 521.
— Il est toujours exposé à être renversé par la Chambre, III, 122; nécessité de la force pour un —, 123; exemples de divergences dans un — sur des questions spéciales, 198; le — du 22 février 1836, discours de M. Thiers (22 février 1836) sur son programme, notice, 239; unité de vues de ses membres, 241; difficultés de sa for-

mation, III, 245; appel aux partis, 247; il fera la conversion des rentes, 258; sa part de responsabilité dans les affaires d'Algérie, 543; sa chute (6 septembre 1836), 636.
— Causes de sa retraite, IV, 3; formation du Cabinet du 6 septembre (1836), 3; sa politique, exposée par M. Molé, 20; sa disposition d'esprit à ce moment, projets qu'on lui prête, 23; système d'intervention en Espagne du — du 22 février, 23, 47; sa politique en Espagne n'a pas varié, 81; caractères de cette politique, 85; son plan de conduite en Algérie, 143; le — du 11 octobre 1836, sa chute, 172; formation du — du 15 avril (1837), 172; la politique du — du 6 septembre (1836) caractérisée par M. Thiers, 183, 188; le — du 15 avril (1837), son apologie par M. Molé, 271; il a manqué de tact politique, 277; sa politique vis-à-vis de la Belgique, 326; formation du — du 12 mai (1839), 410; le Cabinet du 1er mars (1840), sa formation, 461; sa déclaration aux Chambres, 462; circonstances de sa formation, 469.
— Formation du Cabinet du 29 octobre (1840), V, 151; la part de responsabilité du — du 12 mai (1839), dans les affaires d'Égypte, 159 et suiv.; la part de responsabilité du — du 1er mars (1840) dans les affaires d'Égypte, 176; le — du 29 octobre (1840), son but selon M. Thiers, 228; la politique du — du 12 mai (1839) en Égypte, exposée par M. Passy, 237; la politique du — du 29 octobre (1840), exposée par M. Guizot, 238; situation de la question d'Égypte au moment de l'arrivée aux affaires

du Cabinet du 1er mars (1840),
V, 272 ; calomnies dirigées contre
lui, 299 et suiv.; caractères généraux de sa politique, 498 ; sa politique intérieure, 513 ; attaques
dirigées contre la gestion financière du — du 1er mars 1840, 521 ;
sa justification par M. Thiers,
521 ; il ne voulait pas la guerre à
tout prix, 583.

— Conséquences de la chute du Cabinet du 1er mars (1840) au point de
vue des affaires d'Égypte, VI, 34 ;
le — du 29 octobre (1840) n'a pas
une majorité suffisante (1844),
270 ; il est accusé par M. Thiers
de découvrir le souverain (1844),
277 ; faiblesse de sa politique si-
gnalée par M. Thiers (1845), 572.

— L'opinion du Cabinet du 1er mars
(1840) sur la question des députés
fonctionnaires, VII, 97.

— Communication relative au Cabinet du 19 février 1871, XIII, 5 ; son
programme, 9 ; nécessité de ne pas
discuter les conditions de paix
pendant la négociation du traité,
14 ; suspension des séances, 15.
V. *Fonctionnaires, Ministère, Monarchie de Juillet, Politique extérieure, Politique intérieure.*

CABRERA. La mère de — fusillée,
le Gouvernement français n'a pas
coopéré à cet acte, III, 455.
V. *Espagne, Quadruple alliance.*

CADASTRE. On propose de réduire
les crédits relatifs au — (1832), I,
336.
V. *Impôts.*

CADIX. L'occupation française à
— , III, 496.
V. *Espagne, Restauration.*

CADOUDAL (Georges). Son complot
ignoré par la police, III, 166.
V. *Politique intérieure.*

CADRES. Les — de l'armée française comparés à ceux de l'armée
prussienne (1832), I, 357.
— Discours de M. Thiers relatif à
la question des — (1841), V, notice, 587 ; importance de la question, son caractère, 589 ; droits
du Gouvernement en l'absence des
Chambres, 590 ; nécessité de la
création de nouveaux — , 594 ;
nombre de régiments nécessaires
pour assurer la mobilisation, 599 ;
difficulté de créer les quatrièmes
bataillons, 602 ; exemple de Napoléon 1er, 602 ; effectifs nécessaires
en cas de guerre, 604 ; nécessité
de conserver les — créés, 606 ;
amendement Schauenburg dans le
but de les détruire, 607 ; réponse
de M. Thiers, 608 ; difficulté de
créer des corps nouveaux à l'entrée en campagne, 609 ; nécessité
de former de nouveaux — en 1840,
611 et suiv.; utilité des diverses
catégories de — , 616 ; leur influence sur la troupe, 618 ; leurs
dispositions en 1840, 621 ; exemples de l'influence des — sur la
valeur des armées, 622 ; dépenses
occasionnées par les nouveaux —,
623.
— Effets de l'absence de cadres en
1870, XIV, 211 ; les bons — n'ont
pas suffi pour former l'armée
d'Austerlitz, 244 ; impossibilité
de former des — à l'entrée en
campagne, 281 ; insuffisance du
nombre des sous-officiers, 283 ;
délais nécessaires pour les former,
284.
V. *Armée, Garde nationale.*

CAILLET (le capitaine). Sa mission en Syrie (1839), V, 237.
V. *Égypte, Orient, Syrie.*

CAISSE D'AMORTISSEMENT. La— n'est pas touchée par le projet de vente des bois de l'État (1831), I, 16; prix par hectare des ventes de bois faites à son profit, 17.
— M. Thiers propose d'aliéner les rentes de la — pour solder les dépenses des travaux publics (1833), II, 114.
— Son avoir en rentes 5 0/0 (1836), III, 207.
V. *Amortissement, Bois de l'État, Emprunts.*

CAISSE DES INVALIDES DE LA MARINE. Son origine et son but, III, 208.
V. *Marine.*

CAISSE DES CHEMINS VICINAUX. Sa situation (1868), XII, 71; sa situation vis-à-vis du Trésor (1868), 132.
V. *Chemins vicinaux.*

CAISSE DES DÉPOTS ET CONSIGNATIONS. Son avoir en rentes 5 0/0 en 1836, III, 210.
— On propose de lui remettre la gestion des fonds des caisses d'épargne (1837), IV, 102; dangers de cette combinaison, 108 et suiv.; elle est chargée du service des caisses d'épargne (1837), 122; restriction qui lui est imposée à ce propos, 122.
V. *Caisses d'épargne.*

CAISSE DE LA DOTATION DE L'ARMÉE. Créance du Trésor sur la —, X, 244.

— Émission des rentes appartenant à la Caisse de la dotation de l'armée (1871), XIII, 54; dangers de cette institution, 57.
V. *Crédit, Emprunts.*

CAISSES D'ÉPARGNE. Discours de M. Thiers sur un projet de loi relatif aux — (1837), IV, notice, 101; M. Thiers combat la remise des fonds des caisses d'épargne à la Caisse des dépôts et consignations, 102; l'affaire du syndicat des receveurs généraux donnée comme exemple, 105; dangers de la combinaison proposée, 108; possibilité d'une crise et avenir des —, 115; leur situation relative en Angleterre, qualité des déposants en France, 115; dangers d'un recours à la Banque en cas de crise, 117; le remède est dans le développement de la dette flottante, 118.
— Leurs avantages sur les caisses de retraites, VIII, 554; conditions d'établissement des —, 559.
V. *Angleterre, Assistance, Prévoyance.*

CAISSE DE PRÉVOYANCE. Son avoir en rentes 5 0/0 en 1836, III, 211.

CAISSES DE RETRAITES. Insuffisance des ressources attribuées aux —, nécessité d'en modifier l'organisation, I, 238.
— Leur avoir en rentes 5 0/0 en 1836, III, 209.
V. *Assistance, Prévoyance.*

CAISSE DES RETRAITES POUR LA VIEILLESSE. Ses avantages pour l'ouvrier, VIII, 554; étude de la question de la Caisse des retraites pour la vieillesse (1850), VIII, 561.

V. *Assistance, Caisses d'épargne, Prévoyance.*

CAISSE DES TRAVAUX DE PARIS. Dangers de cette combinaison, XII, 68 ; sa situation, 125, 199.
V. *Paris.*

CALATRAVA (M. de). Appelé au ministère (1836), IV, 52.
V. *Espagne.*

CALDER (l'amiral). Son procès, cité par M. Thiers, VI, 347.

CALIFORNIE. La — conquise par les États-Unis, VIII, 333.
— Effets des découvertes de mines d'or de la —, IX, 512.
— Richesse en métaux précieux de la —, comparée à celle du Mexique, XI, 196.
V. *Mexique.*

CALLEY SAINT-PAUL (M. —, député). Ses propositions relatives aux finances de Paris, XII, 259.
V. *Paris.*

CALMON (M. —, membre de l'Institut, sénateur). Sa préface au recueil des discours de M. Thiers, I, ɪ à xɪɪɪ ; sa notice sur le premier discours de M. Thiers, le 23 novembre 1830 (règlement du budget de 1828), 1 ; sur le discours du 11 mars 1831, relatif à création de 200 millions d'obligations du Trésor, et l'aliénation de 300,000 hectares de bois, 11 ; sur le discours prononcé par M. Thiers le 5 avril 1831, relatif aux contri-

butions extraordinaires de 1831, I, 23 ; sur le discours relatif au projet d'Adresse (9 août 1831), 43 ; sur le discours relatif aux affaires étrangères (20 septembre 1831), 75 ; sur le discours relatif à l'état intérieur de la France (23 septembre 1831), 119 et suiv. ; sur le discours relatif à la constitution de la pairie (3 octobre 1831), 149 ; sur le discours relatif à la mobilisation de la garde nationale en 1831, 193 ; sur le rapport présenté par M. Thiers le 31 décembre 1831 (budget des dépenses de 1832), 225 ; sur le résumé de la discussion générale du budget de 1832 (23 janvier 1832), 297 ; sur le discours relatif à l'amortissement (26 janvier 1832), 373 ; sur le discours relatif à la revision des pensions à la charge du Trésor (2 février 1832), 401 ; sur le discours relatif au budget des affaires étrangères (6 mars 1832), 421 ; sur le discours relatif aux traitements des agents diplomatiques (9 mars 1832), 451 ; sur le discours relatif à l'Adresse de 1832, 467 ; sur le discours relatif à l'arrestation et à la captivité de la duchesse de Berry (5 janvier 1833), 507 ; sur le discours prononcé à l'ouverture des Conseils généraux des manufactures, du commerce et de l'agriculture (15 février 1833), 541 ; sur le discours relatif au budget des affaires étrangères (20 février 1833), 549 ; sur le discours relatif à l'amortissement (27 février 1833), 561.
— Notice sur le discours relatif à la revision des pensions accordées du 1ᵉʳ avril 1814 au 29 juillet 1830, II, 1 ; sur le discours relatif à

l'établissement d'un impôt sur le luxe et le revenu (1833), II. 21 ; sur le discours relatif à la décentralisation (6 mai 1833), 53 ; sur le discours relatif à la division des communes en deux classes (7 mai 1833), 89 ; sur le discours relatif à l'achèvement des monuments de Paris, à divers travaux publics et aux routes stratégiques en Vendée (30 mai 1833), 113 ; sur le discours relatif à la Bibliothèque royale (31 mai 1833), 127 ; sur le discours relatif à l'emprunt grec (8 juin 1833), 143 ; sur le discours relatif à la politique intérieure (4 janvier 1834), 161 : sur le discours relatif à la politique étrangère (8 janvier 1834), 191 ; sur le discours relatif aux attributions des maires (28 février 1834), 213 ; sur le discours relatif aux attributions des Conseils municipaux (mars 1834), 239 ; sur le discours relatif aux associations (17 mars 1834), 249 ; sur le discours relatif aux affaires allemandes (1834), 301 ; sur le discours relatif aux subventions aux théâtres (1834), 311 ; sur le discours relatif aux affaires de Lyon (12 mai 1834), 335 ; sur le discours relatif à une demande de crédits pour secours aux victimes des troubles de Lyon, 369 ; sur le discours relatif à la crise ministérielle (décembre 1834), 379 ; sur le discours relatif à la crise ministérielle de novembre 1834 (réponse à M. Sauzet, 6 décembre 1834), 429 ; sur le discours relatif à la construction d'une salle provisoire pour la Cour des pairs (1834), 445 ; sur le discours relatif aux dépenses du procès d'avril,

II, 465 ; sur le discours relatif aux réclamations pécuniaires du Grand-Duché de Varsovie (1835), 489 ; sur le discours relatif à la responsabilité des ministres (27 mars 1835), 549 ; sur le discours relatif à la crise ministérielle provoquée par la retraite du maréchal Mortier (1835), 513 ; sur le discours relatif au ministère du 12 mars 1835, 521 ; sur le discours relatif au secours à accorder aux victimes de l'insurrection de Lyon (1835), 573. — Notice sur le discours relatif à l'indemnité de 25 millions proposée pour les États-Unis (9 avril 1835), III, 1 ; sur le discours relatif à l'indemnité américaine (réponse à Berryer), 23 ; sur le discours relatif à un crédit de 1,200,000 francs pour dépenses secrètes (1835), 93 ; sur le discours relatif à la juridiction de la Cour des pairs en matière de presse (1835), 127 ; sur le discours relatif à la législation de la presse (incident sur les troubles d'avril, 25 août 1835), 159 ; sur le discours relatif à la censure théâtrale (29 août 1835), 169 : sur le discours relatif aux affaires d'Espagne (6 janvier 1836), 179 ; sur le discours relatif au projet d'Adresse (1836), 187 ; sur le discours relatif à la réduction des rentes (1836), 197 ; sur les discours relatifs à la formation du cabinet du 22 février 1836, 239 ; sur le discours relatif à la conversion des rentes (mars 1836), 249 ; sur le discours relatif à la loi de douanes (1836), 269 ; sur le discours relatif à la responsabilité des ministres et agents du pouvoir (18 avril 1836), 295 ; sur le discours relatif

fications de Paris (29 janvier 1841),
V, 451 ; sur le discours relatif aux
dépenses secrètes (1841), 495 ; sur
le discours relatif aux crédits supplémentaires (12 avril 1841), 519 ;
sur le discours relatif aux crédits
supplémentaires (1841), 557 ; sur
le discours relatif à la question
des cadres (1841), 587 ; sur le discours relatif à l'amendement
Schauenburg (12 mai 1841), 607 ;
sur le discours relatif au traité de
commerce avec la Hollande (1841),
629.

— Notice sur le discours relatif à la
question d'Orient (Adresse de
1842), VI, 1 ; sur le discours relatif au droit de visite (1842), 53 ;
sur le discours relatif au port
d'Alger (1842), 82 ; sur le discours
relatif à la question du recensement (1842), 99 ; sur le discours
relatif aux grandes lignes de chemins de fer (1842), 137 ; sur le
discours relatif au droit de visite
(19 mai 1842), 181 ; sur le discours
relatif à la Régence (20 août 1842),
205 ; sur le premier discours relatif à l'Adresse de 1844, 253 ; sur
le second discours relatif à l'A-
dresse de 1844, 281 ; sur le discours relatif à la démission de
M. de Salvandy (1844), 327 ; sur le
discours relatif aux affaires de
Taïti (1844), 337 ; sur le premier
discours relatif aux affaires de La
Plata, 349 ; sur le deuxième discours relatif aux affaires de La
Plata, 399 ; sur le rapport relatif
à l'instruction secondaire (1844),
445 ; sur le discours relatif aux
affaires extérieures (Adresse de
1845), 569 ; sur l'interpellation de
M. Thiers relative aux congrégations religieuses (1845), 617 ; sur

le discours relatif à l'armement
de l'enceinte et des forts de Paris
(1845), VI, 667.

— Notice sur le discours relatif à
l'affaire du Texas (Adresse de
1846), VII, 1 ; sur le discours
relatif au Conseil de l'Instruction
publique (1846), 35 ; sur le discours relatif à la mise à l'ordre
du jour de la loi sur l'enseignement (1846), 83 ; sur le discours relatif aux députés fonctionnaires (1846), 95 ; sur le
discours relatif aux crédits demandés pour la marine (1846),
151 ; sur le second discours relatif
aux crédits demandés pour la
marine (16 avril 1846), 209 ;
sur le discours relatif aux
crédits supplémentaires (13 mai
1846), 237 ; sur un discours prononcé dans la discussion du budget de 1847 (politique générale,
27 mai 1846), 261 ; sur le second
discours relatif au budget de 1847
(réplique de M. Thiers à
MM. Guizot et Duchâtel, 29 mai
1846), 331 ; sur le discours
relatif à la politique extérieure
(4 février 1847), 359 ; sur le discours relatif à la situation financière (Adresse de 1848), 429 ; sur
le second discours relatif à
l'Adresse (affaires d'Italie, 31 janvier 1848), 487 ; sur le troisième
discours relatif à l'Adresse de 1848
(affaires de Suisse), 515 ; sur le
quatrième discours relatif à
l'Adresse de 1848 (affaires de
Suisse), 577 ; sur le cinquième
discours relatif à l'Adresse de 1848
(affaire des banquets), 585 ; sur
le sixième discours relatif à
l'Adresse de 1848 (réformes),
597.

— Notice sur le discours relatif à la politique extérieure de la France (14 mars 1867), XI, 1 ; sur un second discours sur la politique extérieure de la France (18 mars 1867), 93 ; sur le discours relatif à l'expédition du Mexique (9 juillet 1867), 163 ; sur un second discours relatif à l'expédition du Mexique (10 juillet 1867), 249 ; sur le discours relatif à la politique extérieure (9 décembre 1867), 343 ; sur le discours relatif à la liberté de la presse (30 janvier 1868), 359 ; sur un second discours relatif à la liberté de la presse (7 février 1868), 423 ; sur un troisième discours relatif à la liberté de la presse (8 février 1868), 435 ; sur un quatrième discours relatif à la liberté de la presse (15 février 1868), 441 ; sur un cinquième discours relatif à la liberté de la presse (21 février 1868), 453 ; sur un sixième discours relatif à la liberté de la presse 509.

— Notice sur le discours relatif aux finances (1er juillet 1868), XII, 1 ; sur le second discours relatif aux finances (1868), 77 ; sur le discours relatif aux finances de la ville de Paris (1869), 169 ; sur le discours relatif au traité passé entre la ville de Paris et le Crédit foncier (1869), 259 ; sur le discours relatif à la politique intérieure (1869), 271 ; sur les discours relatifs aux traités de commerce (avril 1869), 351 ; sur le discours relatif à l'élection de M. de Campaigno (1869), 381 ; sur le discours relatif au règlement de l'Assemblée (1870), 405 ; sur le discours relatif au régime économique de la France (1870), XII, 421 ; sur le discours relatif aux traités de commerce (1870), 519 ; sur le discours relatif à un appel de 90,000 hommes (30 juin 1870), 603 ; sur le discours relatif à la rupture des négociations avec la Prusse (juillet 1870), 635.

— Notice sur le discours relatif à la cession de l'Alsace-Lorraine (1871), XIII, 1 : sur la communication du 19 février 1871 relative à la constitution du Cabinet, 5 : sur une communication relative aux préliminaires de paix (1871), 17 : sur le discours relatif à la motion de déchéance (mars 1871), 27 ; sur le discours relatif au projet de loi concernant les préliminaires de paix (1871), 33 ; sur le discours relatif à la nomination d'une commission des finances (1871), 45 ; sur la réponse faite à deux questions sur des émissions de rentes et des emprunts à la Banque (1871), 51 ; sur le discours relatif à la translation de l'Assemblée de Bordeaux (1871), 61 ; sur des observations présentées à l'occasion d'un rapport sur l'état des finances (1871), 103 ; sur une allocution relative au projet de proclamation au peuple et à l'armée (1871), 107 ; sur le discours relatif au projet de déclaration concernant les élections municipales de Paris (1871), 113 ; sur des observations relatives aux mesures à prendre pour pacifier Paris (1871), 139 ; sur le discours relatif à une proposition concernant les maires de Paris (1871), 143 ; sur le discours relatif aux opérations de l'armée allemande (1871), 153 ; sur les explications données par M. Thiers sur l'arrestation de MM. Rouher et G. de Cassagnac (1871), XIII, 159; sur une communication relative à l'engagement du 3 avril 1871 entre les troupes régulières et les insurgés, 171; sur le compte rendu de la visite faite aux militaires blessés par la députation de l'Assemblée, 177; sur un discours relatif au projet de loi sur les élections municipales (8 avril 1871), 181; sur une communication relative aux événements de Paris (1871), 189; sur un discours relatif au traité de paix (1871), 209; sur des observations relatives à une question de M. Mortimer-Ternaux (1871), 213; sur le discours relatif au projet de loi portant ratification du traité de paix avec l'Allemagne (18 mai 1871), 235; notice relative à la communication faite au sujet de l'entrée des troupes dans Paris (1871), 263; sur un discours du 24 mars 1871 relatif aux événements de Paris, 273; sur des observations relatives à une demande d'enquête (capitulation de Metz), 287; sur des observations relatives à la proposition de M. de Ravinel (1871), 291; sur le discours relatif à l'abrogation des lois d'exil (1871), 295; relative à des observations concernant les impôts nouveaux (1871), 335; sur le discours relatif à l'emprunt de 2 milliards (1871), 341; sur le discours relatif au rétablissement du pouvoir temporel du Pape (1871), 405; sur le discours relatif aux indemnités pour dommages causés par l'invasion (1871), 435; sur les observations relatives aux

propositions Rivet et Adnet (1871), XIII, 453; sur le discours relatif à la dissolution des gardes nationales (1871), 459; sur le Message du 1er septembre 1871, 479; sur le message relatif à la proposition Target (1871), 483; sur le discours relatif à une nouvelle convention à conclure avec l'Allemagne (1871), 495; sur le discours relatif à l'impôt sur le revenu (1871), 581; sur le discours relatif aux émissions de la Banque de France (1871), 631.

— Notice sur un discours relatif aux impôts nouveaux (1872), XIV, 1; sur le discours relatif à l'impôt sur les matières premières (1872), 19; sur un second discours relatif à l'impôt sur les matières premières (1872), 99; sur un troisième discours relatif aux impôts proposés sur les matières premières (1872), 125; sur un quatrième discours relatif à l'impôt sur les matières premières, 131; sur le discours relatif à la dénonciation des traités de commerce, 149; sur le discours relatif au budget de 1872 (discussion générale), 159; sur le discours relatif à diverses motions relatives au budget de 1873, 177; sur le discours relatif au recrutement de l'armée (1872), 193; sur un second discours relatif au recrutement de l'armée (10 juin 1872), 267; sur un discours relatif à plusieurs projets d'impôt (1872), 301; sur un discours relatif au projet d'impôt sur le chiffre des affaires (1872), 335; sur le second discours relatif à l'impôt sur le chiffre des affaires, 377; sur le discours relatif à l'article 1er du projet de loi établissant un impôt sur le chiffre des affaires (1872), XIV, 411; sur le discours relatif au projet de loi établissant des centimes additionnels à divers impôts (1872), 483 ; sur le second discours relatif aux centimes additionnels à établir sur diverses contributions (1872), 535: sur un discours relatif à l'impôt sur les matières premières (1872), 565 ; sur un second discours relatif à l'impôt sur les matières premières (18 juillet 1872), 613; sur un troisième discours relatif à l'impôt sur les matières premières (19 juillet 1872), 631.

— Notice sur le Message du 13 novembre 1872, XV, 1: sur le discours relatif au banquet de Grenoble (1872), 45 : sur le discours relatif aux conclusions de la commission chargée d'examiner la proposition Kerdrel (1872), 63; sur le discours relatif aux attributions des pouvoirs publics (4 mars 1873), 119; sur le discours relatif à la politique intérieure du gouvernement (1873), 171 ; sur le discours relatif aux nouveaux forts à construire autour de Paris (1874), 225: sur le discours relatif au classement des chemins vicinaux (1836), 293; sur le discours relatif aux chemins vicinaux (1836), 313; sur le discours relatif à l'achèvement des monuments de Paris (1836), 327; sur la déposition relative à la Banque de France et à la circulation (1866), 357; sur la déposition relative aux actes du gouvernement de la Défense nationale (1871), 475: sur la déposition relative aux événements du 18 mars (1871),

XV, 567; sur le discours aux délégués républicains de la Gironde (1874), 635; sur le discours d'Arcachon (1875), 643; sur le manifeste aux électeurs (1875), 663.
V. *Thiers.*

CAMBON. Sens vrai de son rapport sur la rente, V, 55; il est l'auteur du grand livre, 57: son système financier, 63.
V. *Assignats, Banqueroute, Dette, Emprunts.*

CAMPAGNES de la Révolution, conséquences de l'emploi de troupes disciplinées dans les —, I, 91.
— De 1814, elle a été faite avec des troupes sérieuses, XIV, 288.
V. *Armée, Cadres, Garde nationale, Guerre.*

CAMPAGNES. Dépopulation des —, XII, 147.
V. *Agriculture, Industrie.*

CAMPAIGNO (M. de —, député). Discours de M. Thiers sur son élection, XII, 381.
V. *Élections, Politique intérieure.*

CANAL du Danube au Rhin. Ancienneté et difficultés du projet, VI, 166.

CANAUX. Prévisions du budget de 1832 pour l'achèvement des —, I, 229.
— Nécessité d'achever les — commencés (1833), II, 116.
— Discussion du projet de loi sur la navigation intérieure (1840), V, 119.
V. *Marine marchande.*

CANDIDATURE OFFICIELLE. Abus de la — sous le gouvernement de Juillet, VII, 291.
— Sa signification, IX, 382 ; discours de M. Thiers sur la — (14 janvier 1864), notice, 407 ; nécessité d'admettre l'autorité de la majorité, 410 ; abus du gouvernement en cette matière, 412 ; il a le droit de désigner ses candidats, 414 ; attitude de M. Thiers en 1834 à ce sujet, 414 ; conditions auxquelles la — peut s'exercer, 418 ; principes à appliquer en la matière, 422 ; intervention du nom du souverain dans les élections, 424 ; effet de la centralisation sur les élections, 428 ; abus produits de ce chef, 433 ; inconvénients de l'ingérence des agents administratifs dans les élections, 436 ; abus en matière de circonscriptions électorales, 439 ; obstacles opposés aux candidats non officiels, 440 ; prétexte tiré du danger présenté par le suffrage universel, 445.
— La candidature officielle établie comme correctif du suffrage universel, X, 17.
V. *Élections, Liberté, Politique intérieure.*

CANDIE. Propositions de la France relatives à — (1839), V, 169.
V. *Grèce, Orient.*

CANNING. (M.) Il a proclamé le principe de la non-intervention, I, 112.
— Son hostilité contre la France, III, 437.
V. *Angleterre, Belgique, Grèce.*

CANONS. Affaire des — réunis à Montmartre (1871), XIII, 77, 121.

— Circonstances de cette affaire, XV, 600, 625.
V. *Commune de Paris.*

CANTON. La substitution d'une administration de canton au sous-préfet serait coûteuse, I, 275.
V. *Sous-Préfet.*

CAPACINI. (M.) Il négocie à Florence pour l'évacuation des États du Pape, IV, 346.
V. *Italie, Papauté.*

CAPACITÉS. L'adjonction des — au corps électoral produirait peu d'effet (1834), II, 184.
V. *Élections.*

CAPITALES. Les — devenues le but des guerres modernes, V, 328 ; effets de la prise d'une — sur le pays, 406.
— Motifs qui font réserver le choix de la — (1871), XIII, 86 et suiv.
V. *Fortifications de Paris.*

CAPITATION. La — a été la forme primitive de la contribution personnelle, XIII, 591.
— Emploi moderne de la —, XIV, 650.
V. *Impôts.*

CAPITAUX. Les — sont à la disposition du crédit public en temps de crise, I, 379.
— Situation approximative de l'épargne annuelle des — en France (1848), VII, 465, 477.
— Divers modes de placement des —, VIII, 34 ; les — mobiliers doivent être épargnés par l'impôt, 35 ; les — se portent de préférence vers les placements immobiliers, 124 ; la mobilisation des — fon-

ciers est une chimère, VIII, 128 ; chiffre des capitaux circulant en France (1848), 131 ; impossibilité de fournir des — à tous sans distinction, 484.

— Définition des — réels, XV, 398 ; déplacement des — par la spéculation, ses effets, 451.

V. *Conversion, Crédit.*

CAPITULATION. De Paris, accomplie le 28 janvier 1871, XIII, 1 : de Metz, observations de M. Thiers sur une demande d'enquête à ce sujet (29 mai 1871), 287.

V. *Guerre de 1870, Metz, Paris.*

CAPO D'ISTRIA (le comte). Cité par M. Thiers (1836), III, 476.

V. *Grèce, Politique extérieure.*

CARICATURE. Exemple de — politique, III, 279.

CARLISTES. Attitude du gouvernement vis-à-vis des —, I, 56 ; politique du parti — en 1831, 59 ; les — ne pourraient renverser le gouvernement de Juillet sans le secours de l'étranger, 82 ; opinion de M. Thiers sur l'importance du parti —, 121 ; agissements des —, 126 ; rôle actif du parti — dans les journées de juin 1832, 471 ; les — travaillent à fomenter le désordre, 518 ; les — désirent qu'un procès politique soit intenté à la duchesse de Berry, 526.

— Effet du refus d'intervention de la France sur les — espagnols (1835), IV, 99 ; velléités de soumission dans le parti — en Espagne sous la garantie de la France, 262.

V. *Espagne, Politique intérieure.*

CARLOS. Don — lève l'étendard de la révolte, II, 191.

— Ses menées nécessitent une surveillance active sur la frontière (1835), III, 93 ; le duc de Fitz-James demande que la France soutienne —, 438 : la France ne pouvait reconnaître — pourquoi, 608.

— Il est conduit en Angleterre, son retour en Espagne, IV, 2 : mesures additionnelles, suscitées par son apparition en Espagne (1834), 34 ; effets probables en France du succès éventuel de — en Espagne, 67 ; il est obligé de se réfugier en Navarre, 221.

V. *Espagne, Quadruple alliance.*

CARNOT. Son mémoire sur la défense de Paris en 1814, V, 411.

V. *Fortifications de Paris, Paris.*

CARRIÈRE. Danger de trop hâter l'entrée des jeunes gens dans une —, VIII, 613.

V. *Travail.*

CARRIÈRES. V. *Château-Landon, Mines.*

CASIMIR PERIER (M. —, député). Appelé à la présidence du conseil (13 mars 1831), I, 23 ; donne sa démission, la retire peu après, 44 ; résumé de son discours du 9 août 1831, 44 ; son projet de loi sur la pairie, 149 ; combat la proposition Lamarque sur la mobilisation de la garde nationale (1831), 194 : combat la proposition relative à la réduction des traitements du Corps diplomatique (1832), 452 ; sa mort (26 mai 1832), 467 : outrages dont il est abreuvé, retour de l'opinion en sa faveur après sa mort, 493 ;

il est apprécié par M. Thiers, I, 547 ;
sa tentative pour éviter un recours au crédit, 565.

—Raisons qui l'ont fait choisir comme
chef du Cabinet en 1831, II, 386.

— Il est apprécié par M. Thiers,
III, 75 ; son programme relativement à l'Algérie, 500.

— Énergie de son caractère, dangers
qu'il a courus, IV, 297 ; a réclamé
des réformes au Saint-Siège, 336 et
suiv. ; son système politique apprécié par M. Thiers, 357.
V. *Gouvernement de Juillet.*

CASIMIR PERIER (M. —, le fils, député). Il est favorable au parti conservateur suisse (1848), VII, 517 ;
réponse de M. Thiers à ce sujet,
523.

— Il est nommé rapporteur du projet
de loi relatif à l'emprunt (1871),
XIII, 342 ; du projet de loi rectificatif du budget de 1871, 582.

— Ministre de l'intérieur, soutient
le projet d'impôt sur les matières premières (19 janvier 1872),
XIV, 131.

— Nommé ministre de l'intérieur
(mai 1873), XV, 172.
V. *Politique intérieure.*

CASSAGNAC (M. Granier de). Explications données par M. Thiers sur
l'arrestation de — (1871), XIII,
159.

CASTELNAU (le général). Sa mission
au Mexique, XI, 233.
V. *Mexique, Politique extérieure.*

CASTLEREAGH (Lord). Son influence dans la coalition en 1814-15,
IX, 574.
V. *Alliances, Angleterre, Politique
extérieure.*

CATHERINE (La Czarine). A donné
un roi à la Pologne, I, 103.
V. *Politique extérieure, Pologne,
Russie.*

CATHOLICISME. Son importance en
Italie comme facteur politique,
I, 114.
— Son principe, X, 102.
V. *Italie, Papauté, Politique exté-
rieure, Religion.*

CATHOLIQUES. Attitude des — en
Suisse, formation du Sonderbund,
VII, 516.
— Droit traditionnel de protection
exercé par la France à l'égard des
— d'Orient, X, 108.
V. *Politique extérieure, Question
d'Orient, Sonderbund, Suisse.*

CATINAT. Conditions de sa nomination au maréchalat, X, 341.
V. *Liberté de conscience, Religion.*

CAULAINCOURT (M. de —, duc de
Vicence). A conseillé à Napoléon
d'accepter la paix en 1813, X, 220.

CAUTIONNEMENTS. Intérêts des —
au budget de 1832, I, 235.
— Le cautionnement en matière de
presse, sa raison d'être, XI, 377.
V. *Budget, Finances, Presse.*

CAVAIGNAC (le général —, Chef du
gouvernement provisoire). Éloges
donnés par M. Thiers à sa politique extérieure (1849), VIII, 231.
— Il est soutenu par M. Thiers et
ses amis, IX, 67.

CAVALERIE légère. Sa situation
en 1840-41, V, 609.
V. *Armée, Cadres.*

CHERBOURG. Dépenses faites pour
le port de — (1830-36), III, 569.
— Sources des approvisionnements
du port de — IX, 124.
V. *Marine*.

CHEVALIER (M. Auguste —, député). Parle sur le régime des
traités de commerce, XI, 539.

CHEVANDIER DE VALDROME
(M. —, ministre de l'intérieur).
Son attitude dans l'affaire Hohen-
zollern (1870), XV, 501.

CHIFFRE DES AFFAIRES. Projet
d'impôt sur le —, proposé en
1872, combattu par M. Thiers,
XIV, 81, 140; discours sur ce
projet (2 juillet 1872), 335; second discours sur le même sujet
(3 juillet 1872), 377; discours sur
l'art. 1er, 411; rejet du projet
(11 juillet 1872), 482; c'est en réalité l'impôt sur le revenu, 494.
V. *Finances, Impôts*.

CHINE. Commerce de la France
avec la —, VI, 596.
V. *Commerce extérieur*.

CHOISEUL (le duc de). Sa politique
et son influence en Europe, VII,
100; mot de Frédéric II sur lui,
101.
V. *Politique extérieure*.

CHOMAGE. Moyens de parer
au —, VIII, 511; il se produit à
la fois et par l'effet des mêmes
causes dans les chantiers privés
et publics, 517.
V. *Assistance, Travail*.

CHRISTIAN IX. Conséquences de

son avènement au trône de Danemark, X, 590.
V. *Politique extérieure*.

CHRISTIANISME. Tableau des origines du —, X, 117.
V. *Religion*.

CHRISTINE (la reine). Son attitude dans l'affaire des mariages
espagnols, VII, 286; 370.
V. *Espagne*.

CIRCONSCRIPTIONS ÉLECTO-
RALES. Pratiques du second Empire au point de vue des —, IX,
139.
— Emploi de la loi sur les —, XII,
302; abus dans le remaniement
des —. 385.
V. *Candidature officielle, Élections, Politique intérieure*.

CIRCULATION. Nécessité d'une —
en espèces, VIII, 146; chiffre de
la — en France (1848), 149.
— Inutilité et danger d'étendre la
circulation du papier (1872), VIII,
397.
— Déposition de M Thiers dans
l'enquête ouverte sur la Banque
de France et sur la — fiduciaire
(27 juillet 1866), XV, 357; état
de la — en France (1866), 429.
V. *Banques, Billet de Banque,
Crédit*.

CIVILISATION. Avantages des colonies au point de vue de la —, III,
512.
— Climats favorables à son développement, IX, 243.
— La civilisation étendue par la
conquête, XI, 305; conditions de
son progrès, 369.
V. *Afrique, Colonies*.

CLASSEMENT des chemins vicinaux. Discours de M. Thiers y relatif (1836), XV, 293.
V. *Chemins vicinaux.*

CLASSEMENT des emprunts, comment il s'opère, III, 214.
— Temps nécessaire pour le — (1842), VI, 150.
V. *Crédit public, Emprunt, Rentes.*

CLASSES. Les — riches du midi, leur attitude en 1831, I, 127.
— Les classes pauvres forment le principal appui du gouvernement, II, 22 ; la — ouvrière, trompée par les anarchistes, prend part au mouvement de février 1835 à Lyon, s'abstient ensuite, 342 ; antagonisme des — à Lyon, 578.
— Progrès réalisés par la — ouvrière (1837), IV, 115 ; nécessité de ne plus distinguer des — dans la nation au point de vue politique, 176.
— Mouvement des — dans le corps social, X, 45 ; mouvement des — à Rome, 47.
— Part des diverses classes dans le rendement des impôts de consommation, XIII, 596.
V. *Émeutes, Impôts, Lyon, Politique intérieure.*

CLAUSEL (le maréchal). Il affirme que Napoléon Ier savait entendre la vérité, III, 53 ; sa conduite comme gouverneur de l'Algérie, 500.
— Il propose une expédition contre Constantine, IV, 124.
V. *Algérie, Constantine, Napoléon Ier.*

CLAY (M.) Sa proposition à la Chambre des représentants des États-Unis relativement aux soieries d'Europe, III, 82,
— Cité par M. Thiers, 89.
V. *Commerce, Douanes, Libre-Échange, Protection, Soies.*

CLÉMENCE. La — n'a pas été pratiquée par la Restauration, II, 453 ; le gouvernement de Juillet la pratique, 453.
V. *Politique intérieure.*

CLÉMENCEAU. (M. —, député). Réclame l'élection immédiate d'un Conseil municipal à Paris (21 mars 1871), XIII, 113.
V. *Commune de Paris, Paris.*

CLÉMENT XIV. Ses relations avec Frédéric II à propos des jésuites, XI, 307.
V. *Jésuites.*

CLERGÉ. Le — signalé comme auxiliaire du parti légitimiste, I, 121 ; le — hostile et provocateur en 1831, 127 ; sa situation sous l'ancien régime, 174 ; quelle doit être son attitude vis-à-vis du gouvernement (1831), 247 ; réduction proposée des émoluments du haut —, 248 ; on propose de mettre les salaires du -- à la charge des communes, 297 ; traitements du — en 1832, 327 ; la charte de 1830 met le traitement du — à la charge de l'État, 353 ; pensions du — en 1832, leur origine, 404 ; sa défiance à l'égard du gouvernement de Juillet (1832), 501.
— Augmentation des crédits relatifs au traitement des curés de campagne (budget de 1835), II, 420 ;

M. Thiers blâme son influence sous la Restauration, II, 452.

— Les crédits relatifs au clergé augmentés par le gouvernement de Juillet, III, 567.

— Ses prétentions en matière d'enseignement (1844), VI, 497; conditions de son recrutement, 555; son esprit est bon, 662; son attitude en 1844, 564.

— Influence et domination du clergé dans le Valais (1848), VII, 539.

— Concession faite au clergé dans la loi de 1850 sur l'Instruction publique, VIII, 402; son indépendance vis-à-vis des corporations religieuses, 680.

— Son rôle au Mexique, IX, 461.

— Son attitude en 1877, XV, 666.

V. *Biens, Concordat, Congrégations, Enseignement, Église, Gouvernement de Juillet, Papauté, Politique intérieure, Politique extérieure, Restauration, Séminaires, Société politique.*

CLIMATS. Leur influence sur le développement de la civilisation, IX, 243.

V. *Civilisation.*

CLUBS. Danger des — (1834), II, 330.

V. *Émeutes, Politique intérieure.*

COALITION. De toute l'Europe, est un fait improbable dans l'état actuel (1831), pourquoi? I, 200; forces qu'elle pourrait réunir contre la France (1831), 215; une — européenne serait peu dangereuse pour la France sans le concours de l'Angleterre (1832), 445.

— Utilité de l'alliance avec les États-Unis en cas de — continentale, III, 77.

— La coalition de 1840 dirigée contre la révolution de 1830, V, 232; la France doit toujours les craindre, 322.

— La coalition quasi permanente de l'Europe contre la France montrée par M. Thiers, IV, 14; les — faites en vue de sauvegarder les droits des neutres, 60.

V. *Angleterre, Autriche, Égypte, Napoléon, Politique extérieure, Prusse, Question d'Orient, Révolution.*

COALITION parlementaire de 1839, dirigée contre le pouvoir personnel, IV, 270.

V. *Gouvernement de Juillet, Louis-Philippe Ier, Politique intérieure.*

COALITIONS OUVRIÈRES. Effet des — à Lyon (1834), II, 291 et 591.

V. *Émeutes, Lyon.*

COBDEN. (M.) Cité par M. Thiers, XI, 565.

V. *Libre-Échange.*

COCHELET (M. —, consul général à Alexandrie). Instructions données à — par M. Thiers, en mars 1840, V, 191 et suiv.

V. *Égypte, Méhémet-Ali, Politique extérieure, Question d'Orient.*

COCHERY (M.). Assiste M. Thiers à Versailles (1870), XV, 560.

COCHUT (M. André). Cité par M. Thiers, VII, 43.

COLBERT. Action de — sur la marine, VII, 162; le grand Colbert crée l'inscription maritime, 228.

— Son action économique, IX, 205.
— Tableau de son œuvre, X, 385;
utilité de ses règlements maritimes, 505 ; son action sur l'industrie, XII, 430.
V. *Colonies, Libre-Échange, Marine marchande, Protection.*

COLLÈGES. Effets de la concurrence
entre les — libres et publics, VI,
512 ; comparaison entre les divers
— publics et privés au point de
vue de l'ordre et des études (1844),
522 ; question de la religion dans
les — publics, 525 ; question de la
surveillance dans les —, 530.
V. *Clergé, Congrégations, Enseignement, Instruction publique, Religion.*

COLLÈGE DE FRANCE. Questions
relatives à la reconstruction du
—, III, 384.
V. *Monuments de Paris.*

COLLIGNON (M. —, député). Motifs
de son élection, VII, 124.

COLONIES. On propose de les
abandonner ; utilité de les conserver, III, 78 ; but de la protection accordée aux —, 291 ; discours de M. Thiers sur la question de l'Algérie (1836), notice, 499 ;
divisions dans le Cabinet à ce sujet, 501 ; nécessité pour la France
de s'assurer la possession de l'Algérie, 505 ; impossibilité d'éviter
les erreurs dans les entreprises
coloniales, 506 ; si la France
abandonne l'Algérie, elle sera occupée par une autre puissance,
508, ou livrée à la piraterie, 509 ;
importance de l'Algérie au point
de vue économique, 513 ; précé-

dents historiques, III, 516 ; fâ-
cheuse situation des colonies françaises en 1836, 517 ; nécessité d'occuper l'Algérie entière, 520 et suiv.
— La France a cessé de rechercher de vastes — (1840), IV,
451 ; questions relatives aux colonies à sucre (1841), 561 et suiv.;
chiffre du commerce de la France
avec ses — (1840), 572 ; difficultés
de tout début en matière de —,
645.
— Leur importance au point de vue
maritime, VIII, 341 ; utilité des —
à divers points de vue, 528.
— La question des sucres au point
de vue des —, IX, 533 ; situation
de nos colonies à sucre, 539 ; nécessité de les conserver, 542.
V. *Algérie, Bourbon (île), Colonisation, Marine marchande.*

COLONIES anglaises. Leur politique
économique, XII, 431.
V. *Angleterre, Libre-Échange.*

COLONIES hollandaises. Leur situation douanière en 1840, V, 635 ;
leur importance, 654.
V. *Libre-Échange.*

COLONISATION. Sacrifices exigés
par une —, III, 623.
— Ses phases, IV, 154; la — n'est
pas, en règle, dans le rôle du
gouvernement, 128 ; nécessité de
poursuivre la — de l'Algérie, 630.
— Discours de M. Thiers sur la —
de l'Algérie (1840), V, 89.
— C'est un moyen de réduire le
chômage, VIII, 480 et 527; la —
agricole de la France, idée peu
pratique, 533 ; les Français sont
aptes à la —, 534 ; la — de l'A-

sibilité d'en réduire l'intérêt, I,
337.
V. *Budget, Dette flottante, Finances.*

COMPTE DE LIQUIDATION. Le —
alimenté par les annulations de
crédits, XIV, 528; sa situation
(1872), 623.
— Sa situation (1872). XV, 20; prévisions du —, 275.
V. *Dette publique, Emprunts,
Finances.*

COMPTES RENDUS. Des séances
du Parlement par la presse; dispositions y relatives de 1852 à
1868, amendement de Janzé, discours de M. Thiers (21 février
1868), XI, 453.
— De la visite faite aux militaires
blessés par une députation de
l'Assemblée nationale (4 avril
1871), XIII, 177.
V. *Commune de Paris, Presse.*

COMPTOIR D'ESCOMPTE. Il doit
se borner à faire l'escompte, XV,
380; son rôle vis-à-vis de la Banque de France, 459.
V. *Banques, Escompte.*

COMTE (M. —, député). Propose d'a-
baisser le cens pour l'électorat
départemental (1833), I, 530.
V. *Élections.*

CONCERT EUROPÉEN. Efforts de
la France pour le réaliser en 1839,
V, 243 et suiv.; la Russie y accède, 260; la France ne doit pas
trop se hâter d'y rentrer (1841),
508; elle y rentre, 575.

— La France est rentrée dans le
concert européen, VI, 2.
V. *Égypte, Orient, Politique extérieure.*

CONCLUSUM suisse. Explications
de M. Thiers sur l'affaire du —
(1836). IV, 6, 13.
V. *Sonderbund, Suisse.*

CONCORDAT. Dispositions du —
en ce qui concerne les congrégations religieuses, VI, 628.
— Sagesse du Concordat, XIII, 421;
influence de Bossuet sur le —, 422.
V. *Clergé, Congrégations, Enseignement, Papauté.*

CONCURRENCE. Des fers étrangers
vis-à-vis des fers français. III, 318
et suiv.; des entrepreneurs dans
les marchés de travaux publics,
412.
— Du crédit public et du crédit
privé, VI, 149.
— Ses effets, VIII, 68 et suiv.
— Effets des chemins de fer sur la
concurrence intérieure, IX, 127 ;
intensité de la — industrielle que
la France rencontre en Europe
(1851), 224.
— Effets des tarifs douaniers sur la
concurrence, XI, 550.
— Effets de la — internationale sur
les prix, XII, 586.
V. *Commerce, Protection, Traités
de commerce.*

CONFÉDÉRATION GERMANIQUE.
Ses forces militaires disponibles
en 1831, I, 216.
— Son but. II, 302.
— Ses prétentions sur le Luxem-
bourg, IV, 309.
— Origines de la —, son principe,
X, 615.

CONSCRIPTION. Ses résultats, VIII, 199.
V. *Armée.*

CONSCRITS. Opinion de Napoléon sur la valeur des — en campagne, V, 391.
V. *Armée, Cadres.*

CONSEIL. Réfugié politique en Suisse, discours de M. Thiers relatif à l'affaire —, IV, notice, 1; questions relatives au droit d'asile pour les réfugiés politiques, 4 et suiv.; M. Thiers atteste sa bonne foi dans l'affaire —, 14; ses explications sur cette affaire, 16; M. de Montalivet assume la responsabilité de l'affaire, 18.
V. *Suisse.*

CONSEILS ACADÉMIQUES départmentaux. Discours de M. Thiers sur la question des — (1850), VIII, 593 et suiv.; motifs en faveur de leur institution, 623; caractère de leurs fonctions, 625.
V. *Instruction publique.*

CONSEILS D'ARRONDISSEMENT. Discours de M. Thiers sur l'organisation des conseils généraux et des — (16 janvier 1833), I, notice, 529; limites du droit électoral, 532; abstention aux élections, 535; foi politique du pays, 536; le suffrage universel est dangereux et peu praticable, 528; fermeté et sagesse du gouvernement, 539.
V. *Politique intérieure.*

CONSEIL DES BÂTIMENTS CIVILS. Son rôle vis-à-vis des communes, II, 71, 107.
V. *Communes.*

CONSEIL D'ÉTAT. Efficacité de sa compétence en matière d'autorisations de poursuites contre les fonctionnaires, II, 564; son indépendance affirmée par M. Thiers (1835), 567.
— Statistique des demandes en autorisation de poursuites introduites devant le — contre des fonctionnaires, III, 298; caractère de sa juridiction sur les actes des fonctionnaires, 303.
— Le Conseil d'État appelé à intervenir dans les questions de discipline de l'enseignement, VI, 509.
— Inconvénients du service extraordinaire au —, VII. 48; ses caractères et son but (1846), 67.
V. *Administration, Agents du pouvoir, Article 75 de la Constitution de l'an VIII, Instruction publique.*

CONSEILS GÉNÉRAUX. Discours de M. Thiers sur l'organisation des — et des conseils d'arrondissement (16 janvier 1833), 1, notice, 529; limites normales du droit électoral, impossibilité de les étendre beaucoup, 532 et suiv.
— Leurs débuts (1834), II, 407.
— Leur influence introduite dans l'enseignement (1850), VIII, 618.
— Succès des élections aux —, en 1871, XIII, 546.
— Le droit de classer les chemins vicinaux remis aux —, XV, 294.
V. *Chemins vicinaux, Instruction publique.*

CONSEILS GÉNÉRAUX des Manufactures, du Commerce et de l'Agriculture. Discours prononcé par M. Thiers à l'ouverture des — (15 février 1833), I, notice, 541;

but de la réunion simultanée des trois conseils, I, 542.
V. *Agriculture, Commerce, Industrie.*

CONSEIL DE L'INSTRUCTION PUBLIQUE. Discours de M. Thiers sur le — (1846), VII, notice, 35 ; attitude des ministres successifs dans cette question, 39 ; utilité des institutions de la Révolution et de l'Empire, 40 ; vues de Napoléon en créant l'unité de l'enseignement, 42 ; sa conception du —, 47 ; la Restauration prépare la rupture de l'unité universitaire, 51 ; elle supprime le —, 52 ; elle revient aux idées de Napoléon, 54 ; discussion des réformes de M. de Salvandy en 1845, 57 et suiv.; différence entre le — et le Conseil d'État, 67 ; le — doit être peu nombreux, 68.
— Sa composition, d'après la loi de 1850, VIII, 431.
V. *Enseignement, Instruction publique.*

CONSEILS MUNICIPAUX. Extension des — par la monarchie de Juillet, I, 534.
— Rôle et attributions des —, II, 60 ; discours de M. Thiers relatif aux attributions des —, notice, 239 ; dilapidations de certains — sous le Consulat, 241 ; tendance des — à endetter les communes, 242 ; leurs mauvaises tendances économiques, 243 ; nécessité d'un contrôle autorisé, 245 ; proportion des — dissous sur l'ensemble (1834), 410.
V. *Arrêtés municipaux, Centralisation, Communes, Décentralisation, Maires.*

CONSEIL DE PRÉFECTURE. Nécessité de soumettre au — les procès des communes, II, 70.
V. *Communes.*

CONSEIL DES PRISES MARITIMES. Base de ses décisions, III, 61.

CONSEILLERS DE PRÉFECTURE. La commission du budget de 1832 propose de charger un — du service de secrétaire général, I, 251.

CONSERVATION. Persistance de l'esprit de —, dans les classes appelées à diriger, X, 42 et suiv.
V. *Classes, Politique intérieure.*

CONSOLIDATIONS. État des — de fonds flottants en 1836, III, 232.
V. *Amortissement, Dette publique, Finances.*

CONSOMMATION comparée des diverses classes, XIII, 596.
— La consommation considérée comme base pour l'impôt, XIV, 652 et suiv.
V. *Impôts.*

CONSPIRATIONS. Vigilance du gouvernement pour déjouer les — royalistes (1832), I, 484 ; effet des — sur les partis, 128 ; M. Thiers ne croit pas à l'existence de — en 1831, 130.
— Nécessité de les prévenir, II, 182.
— Les conspirations des réfugiés politiques en Suisse, IV, 9.
V. *Conseil, Gouvernement de Juillet, Politique intérieure, Suisse.*

CONSULS. On propose de remplacer les — de carrière par des

l'esprit des corporations dans les localités, II, 215.

V. *Arrêtés municipaux, Communes, Maires, Politique intérieure.*

CORPS LÉGISLATIF. Le — n'est pas consulté à propos de l'expédition du Mexique, XI, 190.

— Il est opprimé par la dictature (1869), XII, 229; discours de M. Thiers relatif au règlement du — (13 janvier 1870), 405; utilité de la publicité des votes, 406; du vote par appel nominal, 407; utilité du droit d'adresse, 409; applications en Angleterre, 412.

— Le corps législatif de 1863 apprécié par M. Thiers, XV, 482; réaction causée dans le — par les échecs de 1870, 515.

V. *Liberté, Politique intérieure.*

CORPS SOCIAL. Mouvement des classes dans le —, X, 45.

V. *Classes.*

CORRESPONDANTS du Trésor. Danger de leurs spéculations, IV, 105 et suiv.

— État de leurs avances (1848), VII, 456.

— Énumération des —, IX, 335.

V. *Finances, Trésor public, Trésoriers généraux.*

CORRUPTION. Dangers de la — électorale en France (1844), VI, 264.

— La corruption administrative, ses diverses formes, VII, 100.

V. *Candidature officielle, Élections, Gouvernement représentatif.*

CORVÉE. La — était très onéreuse pour le pays, I, 355.

V. *Travaux publics.*

CORWIN (M. —, ministre des États-Unis à Mexico). Cité par M. Thiers, XI, 170.

V. *Mexique, Politique extérieure, Texas.*

CÔTES maritimes. Rôle des chemins de fer dans la défense des — IX, 122.

V. *Chemins de fer.*

COTONS. Effet de l'abaissement des tarifs sur l'importation des — américains (1834), III, 81; développement de la fabrication des — en France sous le régime protecteur, 280; le — introduit en Égypte, 512.

— Progrès de la fabrication des — en France (1790-1840), IV, 592.

— Régime économique des cotons avant 1840, V, 638.

— Consommation des cotons à diverses époques, VIII, 78.

— Progrès de l'industrie des cotons en France (1851), IX, 185; nécessité de la protection pour les —, 185; situation de l'industrie des — en France (1851), 295; la culture des — au Mexique, 505.

— Variations du prix des cotons, XI, 550; effets des traités de commerce, 581, 622; progrès réalisés dans l'emploi des —, 583; l'industrie des — n'a pas été activée par les traités de commerce, 634.

— Situation de l'industrie du coton (1870), XII, 370, 439.

— Possibilité d'établir des droits fiscaux à l'importation des — bruts (1872), XIV, 64, 352, 399, 671.

V. *Impôts, Industrie, Libre-échange, Protection, Traités de commerce.*

COTTA (le libraire). Cité par

M. Thiers comme le promoteur du Zollverein, XI, 140.
V. *Association douanière.*

COULMANN (M. —, député). Sa question relative aux affaires d'Allemagne (1834), II, 302.
V. *Politique extérieure.*

COUP D'ÉTAT. Bruits de — mis en circulation en septembre 1870, XV, 526.

COUR D'APPEL. La commission du budget de 1832 propose de réduire le nombre des —, I, 244.
— Arrêt de la Cour de Paris (de 1826) contre les jésuites, VI, 641.
V. *Jésuites.*

COUR D'ASSISES. La — de Colmar acquitte les complices de Louis-Napoléon, IV, 171.
V. *Napoléon III, Politique intérieure.*

COUR DE CASSATION. Son rôle, I, 276.

COUR DES COMPTES. Efficacité de son contrôle, I, 257; proposition de réduire la dépense afférente à la —, 258.
V. *Budget, Finances.*

COUR DES PAIRS. La — chargée de juger les insurgés de Lyon et de Paris (1834), II, 335; discours de M. Thiers relatif à la construction d'une salle provisoire pour la —, (1834) 445; M. Odilon Barrot s'oppose à la reconnaissance de la compétence de la — par la Chambre, 464; pourquoi on lui a remis le jugement des insurgés d'avril, II, 473; nécessité de construire une salle provisoire pour la cour des Pairs (procès des insurgés d'avril), 488.
— Discours de M. Thiers sur la juridiction de la — en matière de presse (1835), III, notice, 127; critiques dirigées contre le gouvernement à ce sujet, 131; attitude de la presse sous la Restauration, 135; la liberté de la presse admise par le gouvernement, 142; limites de cette liberté, 144; inconvénients du jury en matière de presse, 147; justification de la juridiction de la — en cette matière, 149.
— Sa compétence en matière d'attentat, XI, 426 et suiv.
V. *Chambre des Pairs, Presse.*

COURS ÉTRANGÈRES. Les — ont refusé de prêter leur concours pour une seconde Restauration (1833), I, 518.
V. *Gouvernement de Juillet, Restauration.*

COURS de la rente. Le vrai but de l'amortissement n'est pas de soutenir le —, I, 287; action de l'amortissement sur le —, 289; effets de la suppression partielle de l'amortissement sur le —, 290.
— Sa marche de 1814 à 1836, III, 214.
— Des rentes en 1840, IV, 51.
V. *Amortissement, Dettes publiques, Finances.*

COURS FORCÉ. Ses effets en 1871, XIII, 365; sa nécessité (1871), 633.
— Ses dangers, XV, 407.
V. *Banque de France, Billet de banque.*

COURSE. Efficacité de la — contre les grandes nations maritimes, I, 280.
— Inconvénients de la guerre de course. VII, 175, 231.
V. *Marine.*

COUSIN (M. Victor). Nommé ministre de l'Instruction publique, IV, 462.

COUTUMES FÉODALES. Les — reparaissent dans certains réglements municipaux, II, 216.
V. *Arrêtés municipaux, Communes, Conseils municipaux, Maires.*

COUVENTS. Les — supprimés en Suisse, VII, 536.
V. *Politique extérieure, Sonderbund, Suisse.*

CRACOVIE. Questions relatives à l'occupation de — (1836), III, 465; détails sur cet événement, 469; attitude du gouvernement français, 472.
— Promesses de l'Autriche en occupant —, IV, 349.
— Annexion de — (1846), VII, 360; effet produit en Angleterre par l'annexion de —, 417.
V. *Politique extérieure, Pologne.*

CRÉANCES HYPOTHÉCAIRES. Chiffre des — en 1848 et revenu de ces créances, VIII, 23.
V. *Crédit, Crédit foncier, Hypothèques.*

CRÉDITS LÉGISLATIFS. Spécialité des—, I, 4; abus des — complémentaires. 28; définition des — extraordinaires, 28.
—Ouverture d'un crédit de 100 millions pour travaux publics, discours de M. Thiers (1833), II, 113, 127; demande de crédits pour secours aux victimes des troubles de Lyon (1834), II, 369; justification du — demandé pour couvrir les dépenses relatives aux procès d'avril (1835), 485.
— Suppléments de crédits demandés pour dépenses secrètes, III, 93; formalités pour un changement d'affectation de —, 366; emploi des —extraordinaires (1830-1836), 590.
— Discours de M. Thiers sur les — demandés en 1841, V, 519, 557; emploi fréquent des — supplémentaires sous la Restauration, 555; discours de M. Thiers, relatif aux — supplémentaires (12 avril 1841), V, notice, 519; difficulté alléguée de maintenir l'ordre au dedans, 522; dépenses imputées au Cabinet précédent, 523; exposé de sa politique financière, 526 et suiv.; danger des — ouverts par ordonnance, 587.
— Discours de M. Thiers sur les crédits demandés pour la marine (1846), VII, 151, 209; discours de M. Thiers relatif aux — supplémentaires (13 mai 1846), 237.
— Rapport de M. Thiers sur le projet de loi relatif à des — extraordinaires (affaires de Rome 1849), VIII, 307; discours sur une demande de — (affaire de l'Uruguay, 1850), 327.
— Le gouvernement impérial renonce aux— supplémentaires, IX, 610.
— Les crédits supplémentaires sont remplacés par le budget rectificatif, X, 270, et XII, 95.
— Exemples de l'abus des crédit

supplémentaires (1868), XII, 23, 59; annulations de crédits 95.
V. *Budget, Finances.*

CRÉDIT PUBLIC. Sa situation en 1830-31, I, 34; Napoléon Ier se méfiait du —, 163; le — employé parfois à la place de l'impôt, 287; effets de la réduction de l'amortissement sur le —, 290; somme à demander au — en 1832, 306, 309; nécessité pour l'État de conserver des biens immobiliers pour servir de base éventuelle au —, 345; le premier Empire n'a pas usé du —, 365; nécessité de recourir au crédit à notre époque (1832), 378; raison qui fait préférer le recours au crédit à l'impôt dans les temps difficiles, 379; il est entièrement rétabli (1833), 561; impossibilité de se passer du — (1833), 564; il est nécessité par les dépenses extraordinaires, 565; raisons qui le font préférer à l'impôt dans certains cas, 566.
— Dangers d'une réduction des rentes pour le — (1836), III, 202; le — est un des deux éléments de la puissance de l'État, 223.
— Concurrence du crédit public et du — privé, VI, 149.
— Proposition Proudhon sur la réorganisation de l'impôt et du —, rapport de M. Thiers (1848), VIII, notice, 1; exposé du projet, 3; appréciation du projet, 7 et suiv.; situation du — en 1848, 107 et suiv.
— Le crédit employé comme moyen de préparer le communisme, IX, 16.
— Nécessité de l'amortissement pour le soutenir, X, 233; pratique de l'Angleterre en matière de —,

X, 234; opinion du baron Louis sur le crédit public, 272, 278.
— Solidité du crédit en France, XII, 150.
— Énergie et solidité du crédit de la France, XIII, 75, 491.
— Dangers de nouveaux emprunts pour le — (1874), XV, 232, 372.
V. *Amortissement, Budget, Conversion, Crise commerciale, Dette publique, Emprunt, Finances, Rente.*

CRÉDIT AGRICOLE. Difficultés que rencontre l'établissement du —, X, 462.
V. *Agriculture, Crédit foncier, Crédit privé.*

CRÉDIT FONCIER. Examen des questions relatives aux établissements de —, VIII, 491; origine ancienne du — en Prusse, 494.
V. *Crédit foncier de France, Crédit privé.*

CRÉDIT FONCIER DE FRANCE. But et portée du — en ce qui concerne l'agriculture, VIII, 491.
— L'établissement du — n'a pas profité à l'agriculture, X, 462.
— Sa situation vis-à-vis du Trésor, XII, 70, 131; ses prêts non autorisés à la ville de Paris, 230; son intervention dans la situation financière de la ville de Paris, 259.
— Questions relatives aux établissements pratiquant le prêt à long terme, XV, 449.
V. *Crédit privé, Paris.*

CRÉDIT INDUSTRIEL. Dangers des prêts à long terme en matière d'industrie, XV, 449.

CRÉDIT MOBILIER. Questions relatives aux établissements pratiquant le prêt à long terme, XV, 449.

CRÉDIT PRIVÉ. Action des grandes banques sur le —, V, 28.
— Proposition Proudhon relative à la réorganisation de l'impôt et du —, VIII, notice, 1; rapport de M. Thiers, 3; appréciation du projet, 7 et suiv.; rôle de l'État en matière de —, 183; but et portée du — agricole, 491; système des lettres de gage dans divers pays, 496.
— Difficulté d'assurer un bon crédit à l'agriculture, X, 462.
— Distinction entre le crédit public et privé, XIII, 380.
— Déposition de M. Thiers sur la Banque de France, caractères du vrai —, XV, 359 et suiv.
V. *Agriculture, Banque de France, Crédit foncier.*

CRÉDIT RÉCIPROQUE. Proposition de Proudhon relative à l'organisation du — (1848), VIII, 1; rapport de M. Thiers, 3 et suiv.
V. *Assistance, Travail.*

CRIEURS PUBLICS. Nécessité d'une action préventive contre les — II, 331.
V. *Presse.*

CRIMÉE. La guerre de — approuvée par M. Thiers, IX, 599.
— Même sujet, X, 37.
— Conséquences de cette guerre —, XI, 29,
V. *Politique extérieure, Question d'Orient, Russie, Turquie.*

CRIMES POLITIQUES. Inefficacité du jury pour les juger, III, 147.
V. *Cour des Pairs.*

CRISE COMMERCIALE. La — de 1825, ses effets sur le crédit public, III, 230.
— Action de la Banque de France en temps de —, V, 29.
— La crise de 1848, ses causes, VIII, 19; influence de la spéculation sur les — spécialement en matière d'industrie. 490; périodicité des —, 522.
— Effets du libre-échange en cas de crise, IX, 183; effets des tarifs douaniers sur les —, 255.
— La crise de 1869, ses effets en France, XII, 355.
— Les crises de 1826, 1830, 1847, attitude de la Banque de France, XV, 423.
V. *Commerce, Industrie, Libre-Échange, Protection.*

CRISE FINANCIÈRE. De 1848, ses effets, X, 281.
— Crise des banques en 1848, ses causes, XV, 379; effets des crises monétaires, 425.
V. *Banque, Banque de France, Circulation.*

CRISES MINISTÉRIELLES. De novembre 1834, discours y relatif, II, 379; de novembre 1834, discours de M. Thiers en réponse à M. Sauzet (6 décembre 1834), 429; de février 1835, discours de M. Thiers, 513.
— Du 22 avril 1839, discours de M. Thiers sur ses causes, IV, 381.
V. *Cabinet, Ministère, Politique intérieure.*

CRISES MONÉTAIRES. Examen des causes et des effets des —, XV, 422.

V. *Circulation.*

CROISEURS. La question du nombre des — dans les traités relatifs à la traite, VI, 63.

V. *Droit de visite, Traite des noirs.*

CROMWELL. Son action en faveur des Protestants, I, 210; sur la marine anglaise, 545.

V. *Acte de navigation, Politique extérieure.*

CUBIÈRES (le général de). Nommé ministre de la Guerre en 1839, IV, 411, et en 1840, 462.

CULTES. Exagération des économies demandées par l'opposition sur le budget des — en 1832, I, 327.

— Augmentation des dépenses relatives aux — de 1830 à 1836, III, 567.

— Nécessité de l'égalité des cultes, X, 96.

— Leur égalité devant la loi, XI, 301; nécessité de les respecter et de les favoriser, 302; influence politique attachée à l'expansion du —, 319; le respect de tous les — est d'accord avec les principes de 1789, 324.

V. *Clergé, Concordat, Curés, Religion.*

CULTURES. État des — coloniales près d'Alger (1836), III, 529.

— Avantages des cultures industrielles, IV, 598.

V. *Agriculture, Algérie, Industrie.*

CUNIN-GRIDAINE (M. —, député). Son opinion sur les mobiles qui font agir les nations (1836), III, 347.

— Nommé ministre du Commerce (1839), IV, 411.

CURÉS. Traitements des — de campagne en 1832, I, 327; de ceux des villes en 1832, 328.

V. *Cultes, Religion.*

D

DAMAS (M. de —, ministre des Affaires étrangères). Refuse de payer les indemnités américaines, III, 8.

V. *États-Unis, Indemnites.*

DAMAS. Affaire des Juifs de — (1840), V, 79.

V. *Syrie, Politique extérieure.*

DAMRÉMONT (le général). Sa mort héroïque, IV, 646.

DANEMARK. Influence des affaires d'Italie sur celles de —, X, 152; affaires du — (1852-1866), 395; spoliation du —, 577; devoirs de la France envers cet État, 580; il est mal récompensé de sa fidélité envers la France, 582; historique de la question, 586; garantie du — par les Puissances, 587; travaux de la conférence, 596; le — abandonné par l'Europe, 604; les duchés danois occupés par l'Autriche et la Prusse seules, 606.

— Intérêt de l'Europe à préserver le —, XI, 54, 56; action de la France dans la question de —

XI, 126; conséquences de l'abandon de 1852, 129.
V. *Allemagne, Angleterre, Autriche, Copenhague, Politique extérieure, Prusse.*

DARBLAY (M. —, député). Présente un amendement et parle sur la question des banquets (février 1848), VII, 585.
V. *Banquets, Politique intérieure.*

DARDANELLES. La question du passage forcé des — en 1839, V, 246; inutilité d'un acte international pour les fermer aux navires armés, 572.
— L'entrée en est interdite aux navires de guerre, VI, 1.
V. *Constantinople, Détroits, Politique extérieure, Question d'Orient, Russie, Turquie.*

DARIMON (M. —, député). Sa pétition au Sénat, relative au régime de la presse, XI, 462.
V. *Contrôle, Cour des pairs, Presse.*

DAVOUT (le maréchal). Sa conduite à Hambourg, X, 580.

DÉBATS DES CHAMBRES LÉGIS-LATIVES. La publicité des — est rétablie (1861), IX, 355.
— Historique de la question de la publicité des —, XI, 455.
V. *Chambres, Liberté, Politique intérieure.*

DEBELLEYME (M. —, député). Son amendement au projet d'Adresse de 1839, IV, 352; il intervient dans la discussion de l'Adresse (1839), 367.
V. *Adresse.*

DECAZES (le duc). Parle dans la discussion de l'impôt sur les matières premières (1872), XIV, 107, 377.
V. *Finances, Impôt, Industrie.*

DÉCENTRALISATION. Discours de M. Thiers sur la — (loi municipale, 6 mai 1833), II, notice, 53; il approuve l'esprit du projet, 55; raison de la —, 57; rôle du maire, 59; du Conseil municipal, 60; abus des autorités locales, 63; intérêt de l'État à les contrôler, 66; utilité de l'unité dans le gouvernement, 73; effets de la presse a ce sujet, 75; examen du projet de la commission, 78 et suiv.
— Sens des projets de décentralisation de 1865, X, 11; la — sous le gouvernement de Juillet et sous le second Empire, 377.
V. *Centralisation, Communes, Conseil municipal. Maire, Politique intérieure.*

DÉCHÉANCE DE NAPOLÉON III. Discours de M. Thiers relatif à la motion de — (1er mars 1871), XIII, 27; la France n'a pas voulu la guerre, 29; adoption, 31.
— Détails relatifs à la —, XV, 529.
V. *Napoléon III.*

DÉCIME. Impôt d'un — sur toutes les contributions, proposé en janvier 1871, examen, XIV, 12, 55; difficultés du recouvrement, 61.
V. *Budget, Finances, Impôt.*

DÉCLAMATIONS. Au sujet de la Pologne, I, 101.
V. *Pologne.*

DÉCLARATION faite devant les Chambres, le 4 mars 1840 (formation du nouveau ministère), IV, 461.
V. *Politique intérieure.*

DÉCLARATION GALLICANE. La —, résumée par M. Thiers, VI, 492.
V. *Clergé, Concordat.*

DÉCOUVERTS DU TRÉSOR. Montant des — pour les années 1840-1842, VI, 138.
— Signification de ce terme, IX, 332.
— Leur permanence (1868), XII, 38.
V. *Budgets, Finances.*

DÉCRET DE BERLIN. Justification du —, III, 437.
V. *Blocus continental.*

DÉFENSE NATIONALE. Utilité des forteresses pour la —, V, 326.
V. *Fortifications de Paris.*

DÉFENSE NATIONALE (le gouvernement de la). Ses fautes, XIII, 313 et suiv.
— Déposition devant la commission d'enquête chargée d'examiner les actes du —, XV, 475.
V. *Politique intérieure.*

DEFFAUDIS (M.). Sa mission à La Plata, VII, 237.
V. *Plata (La).*

DÉFICIT. M. Thiers nie que le budget de 1832 soit en —, I, 304; sa définition du —, 306; la dette flottante ne constitue pas un —, 309.
— Origine du — en 1827, son chiffre en 1834, II, 421.

— Abus de ce mot dans les discussions politiques, III, 551.
— Discussion sur le déficit d'un milliard imputé au Cabinet du 1er mars 1840, V, 523, 535.
— Le déficit est à peu près comblé (1842), VI, 144.
— Les budgets de 1846-1848 se soldent en —, VII, 448.
— Évaluation du déficit sur le budget de 1848, VIII, 46.
— Calcul du déficit au budget de 1866, X, 219 et 319; le — des budgets sous le second Empire, 247.
— Évaluation du déficit en 1868, XII, 35.
— Le déficit dans le budget de 1870, XIII, 361; dans celui de 1871, 362 et suiv.
V. *Budget, Finances.*

DE FLOTTE (M. —, député). Élu à l'Assemblée législative, IX, 7; signification de son élection (1850), 8.
V. *Politique intérieure.*

DÉGRÈVEMENT. La suppression de l'amortissement ne saurait permettre un — (1832), I, 396.
V. *Amortissement, Budget, Finances, Impôts.*

DÉLÉGUÉS républicains de la Gironde. Discours aux — (25 mars 1874), XV, 635.
V. *Politique intérieure.*

DELESSERT (M. Benjamin —, député). Combat la conversion de la rente (1836), III, 199.
V. *Conversion, Crédit, Dette publique, Rentes.*

DELFOSSE (M. —, président de la

chambre consultative de Roubaix).
Cité par M. Thiers, XII, 464.
V. *Libre-Échange, Traités de commerce.*

DÉLITS DE PRESSE. Détermination des —, XI, 378.
V. *Cour des Pairs, Presse.*

DÉMAGOGIE. Action de la — en Italie en 1848, VIII, 263.
V. *Partis, Politique intérieure, Politique extérieure.*

DEMARÇAY (le général —, député).
Intervient dans la discussion sur les affaires allemandes (1834), II, 302; réponse de M. Thiers, 303.
V. *Politique extérieure.*

DÉMISSION donnée par M. Thiers (20 janvier 1872), non acceptée par l'Assemblée et retirée, XIV, 146 et suiv.
— Donnée par M. Thiers et acceptée (24 mai 1873), XV, 223.
V. *Politique intérieure.*

DÉMOCRATIE. Le gouvernement de la — défini par M. Thiers, I, 154; la —, élément nécessaire de la monarchie représentative, 156; danger pour le pays de rester livré aux caprices de la —, 191; l'esprit d'exclusion et d'économie mal entendue amène la — à créer une aristocratie d'argent, 462.
— Nécessité de tempérer la démocratie absolue, III, 306.
— La démocratie n'est pas favorable au développement des études supérieures, VIII, 608.
— Évolution de la démocratie à Florence, X, 69.

— Autre définition de la démocratie par M. Thiers, XII, 54.
V. *Aristocratie, Instruction publique, Politique intérieure.*

DENFERT-ROCHEREAU (le colonel).
Sa lettre relative au traité de Francfort, XIII, 261.
V. *Belfort.*

DEPARCIEUX. Cité par M. Thiers, VIII, 573.
V. *Dépopulation, Population.*

DÉPARTEMENTS. La Charte de 1830 promet une loi départementale, II, 53.
V. *Centralisation, Conseils généraux, Décentralisation, Organisation départementale.*

DÉPENSES PUBLIQUES. État des — extraordinaires en 1830-1831; leurs causes, I, 228; accroissement des — au budget de 1832, 230; les — des divers ministères en 1831, 241 et suiv.; la décentralisation n'aurait aucune influence sérieuse sur la réduction des —, 268; danger des — extraordinaires, 295; exagération des économies proposées par l'opposition sur les — (1832), 325 et suiv.; les — en 1789, 364; entraînement des Chambres à voter des — supplémentaires, 369.
— Elles étaient en grande partie locales sous l'ancien régime, II, 25; tendance des grandes villes à exagérer leurs —, 97; la crainte de la guerre porte les États à modérer leurs —, 102.
— Détail des augmentations de dépenses de 1830 à 1836, III, 567; les révolutions les augmentent, 571;

les dépenses publiques de la Restauration comparées à celles du gouvernement de Juillet, III, 584; les — extraordinaires du gouvernement de Juillet, 1830-1836, 590.

— Progression des dépenses (1830-1846), VII, 316; progression des — de 1840 à 1847, 440 et suiv.

— Nécessité de réduire les dépenses, IX, 661; accroissement des — entre 1851 et 1865, 615 et suiv.

— Accroissement des dépenses et combinaison des budgets en 1868, XII, 8 et suiv.; dangers de cette pratique financière, 145.

— Détail des dépenses à inscrire au budget de 1873, XIV, 545.

V. *Angleterre, Budgets, Crédits, Finances.*

DÉPENSES LOCALES. L'exagération des — compromet le produit des impôts généraux, II, 68.

— Contrôle nécessaire du gouvernement sur les —, XII, 88.

V. *Communes, Centralisation.*

DÉPENSES MILITAIRES. Les — en Prusse et en France (1831), I, 206.

— Exagération des plans de — (1874), XV, 231.

V. *Armée, Finances.*

DÉPENSES SECRÈTES. Discours de M. Thiers relatif à un crédit de 1,200,000 francs pour — (1835), III, notice, 93; utilité de ce crédit, 99.

— Autre discours de M. Thiers relatif aux — (1837), IV, 171; crises du gouvernement en 1836 et 1837, 178; désunion de la majorité, 180; ses causes, 181; vice de la tendance politique du gouvernement,

IV, 199; vote du crédit, 204; autre discours de M. Thiers sur les dépenses secrètes (1840), notice, 467; explications sur la formation du Cabinet, 468; sur sa politique, 476; second discours de M. Thiers relatif aux — de 1840 (Chambre des pairs), notice, 493; explications sur la politique du Cabinet, 495; adoption du crédit, 520.

— Discours de M. Thiers relatif au projet de loi relatif aux — (1841), V, notice, 495; explications sur la politique du Cabinet du 1er mars, 497.

V. *Politique intérieure.*

DÉPOPULATION DES CAMPAGNES. Elle produit des perturbations économiques, XII, 147.

V. *Agriculture.*

DÉPORTATION. Projet de loi sur la —, IV, 172.

V. *Détenus.*

DÉPOSANTS des caisses d'épargne, distingués selon leur qualité (1837), IV, 115.

V. *Caisses d'épargne.*

DÉPOSITIONS de M. Thiers. Dans l'enquête ouverte sur la Banque de France et sur la circulation fiduciaire (27 juillet 1866), XV, 357; devant la commission d'enquête chargée d'examiner les actes du gouvernement de la Défense nationale (17 septembre 1871), 475; devant la commission d'enquête chargée de rechercher les causes de l'insurrection du 18 mars (24 août 1871), 567.

V. *Banque de France, Commune de Paris, Gouvernement de la Défense.*

DÉPÔTS DE MENDICITÉ. Leur utilité, nécessité de les multiplier, VIII, 542.
V. *Assistance.*

DÉPUTÉS. Certains — recommandent des fonctionnaires suspects, I, 55.
— Leur attachement aux intérêts locaux, III, 556.
— Proposition Remilly, tendant à interdire les fonctions publiques aux —, discours de M. Thiers sur ce sujet, IV, notice, 529; mauvais accueil fait à une proposition antérieure, 531; examen de la question, 533; causes du fait signalé, 534; situation de l'Angleterre à ce point du vue, 535; le gouvernement ne cherche pas à multiplier les fonctionnaires dans les Chambres, 536; les députés fonctionnaires ne sont pas dépendants, 537; nécessité de résister à leur trop grande multiplicité, 538; moyens praticables dans ce but, 544.
— Dépendance des députés vis-à-vis des électeurs, abus qui peuvent en résulter, VI, 264.
— Discours de M. Thiers sur les députés fonctionnaires (1846), VII, notice, 95; importance de la question, 96; rappel des faits de 1840, 97; danger des réformes en France, 98; utilité de celle que l'on propose, 99; vices du gouvernement absolu, 100; des gouvernements libres, 101; dangers de la corruption, 103; un exemple donné par l'Angleterre, 105; situation en France, 110; raison fondamentale de l'admission des fonctionnaires dans les chambres, 113; situation actuelle dans la Chambre des dé-

putés, VII, 114; comparée à celle de 1832, 119; abus en résultant, 126; dangers qu'elle prépare, 130; motifs de la proposition, 135; M. Thiers se défend de vouloir attaquer la royauté, 140; son vrai but, 142.
V. *Politique intérieure.*

DERBY (lord). Cité par M. Thiers, XI, 77.

DESAIX (le général). Blessé au siège de Kehl, sauve son adversaire, XI, 371.

DÉSARMEMENT. Proposition d'un — général, conditions, I, 147; opportunité du — en 1831, 209.
— Impossibilité d'obtenir le — de l'Europe en juin 1870, XII, 612.
V. *Dépenses militaires, Politique extérieure.*

DÉSAVEU. Gravité d'un — imposé à un agent qui dépasse ses instructions, VI, 345; exemples, Navarin et Ancône, 346.
V. *Politique extérieure.*

DESCARTES. Son influence sur l'esprit humain, X, 113.
V. *Philosophie.*

DESEILLIGNY (M. —, député). Intervient dans la discussion du budget de 1873 (1872), XIV, 613.
V. *Budget.*

DESMICHELS (le général). Traite avec Abd-el-Kader, III, 627.
V. *Abd-el-Kader, Algérie.*

Résumé de cet ouvrage par
M. Thiers, V, 382.
V. *Impôts.*

DIPLOMATIE. Nécessité de la —,
choix de ses agents, I, 350 ; Napoléon Ier en a compris l'importance, 456.
— La tromperie n'est pas un bon
procédé de —, III, 459 ; ses vrais
moyens d'influence, 460.
V: *Agents diplomatiques, Politique extérieure.*

DIRECTOIRE. Le — a adouci les
lois contre les émigrés, I, 411 ;
ses désordres ont été une réaction
contre l'austérité imposée par la
Convention, 464.
— Le gouvernement du — apprécié
par M. Thiers, II, 279.
V. *Émigration, Politique intérieure, Révolution.*

DISCIPLINE. Son importance au
point de vue militaire, I, 66 ; la
—, qualité nécessaire en France,
191.
— Absence de discipline chez les
jeunes troupes, VIII, 190.
V. *Armée, Cadres.*

DISCOURS DU TRÔNE du 23 juil-
let 1831, cité, I, 43.
V. *Adresse, Politique extérieure,
Politique intérieure.*

DISCUSSIONS. Excès dans les —
parlementaires, IV, 130.
— Avantages politiques d'une discussion libre, VIII, 644.
— Nécessité du droit de — et ses
effets, XI, 373 ; nécessité du droit
de — dans un gouvernement, 471
et suiv.
V. *Politique intérieure, Presse.*

DISSOLUTION. Des gardes nationales (1834), II, 402, 410 ; des
conseils municipaux, 410.
— Effets de la dissolution sur la
Chambre (1840), IV, 499.
— La dissolution considérée comme
contrepoids du gouvernement représentatif, X, 356.
— Campagne de banquets tentée
pour arriver à la — de l'Assemblée nationale, incident de
Grenoble, XV, 45 et suiv. ; la —
de 1877, manifeste de M. Thiers
aux électeurs du IXe arrondissement de Paris, 663 et suiv.
V. *Chambre des députés, Élections, Politique intérieure.*

DIVIDENDES. Moyens employés
pour établir des — fictifs, X,
253.
V. *Impôts.*

DOBLADO (le général). Chargé de
traiter avec les alliés (affaires du
Mexique, 1862), IX, 478.
— Sa négociation avec le général
Prim à la Vera-Cruz, XI, 181.
V. *Mexique.*

DODE (le général). Son opinion sur
le système de fortifications con-
venable pour Paris, V, 456 et XV,
242.
V. *Fortifications de Paris.*

DOLLFUS (M. Jean —, député). Sa
discussion avec M. Thiers, relativement aux tarifs de douane
(1851), IX, 294.
V. *Douanes, Libre-échange, Protection.*

DOMAINE IMMOBILIER DE
L'ÉTAT. Nécessité de garder un

domaine pour fournir une base éventuelle au crédit public, I, 345.
V. *Crédit public, Dette publique.*

DOMESTIQUES. Leur situation au point de vue électoral, IX, 35.
V. *Élections.*

DOMICILE. Importance du — au point de vue électoral, IX, 28.
V. *Élections.*

DOMMAGES causés par l'invasion, question du payement par le Trésor (1871), XIII, 435.
V. *Droit public, Guerre de 1870.*

DONATAIRES. Pensions établies en faveur des — 1821, I, 404.
— État des pensions des donataires en 1833, II, 5.
V. *Pensions.*

DONGERMAIN. Attitude des tribunaux dans l'affaire de —, III, 299.

DOTATION. Demande d'une — pour le duc de Nemours (1840), IV, 461.
— Incident relatif au projet de dotation supplémentaire (1844), VI, 277.
— La dotation du président de la République portée à 3 millions, danger de cette mesure (1850), IX, 83.
V. *Politique intérieure.*

DOUAIRS.
V. *Abd-el-Kader.*

DOUANES. Difficulté d'un remaniement des — dans le sens protecteur (1834), II, 362.
— Discours de M. Thiers relatif à la loi de — (1836), III, notice, 269;
importance générale de la question des douanes, III, 272; autre discours relatif aux fers au bois 315 ; autre discours sur l'introduction des rails étrangers (1836), 331 ; inconvénients du régime des — en Allemagne avant le Zollverein, 347 ; discours de M. Thiers sur l'union douanière allemande (1836), 345 ; second projet de loi sur les — (1836), discours de M. Thiers y relatif, notice, 355; utilité de la protection, 358.
— Motifs qui ont dominé la politique anglaise en matière de —, IX, 142 et suiv.; discours de M. Thiers sur le régime commercial de la France (1851), 245 ; examen du rôle des — comme moyen de protection économique, 246 et suiv.
— Rôle des tarifs de douane en matière économique, X, 412 ; causes et effets des — en ce qui concerne l'agriculture et la réforme des tarifs en Angleterre, X, 464.
— Insuffisance des tarifs résultant des traités de commerce au point de vue de la protection, XII, 446, 464.
— Faible sécurité donnée par le certificat d'origine, effets de l'expertise, XIV, 406 ; son action sur l'impôt intérieur, 660 ; la protection par les — coûte peu au consommateur, 661.
V. *Commerce, Industrie, Libre-Échange, Protection, Tarifs.*

DOUAY (le général). Arrête l'incendie des Tuileries (1871), XIII, 275.

DOUZIÈMES PROVISOIRES. Accordés en 1831, I, 14 ; demandés en avril 1831, I, 24 ; constituent un système fâcheux, 26 ; causes de son application en 1831, 26 ; causes de leur emploi en 1830-1831, I, 225.

V. *Budgets, Finances.*

DRAPEAU. Le — rouge arboré dans les journées des 5 et 6 juin 1832, I, 472.

— Le drapeau tricolore est le vrai drapeau de la France, III, 7.

V. *Émeutes, Lyon.*

DRAPS. Situation de l'industrie des — en 1840, IV, 593.

— Situation de l'industrie des draps en 1870, XII, 467.

V. *Commerce, Industrie, Libre-Échange, Protection.*

DRAWBACK. La faculté du — accordée au sucre indigène, IX, 551.

— Son emploi, avantages et inconvénients, XIV, 63 ; il est accordé aux cotons, 67 ; la faculté du — réservée dans divers traités de commerce, 344 ; avantage des droits élevés avec faculté de —, 665.

V. *Admissions temporaires, Protection.*

DREUX-BRÉZÉ (M. de —, membre de la Chambre des pairs). Combat le projet de loi sur la garantie de l'emprunt grec (1833), II, 144.

—Critique le traité de la quadruple alliance, III, 180.

V. *Espagne, Grèce, Politique extérieure.*

DROIT. Le — acquis des individus ne peut être remis en question par un vote des Chambres, II, 12 ; la monarchie de Juillet a accepté

le — européen tel qu'il était établi par les traités, II, 196.

— Opinion de M. Thiers sur le droit d'asile, IV, 6.

— Le droit commun est applicable à l'État, V, 53.

— Nécessité d'avoir la force pour appuyer le —, VI, 48.

— Le droit à l'assistance n'existe pas, VIII, 457 et suiv.

— La question de droit dans la puissance temporelle du Pape, X, 103 ; violations du — en Europe (1866), 575.

V. *Assistance, Droit public, Droit de visite, Papauté, Politique extérieure.*

DROIT D'ASILE.
V. *Conseil.*

DROITS COMPENSATEURS. Les — dans les traités de commerce, XIV, 47 ; leur admission par les gouvernements étrangers, 101 ; applications des —, 343, 382 ; question des — en 1872, 642.

V. *Douanes, Libre-échange, Protection, Traités de commerce.*

DROIT DIVIN. Base qu'il donne à la royauté, I, 172.

— Il est invoqué par la Restauration, en essayant la monarchie représentative, II, 282.

V. *Politique intérieure, Restauration.*

DROITS DE L'HOMME (Société des). Son action dans les troubles de Lyon, II, 590.

V. *Émeutes, Lyon.*

DROIT ÉLECTORAL. Le pays peut limiter par une loi le droit élec-

toral, I, 532 ; conditions du —
sous la Restauration, 533.
V. *Droits politiques*.

DROIT DES GENS. Ses progrès, III,
512.
— Progrès réalisés par le — (1841),
V, 645.
V. *Droit public*.

DROIT POLITIQUE. Le — défini
par M. Thiers, I, 172.
V. *Liberté*.

DROITS POLITIQUES. La monar-
chie de Juillet a beaucoup éten-
du les —, I, 534.
— Leur imprescriptibilité, X, 338.
V. *Élections, Gouvernement de
Juillet*.

DROITS PROTECTEURS. Les — sur
les fers en 1814 et 1822, III, 315.
V. *Douanes, Droits compensateurs,
Fers, Libre-Échange, Protection*.

DROIT PUBLIC. Influence des petits
États sur la formation du droit
public, X, 153.
— Discussion sur les droits et devoirs de l'État en matière d'indemnités aux victimes de la guerre
étrangère et civile (1871), XIII,
435 et suiv.
V. *Droit des gens, Politique extérieure*.

DROIT DE RÉUNION. Sa nécessité,
XII, 288 ; obstacles au — pendant
la période électorale, 318.
V. *Élections*.

DROITS DE TONNAGE. Les — en
1836, III, 290.
V. *Marine marchande*.

DROIT AU TRAVAIL. Discours de

M. Thiers sur le droit au travail
(1848), VIII, 57 ; discussion de la
théorie du —, 88 ; danger politique du —, 102, résumé des objections contre le —, 481.
V. *Assistance, Travail*.

DROIT DE VISITE. Discours de
M. Thiers relatif au — (1842),
VI, notice, 53 ; explications sur les
conventions de 1831-1833, 57 ; stipulations de 1841, 63 ; dangers de
ce traité, 67 ; ses inconvénients au
point de vue français, 80 ; second
discours de M. Thiers relatif au —
(19 mai 1842), notice, 181 ; affaire
de la *Sénégambie*, 183 ; explications
sur les traités de 1831, 133, 191 ;
discussion du traité de 1841, 199 ;
observations sur le —, 272, 610.
V. *Adresse, Angleterre, Traite des
noirs*.

DROUET D'ERLON (le général). Son
opinion sur les affaires d'Algérie,
III, 500.
V. *Algérie*.

DROUIN DE LHUYS (M.). Nommé
ministre des Affaires étrangères
(1848), VIII, 203.
— Points soulevés par — dans
la question romaine (1864), X,
86.
V. *Rome*.

DRUSES. Les — de Syrie soutenus
par l'Angleterre (1846), VII, 279.
V. *Syrie*.

DUALITÉ des Chambres électives,
ses dangers, I, 186.
V. *Chambres*.

DUBOIS (M. —, de la Loire infé-
rieure, député). Demande la ré-

duction des pensions accordées par la Restauration, II, 13.

— Poursuivi sous la Restauration pour délit de presse, III, 139.
V. *Pensions, Presse.*

DUCATEL. Fait entrer les troupes dans Paris (1871), XV, 621.
V. *Commune de Paris.*

DUCHÂTEL (M.). Nommé ministre du commerce (1834), II, 302.

— Son projet de loi sur les douanes, III, 269; propose de favoriser l'entrée des rails étrangers, 331.

— Nommé ministre des Finances (1836), IV, 3 ; parle sur la question des caisses d'épargne (1837), 103 ; nommé ministre de l'Intérieur (1839), 411.

— Nommé de nouveau ministre de l'Intérieur, (1840), V, 152.

— Sa réplique à M. Thiers (politique générale, 27 mai 1846), VII, 332 ; sa réponse aux critiques de M. Thiers, 471.
V. *Douanes, Politique intérieure.*

DUCHÉS DANOIS. Historique de la question des — (1866), X, 586.
V. *Allemagne, Danemark, Politique extérieure.*

DUCOS (M.—, député). Rapporteur du projet de loi sur les douanes (1836), III, 269.

DUFAURE (M. —, député). Intervient dans la discussion de l'adresse de 1839, IV, 368 ; nommé ministre des Travaux publics (1839), 411.

— Rapporteur du projet de loi sur la Banque de France (1840), V, 3.

— Nommé ministre de la Justice (1871), XIII, 8.

— Sa proposition relative à l'organisation des pouvoirs publics (1872), XV, 63 ; votée par l'Assemblée, 117 ; son opinion sur la forme du gouvernement, 174.

DUFOUR (le général). Chef des troupes fédérales contre le Sonderbund, VII, 516.
V. *Suisse.*

DUGABÉ (M. —, député). Prend part à la discussion relative aux droits de douane sur les fers (1836), III, 316.
V. *Fers.*

DUMANOIR (l'amiral). Son procès, cité par M. Thiers, VI, 348.

DUMON (M. —, ministre des Finances). Ses déclarations relatives à à la situation financière (1848), VII, 431; réponse de M. Thiers, 432.
V. *Budgets, Finances.*

DUMOURIEZ (le général). Refuse de venir couvrir Paris (1792), V, 318.
V. *Fortifications de Paris.*

DUNLOP (le commodore). Chef de l'expédition anglaise du Mexique, IX, 475.

— Cité par M. Thiers, XI, 173.

DUPANLOUP (Mgr —, évêque d'Orléans, député). Intervient dans la discussion relative au Saint-Siège (1871), XIII, 424.
V. *Papauté, Rome.*

DUPERRÉ (l'amiral). Dirige l'expédition d'Alger, III, 507.

— Nommé ministre de la Marine
(1839), IV, 411.

— Ministre de la Marine (1840), V,
152.

DUPETIT-THOUARS (l'amiral). Impose le protectorat de la France à
la reine Pomaré (1842). VI, 338 ;
prononce sa déchéance (1843); désavoué, 340.
V. *Pritchard, Tahiti*.

DUPIN (M. —, député). Chargé de
former un Cabinet (1835), II, 513.

— Combat la juridiction de la
Chambre des pairs en matière de
presse (1835), III, 159 ; combat le
système du libre-échange (1836),
270 ; son opinion sur les chemins
de fer (1836), 331.

— Combat les projets de loi de 1837
relatifs aux complots, IV, 172.

— Rapporteur de la loi sur la régence (1842), VI, 206 ; incident relatif
à M. — (1844), 661 ; réclame la
suppression des jésuites, 665.

DUPONT (le général). M. Thiers
cite l'affaire du — à Baylen, VIII,
193.

DUPONT de l'Eure (M. —, député).
Ministre de la Justice (1831), I,
52 ; n'a pu réaliser des économies
sur son ministère (1831), 318.

— Son attitude à propos de la loi
du 29 novembre 1830, III, 146.

DUPRAT (M.—, député). Parle sur
le projet d'Adresse de 1836, III,
187.

DUROC (le général). Envoyé comme
ambassadeur en Russie par Napoléon Ier, il reçoit un traitement
élevé, I. 351.
V. *Agents diplomatiques*.

DUVAL (M. Raoul —, député). Sa proposition relative aux traités de
commerce (1872), XIV, 149.

DUVERGIER DE HAURANNE (M.—.
député). Intervient dans la discussion des tarifs de douanes
(1836), III. 270 ; dans la discussion relative aux monuments de
Paris, 405 ; ses propositions relatives à l'Algérie (1836), 499.

E

ÉCHANGES INTERNATIONAUX.
Opinion de M. Thiers sur la loi
fondamentale des —, III, 45 ; effet
de la protection sur les —, 284.
V. *Douanes, Libre-Échange, Protection, Traités de Commerce*.

ÉCHELLE MOBILE. Détails sur
son action, IX, 151.

— Effets de sa suppression, X, 408.

— Son utilité, XI, 568.
V. *Blés, Protection*.

ÉCOLES MILITAIRES. Leur utilité,
VIII, 178.
V. *Armée, Cadres*.

ÉCONOMIES BUDGÉTAIRES. La
spécialité budgétaire trop étroite
ne leur est pas favorable, I, 8 ;
les — ménagées au budget par
le gouvernement de Juillet,
230; les — réalisées au budget de 1832, 243 ; les — ne
peuvent dépasser 10 millions 1/2
sur le budget de 1832, 259 ; des
— importantes ne peuvent résulter
de la décentralisation, 268 et suiv.;
les — réalisées sur le budget des
affaires étrangères (1832), 451;

divisions du budget sur lesquelles on peut réaliser des —, I, 294; réponse aux propositions tendant à faire des — sur le budget de 1832, 317; impossibilité de réaliser de fortes — sur le budget (1832), 500.

— Caractères de la véritable économie IX, 349.

— Dangers des économies budgétaires irréfléchies, XIV, 569, 580.

V. *Budget, Finances.*

ÉCONOMIE POLITIQUE. Elle doit s'appuyer sur les faits, IX, 160.

V. *Libre-échange, Protection.*

ÉCOSSE. Indications relatives aux prêts hypothécaires des banques d'—, VIII, 139.

V. *Banque, Finances.*

ÉDUCATION. Sa nécessité pour l'homme, XIV, 238; ses effets, 239.

EFFECTIFS MILITAIRES. Les — en Europe en cas de coalition, I, 215.

— Détails sur les —, pied de guerre, XIV, 251 et 270.

V. *Armée.*

EFFETS DE COMMERCE. Mécanisme et garanties de l'escompte des — à la Banque de France, V, 13.

— Leur rôle dans la rentrée des impôts, XV, 412.

V. *Banque de France, Impôts, Trésor.*

EFFETS PUBLICS. L'achat et la vente des — interdits à la Caisse des dépôts et consignations, sauf autorisation spéciale, IV, 122.

V. *Agiotage, Caisse des Dépôts, Finances, Portefeuille du Trésor, Trésor.*

ÉGALITÉ. Des nations entre elles, V, 645.

— Le remplacement militaire ne blesse pas l'égalité, VIII, 167 et suiv.

— L'égalité assurée par la Révolution, X, 341.

V. *Armée, Politique intérieure et extérieure.*

ÉGLISE. Situation de l'— de France après la Déclaration gallicane, VI, 492; la révolution de Juillet et l'—, 562; son droit d'établir des congrégations religieuses, 624.

— L'Église et l'Université, VIII, 391; elle a profité de la liberté d'enseignement donnée en 1848, 437.

— Causes de la domination de l'Église romaine, X, 96; les partis politiques dans l'—, 110; sa tendance vers l'ultramontanisme, 112; l'— n'entrave pas la pensée humaine, 113; dangers que présente le système d'une — nationale, 115; causes de l'établissement de l'— à Rome et de sa force, 117; causes de l'affaiblissement de l'— d'Orient, 119; impossibilité de la séparer complètement de l'État, 120; la séparation existe en Amérique, 124; danger d'un antagonisme entre l'— et l'État, 149.

V. *Clergé, Concordat, Congrégations, Papauté, Politique intérieure.*

ÉGYPTE. Vues de Napoléon Ier sur l'—, action de la France dans ce pays, III, 512; importance de

la culture du coton en —, 513.
— Exposé de la politique française
en — (1840), IV, 414; intervention
de l'Europe dans les affaires d'—,
436; ombrages entre la France et
l'Angleterre au sujet des affaires
d'— (1840), 456; intérêts de l'Angleterre en — et en Syrie, 510;
utilité de maintenir Méhémet-Ali
(avril 1840), 514.
— Discours de M. Thiers sur la
question d'—, (25 novembre 1840),
V, notice, 149; historique de la
situation, 155; propositions de la
France au profit de Méhémet-Ali,
169; faveur dont l'— jouit auprès
de l'opinion publique en France,
173; exposé de la politique de M.
Thiers dans la question, 180; ses
propositions après le traité de
juillet 1840, 217; situation de la
question, 230; second discours de
M. Thiers (27 novembre 1840):
notice, 237; réponse aux alléga-
tions de MM. Guizot et Passy, 240;
propositions de M. Thiers relatives à la question d'Égypte en
1836, 243; isolement de la France
dans la question d'—, 261; ses
causes, 262 et suiv.; motifs qui
ont dirigé la politique de M.
Thiers dans la question d'—, 498;
situation minima qu'il convenait
de faire à l'—, 562.
— La question d'Égypte réglée par
le traité du 13 juillet 1841, VI, 1;
causes de la sympathie de l'opinion française pour l'—, 295.
V. *Angleterre, Méhémet-Ali;
Orient, Politique extérieure, Question d'Orient, Russie, Syrie.*

ÉLECTIONS. Les — de 1831, liberté
des opérations, 1, 50; effets de
l'— sur le progrès et la stabilité
du pays. 160; influence de la passion du jour sur les —, 1, 162; influence des grandes familles dans
les —, 184; caractère libéralité
la loi sur les — (1832), 481; nécessité de conserver la loi sur les
— (1832), 497; le droit à l'électorat
n'est pas inné chez tout individu,
532; le droit de faire des électeurs appartient aux pouvoirs de
l'Etat représentant la souveraineté nationale, 538; les citoyens
montrent peu d'empressement à
se rendre aux — (1832), 535;
causes de cette indifférence, 536;
M. Odilon Barrot réclame l'extension du suffrage dans les —
locales (1833), 537.
— Nécessité d'une marche progres-
sive dans la réforme du système
électoral, II, 184; les — générales de 1834 sont favorables au
gouvernement de Juillet, 283.
— Difficultés relatives à la modification de la loi sur les — (1840),
IV, 481, 501.
— Les élections de 1842, leur résultat, VI, 205; différences entre la
France et l'Angleterre au point de
vue de la corruption dans les —,
264.
— La question d'intérêts substi-
tuée à la question politique dans
les — (1846), VII, 122; la question des — agitée en 1847, 429.
— Projet de modification de la loi
de 1849, discours de M. Thiers
(24 mai 1850), IX, notice, 1;
intentions du projet de loi, 5; il
est en harmonie avec la Constitution, 24; conditions naturelles de
l'électorat, 28; dangers de l'action
de la multitude, 40; conséquences de la loi du 15 mars 1849, 59;
détails sur sa présentation, 79;

nécessité de la liberté dans les —,
IX, 372; caractère des — sous la
monarchie de Juillet, 415; devoirs du gouvernement dans les
—, 420.

— Nécessité d'assurer la liberté des
élections, X, 350.

— Nécessité d'assurer la liberté
électorale, XII, 298; faits de pression électorale dénoncés par
M. Thiers, 311; discours de
M. Thiers sur l'élection de M. de
Campaigno, 381; ses caractères,
384; remaniement des circonscriptions électorales, 385; violations de scrutin, 392; faits signalés
dans Saône-et-Loire, 396; à Mont-
béraud, 400.

— Élection du prince de Joinville et
du duc d'Aumale en 1871, XIII,
295.

— Caractères des élections en 1872,
XV, 99; les — de 1863, attitude de
M. Thiers, 476; pression du gouvernement dans les — (1877), XV,
686.

V. *Adresse, Abstentions, Administration, Candidature officielle,
Capacités, Droit public, Loi électorale, Politique intérieure, Suffrage
universel.*

ÉLECTIONS départementales. Projet de loi de 1833, discours de M.
Thiers à ce sujet, I, notice, 529;
le droit électoral est conféré par
la loi, 532; droits accordés par
le gouvernement de Juillet, 535;
excès des abstentions, ses causes,
536.

ÉLECTIONS municipales. Discours
sur le projet de loi relatif aux
élections municipales (8 avril 1871),
XIII, 181; tendances de l'Assem-

blée, XIII, 182; situation des
grandes villes, 184; nécessité de
réserver la nomination de leurs
autorités municipales, 185.

ÉLECTIONS de Paris. Discours de
M. Thiers sur une Déclaration
concernant les — (21 mars 1871),
XIII, notice, 113; gravité de
la question, 114; difficulté d'y
appliquer le droit commun, 115;
nécessité d'un système spécial,
118; il faut d'abord réprimer l'insurrection, 119 et suiv.

V. *Commune de Paris, Paris.*

ELLIOT (lord). Sa mission en Navarre, III, 466; son intervention
en Espagne pour éviter les excès
de la guerre civile, 599.

V. *Espagne, Quadruple alliance.*

ÉMEUTES causées à Paris par la
prise de Varsovie, I, 75; les — à Paris, 126; les partis se réunissent
pour faire des —, 139; le gouvernement n'y prend aucune part, 140;
pourquoi elles durent, 141; effet
des — sur le pays, 144.

— Manière de combattre l'émeute à
Paris, V, 417.

V. *Gouvernement de Juillet, Insurrections, Lyon, Paris.*

ÉMIGRATION. Nécessité de protéger l'—, I, 281.

— L'émigration française à Montevideo, son activité, ses causes
VI, 358.

— Motifs du mouvement d'— vers
l'Amérique du Sud, VIII, 350;
utilité de l'—, 529.

V. *Colonies, Plata (La).*

ÉMIGRÉS. La Restauration a disposé de l'amortissement en faveur des émigrés, I, 367; pensions accordées aux — sous la Restauration, 407.

— Les émigrés participent aux pensions établies par l'Ordonnance du 1er août 1815, II, 7.

—Avis de M. Thiers sur le milliard des —, III, 12; le vrai sens de l'indemnité accordée aux —, 589; le milliard réduit en réalité à 652 millions, 591.

V. *Restauration.*

EMPECINADO (l'). Fusillé en présence des troupes françaises (1823), III, 455.

V. *Espagne, Restauration.*

EMPIRE. Influence des coteries sur le gouvernement du second —, I, vi; chiffre réel du budget sous le premier —, et arriéré laissé par ce régime, 365; vice radical de la législation du premier —, 479.

— Le premier Empire ne fut qu'un accident brillant, pourquoi, II, 280; sa rigueur dans la répression des troubles, 367.

— Réclamations des États-Unis pour les dommages subis par leurs nationaux pendant les guerres de l' —, III, 1; dépenses de police sous le premier —, 104.

— L'enseignement public sous l'Empire, VI, 465.

— La restauration de l'Empire annoncée par M. Thiers (janvier 1851), IX, 114.

V. *Administration, Adresse, Amortissement, Finances, Napoléon Ier, Napoléon III, Politique intérieure, Politique extérieure, Second Empire.*

EMPIRE D'ALLEMAGNE. Conséquences probables d'une guerre heureuse sur la restauration de l' — germanique, (1866), X. 618.

V. *Allemagne, Politique extérieure, Prusse.*

EMPIRE OTTOMAN. A quelles conditions la France doit garantir son intégrité. V, 575.

V. *Orient, Question d'Orient.*

EMPLOIS. Les suppressions d' — ne sont pas une source de grosses économies, I, 267.

V. *Économies budgétaires, Finances.*

EMPLOYÉS des ministères. Observations sur le travail qu'ils fournissent (1832), I, 330.

EMPRUNTS publics. Discours de M. Thiers relatif à un — de 200 millions en obligations du Trésor (11 mars 1831), I, notice, 11; sa nécessité, 14; procédés applicables, 15; ventes de bois, 16; obligations à terme, 18; impraticabilité d'un — en 1830, 34; de même au début de 1831, 35; les — de 1830-1831, charge qu'ils imposent au budget, 231; leur rôle comme accessoire ou complément de l'impôt, 287; effets de la réduction de l'amortissement sur la négociation des —, 290; raisons qui font préférer l'emploi des — à l'impôt dans les temps difficiles, 379; perte probable à subir sur l' — si l'amortissement est supprimé, 396; M. Thiers émet l'avis d'utiliser les — pour dégrever certains impôts (1832), 398; nécessité des — onéreux du début de la Restauration, I, 573; les émissions au pair sont impossibles, pourquoi (1831), 574, la garantie des — n'existe que dans la bonne politique du gouvernement, 575.

— Tendance des communes à contracter des —, II, 84.

— Les emprunts se classent par l'entremise de la spéculation, III, 214.

— Indication des emprunts faits à la Banque en 1830, V, 33.

— Indication des emprunts autorisés par la loi de 1842, VI, 138.

— L'emprunt de 1847, son insuccès, VII, 431; leur influence sur l'état des capitaux (1848), 464, 477.

— Nécessité de contracter chaque année un — pour équilibrer le budget (1864), IX, 653.

— Diversité des emprunts sous le second Empire, X, 286; l' — est nécessaire pour régler les budgets de 1863-1866, 328.

— Nécessité de l'emprunt par suite de la permanence des découverts du Trésor, XII, 38; le gouvernement a recours à l' — par intermédiaire, 41; M. Thiers signale les — irréguliers de la Ville de Paris (1869), 169; indication du caractère fondamental de tout —, 226.

— Question de M. Germain sur les émissions de rentes et les emprunts à la Banque (1871), discours de M. Thiers; XIII, 51; secours fournis par la Banque, 52; origine des rentes émises, 54, 57; discours de M. Thiers sur l' — de 2 milliards (1871), 341; la vérité condition du crédit, 343; situation du pays, 344; pratiques financières de l'Empire, 346; consé-

quences de ses fautes. XIII, 349; embarras financiers, 354; conséquences de la prolongation exagérée de la guerre; 357; situation des budgets de 1870 et 1871, 360; déficits des budgets de 1870-1871, 361; emprunts à la Banque, 364; chiffre réduit de la dette flottante, 366; situation favorable du pays, 367; ressources disponibles, 369 conditions de l'emprunt public à ouvrir, 372; rentrées probables, 373; situation de la Banque, 375; ses offres au Trésor, 377; avantages des emprunts à la Banque, 378; utilité d'emprunter à fort intérêt plutôt qu'à forte prime, 381; situation actuelle du budget, 384; succès des emprunts français (1871), 505.

— Le bénéfice de jouissance en matière d' —, XIV, 531.

— Succès de l'emprunt de 3 milliards (1872), XV, 4; rôle des banques nationales en matière d' —, 406.

V. *Amortissement, Assignat, Banques, Conversion, Crédit public, Dette publique, Finances.*

EMPRUNT GREC. Discours de M. Thiers sur la garantie de l' — (8 juin 1833), II, notice, 143; attaques des partis contre le gouvernement, 145; justification de l'action de la France en Grèce, 146; nécessité de la continuer, 152.

— Conditions de cet emprunt, III, 479.

V. *Grèce, Politique extérieure.*

EMPRUNT d'Haïti. Détails sur l'—, I, 29.

V. *Haïti.*

EMPRUNT mexicain. La réalisation d'un — est impossible, IX. 498.

— Ouverture d'un emprunt 6 0/0, XI, 206; les nouveaux emprunts mexicains, XI, 242.
V. *Mexique.*

EMPRUNT DE SAXE. Le gouvernement impérial a souscrit à l' —, II, 495.

ENCEINTE FORTIFIÉE. Nécessité de donner une double — à Paris, V, 364.
V. *Fortifications de Paris, Paris.*

ENCYCLIQUE. Il ne faut pas la comprendre dans un sens trop absolu (1865), X, 110.
V. *Papauté, Religion.*

ENFANCE. Ses besoins; moyens de soulager l' — pauvre, délaissée, abandonnée ou infirme, VIII, 468; respect dû à l' —, 647.
V. *Assistance.*

ENFANT. Droits respectifs du père et de l'État sur l' —, VI, 454 et suiv.
— Ancienneté des moyens de secours pour les — abandonnés, VIII, 470; moyens employés pour recueillir les — délaissés, 471; dispositions relatives aux — employés dans l'industrie, 471.
V. *Assistance.*

ENGHIEN (le duc d'). Le jugement du — fut une hypocrisie. I, 522.

ENQUÊTES. Administratives. leur insuffisance. XII, 360; utilité des — parlementaires, 360.

— Déposition de M. Thiers dans l'enquête sur la Banque de France, XV, 357; dans l' — sur le 4 septembre, 475; dans l' — sur le 18 mars 1871, 567.
V. *Banque de France.*

ENSEIGNEMENT PUBLIC. Importance de la matière de l' — VI, 450 et suiv.; droits réciproques du père de famille et de l'État, 455; ses caractères avant 1789, 462; sa situation sous la Révolution, 465; sous le Consulat et l'Empire. 465; sa situation en 1844, 473.
— La gauche demande la mise à l'ordre du jour du projet de loi sur l' — (1846), VII. 83.
— La liberté de l'enseignement établie par la Constitution de 1848, VIII, 385 et suiv.; détails sur l'organisation de l' — en France. 392; rôle de l'État en matière d'—, 419; son influence sur les mœurs, 605; danger résultant de la surcharge des programmes. 611; importance de l'administration de l' —, 626; caractères généraux de la loi de 1850 sur l' —, 628 et suiv.
V. *Instruction publique.*

ENSEIGNEMENT ECCLÉSIASTIQUE. Son résultat au point de vue religieux, VII, 302.
V. *Clergé, Église. Religion.*

ENSEIGNEMENT SECONDAIRE. M. de Lasteyrie propose d'extraire la philosophie des programmes de l' —, VIII, 653; discours de M. Thiers sur ce sujet, 654; la philosophie doit rester dans les programmes de l' —, pourquoi,

VIII, 655 ; précautions à prendre en cette matière, 658.

ENSEIGNEMENT SUPÉRIEUR. Son véritable caractère, VIII, 655.

ENTREPÔTS. Importance donnée aux — anglais par la suppression des surtaxes, XII, 494.
V. *Marine marchande, Protection.*

ENTREPRENEURS. Les — de travaux publics, leurs façons d'agir, III, 412.
— Leurs rapports avec l'État, XV, 346.
V. *Travaux publics.*

ENTREPRISES COLONIALES. Les — nécessitent des sacrifices inévitables, III, 545.
V. *Algérie, Colonies.*

ÉPARGNE. État de l' — en France (1848), VII, 465, 477.
— Ses emplois, danger de l'épuiser par l'emprunt, X, 177.
— Sa formation et son rôle, XV, 452.
V. *Crédit public et privé.*

ÉPURATIONS de fonctionnaires après la Révolution de 1830, I, 52.
V. *Administration, Agents.*

ÉQUILIBRE EUROPÉEN. Sa nature et sa signification, VII, 16 ; l' — comparé avec l'équilibre américain, 17.
— Sa nécessité, X, 620 ; il serait détruit par l'unification de l'Allemagne, 620.
— Applications nouvelles de la théorie de l' —, XI, 5 ; sa valeur comme principe, 6 ; ses origines,

XI, 10 ; ses effets, 12 ; utilité de la politique de l'équilibre, 275.
— Il est détruit par l'unification de l'Italie, XIII, 409.
V. *Allemagne, Italie, Politique extérieure.*

ERNOUL (M. —, député). Parle dans la discussion relative aux pouvoirs du Président de la République (1872), XV, 109 ; son ordre du jour contre M. Thiers (24 mai 1873), 223.

ERSKIN (M.) Envoyé aux États-Unis pour négocier un traité contre la France, III, 55.

ESCAUT. L' — fermé aux Anglais par la neutralité de la Belgique, I, 96.

ESCOMPTE. Taux de l' — sur les bons royaux (1832), I, 339.
— Critiques adressées à la Banque de France au sujet de l' —, V, 1 et suiv.
— Action de la Banque de France sur l' —, VIII, 132.
— Origines et théorie de l' —, XV, 373 ; la Banque doit se borner à l' —, 381 ; variations du taux de l' —, inconvénients, 437 ; différence du taux de l' — en France et en Angleterre, causes (1866), 467.
V. *Banque, Circulation fiduciaire, Crédit.*

ESCOMPTEUR. Rôle de l' — dans la circulation fiduciaire, XV, 389.
V. *Banque, Circulation fiduciaire.*

ESPAGNE. Ses forces militaires disponibles en 1831, I, 216 ; des

Français se sont joints à l'armée
espagnole en 1823, I, 412.

— Les troubles carlistes en —, II,
191 ; motifs de l'attitude de la
France en — (1833), 201.

— Sa part dans les indemnités de
1815, III, 9 ; causes de la guerre
d' — en 1823, 9 ; ses rapports
commerciaux avec la France, 84 ;
effets du blocus de la frontière
des Pyrénées sur l'insurrection
en — (1835), 113 ; sa prospérité
matérielle en 1835, 118 ; discours
de M. Thiers relatif aux affaires
d' — (1836), notice, 179 ; netteté
de la politique française en —,
181 ; la loi de succession a été
changée sans opposition, 182 ; but
de la politique du Cabinet en —,
185 ; variations de nos rapports
avec l'Espagne, 447 ; intérêts
communs de la France et de l'Angleterre en — (1836), 451 ; action
de la France en Espagne (1836),
493 ; état des dépenses de l'expédition d' — de 1823, 592 ; excès
commis pendant la guerre civile
en —, 599 ; identité de ses intérêts avec ceux de la France, 611 ;
causes de son insuccès à Oran,
625.

— Renaissance de la guerre civile en
Espagne, mesures prises à cet
effet, IV, 2 ; discours de M. Thiers
relatif aux affaires d'— (14 janvier
1837), IV, 19 ; vues du Cabinet
du 6 septembre (1836) sur les affaires d' —, 20 ; opinion du Cabinet du 22 février (1837) sur les
affaires d' —, 24 ; intérêts de la
France en —, 26 ; sa situation
morale en 1833, 29 ; effets de la
guerre civile en —, 37 ; nécessité
de l'intervention française de
1835, 39 ; hésitations de l'Angle-

terre à ce sujet, IV, 40 ; mouve-
ments de 1835 en —, 43 ; propositions de l'Angleterre en 1836, 44 ;
système d'intervention en — du Cabinet du 22 février (1836), 47 ; mouvement de 1836 en —, 49 ; préjugés
français au sujet de l'intervention
en —, 59 ; sa lassitude et son
éloignement pour les partis extrêmes, 62 ; effets des refus d'intervention du gouvernement français
sur l'opinion en —, 71 et suiv. ;
autre discours de M. Thiers relatif aux affaires d' — (18 janvier
1837), notice, 79 ; examen de la
politique du Cabinet du 22 février
au point de vue des affaires d' —,
81 ; dangers d'une contre-révolu-
tion en —, 87 ; examen des traités, 88 ; nécessité d'une intervention de la Chambre dans la question, 97 ; nécessité d'un appui
moral pour le gouvernement
d'Isabelle, 98 ; son insuccès en
Afrique, 159 ; les affaires d' —, le
discours du trône et le projet
d'Adresse (fin 1837), discours de
M. Thiers sur ce sujet (10 janvier
1838, notice, 204 ; importance de
la question, 207 ; position de la
question, 209 ; conditions nécessaires d'une intervention, 216 ;
autre discours de M. Thiers (contre l'amendement Hébert, affaires
d' —, 12 janvier 1838), notice,
221 ; nécessité de réserver la question d'intervention, 226 ; exposé
de la situation, 229 ; discussion
des objections présentées contre
la politique d'action, 237 ; intérêts de la France dans la question, 244 ; dangers d'une contre-
révolution en—, 247 ; importance
de la frontière d' —, 249 ; certains
chefs carlistes offrent leur sou-

mission sous la garantie de la France, IV, 262 ; opinion de M. Thiers sur les affaires d' — (avril 1839), 388 ; action personnelle du roi Louis-Philippe dans les affaires d' —, 395.

— Influence des cours allemandes sur la politique française en —, VI, 17 ; état des affaires d' — en 1844, 281 ; situation de la question d'— en 1844, 310.

— Ruine de sa marine, VII, 162 ; résumé de sa situation (1846), 282 ; politique respective de la France et de l'Angleterre en — (1833-1846), 366 et suiv.; utilité de son alliance pour la France, 395 ; politique de Louis XIV en —, 397 ; de Napoléon Ier, 400 ; impossibilité de placer un prince français en —, 405 ; la Révolution a établi un lien entre la France et l' —, 407.

— Son intervention dans l'Amérique du Sud (1861), IX, 468.

— L'Espagne abandonne Saint-Domingue, X, 19.

— Caractère national des Espagnols, XI, 39 ; politique de l' — au Mexique, 174.

— La candidature au trône d' — offerte au prince de Hohenzollern, XII, 635.

— La question espagnole en 1870, XV, 491 ; l' — renonce au prince de Hohenzollern, 497.

V. *Adresse, Angleterre, Christine, Isabelle, Politique extérieure, Prusse, Quadruple alliance.*

ESPARTERO (le maréchal). Régent d'Espagne, renversé en 1843, VI, 281.

— Jugement sur son rôle, VII, 283.

V. *Espagne.*

ESPÈCES monétaires. Nécessité d'une circulation en —, VIII, 146 ; effet des émissions de papier-monnaie sur les —, 150.

V. *Banque, Circulation.*

ESPÉE (M. de l' —, député). Parle sur la création de nouveaux régiments en 1839, V, 607.

V. *Armée, Cadres.*

ESPIONNAGE. Son inutilité, I, 453.

ESPRITS. Division des — à notre époque, XIV, 95.

V. *Partis, Politique intérieure.*

ESPRIT de corps. Sa puissance, VI, 520.

— Son influence sur la valeur des armées, VIII, 190.

V. *Armée, Cadres.*

ESPRIT humain. Il est sauvé par l'Église, X, 96.

V. *Église, Pensée, Religion.*

ESPRIT de parti. Ses inconvénients, I, 458.

V. *Partis.*

ESPRIT PUBLIC. Sa mobilité en France, VI, 541.

— Sa force en Angleterre, qualités désirables de l' —, VIII, 619.

— Effet des moyens modernes de communication sur l' —, XI, 392.

V. *Angleterre.*

ESSAI LOYAL du gouvernement républicain. Tenté en 1851, IX, 105.

— Renouvelé en 1871, XIII, 328 ; conditions du succès, 627.

V. *Politique intérieure.*

ESSLING. Conduite de Napoléon Ier à —, XIV, 247.

ÉTABLISSEMENTS de bienfaisance. Danger de les livrer à l'arbitraire des communes, II, 85, 106.

ÉTABLISSEMENTS de crédit. Examen de la question des — (1850), VIII, 483 : détails sur les — créés en Allemagne, 496.
— Dangers présentés par les —, XV, 449.
V. *Banque*, *Circulation*, *Crédit privé*, *Escompte*.

ÉTABLISSEMENTS d'instruction. Conditions d'ouverture à imposer aux — privés (1844), VI, 475 et suiv.; mode de surveillance proposé par la commission, 496.

ÉTABLISSEMENTS publics. Leur avoir en rentes 5 0/0 en 1836, III, 210.

ÉTAT. Son véritable but selon M. Thiers, I, 343.
— Principes qui doivent dominer les rapports entre États, II, 510.
— Son droit de convertir les rentes, III, 203, 249 ; l' — ne peut se charger de la construction des chemins de fer (1836), 336.
— Son droit absolu à la conversion des rentes, IV, 523.
— Son droit de conversion des rentes affirmé de nouveau par M. Thiers, V, 51 ; l' — devrait se se charger de la construction des chemins de fers dans certaines conditions (1840), 107 ; l' —charge d'entreprendre des lignes de paquebots à vapeur (1840), 140.
— Ses droits sur l'enfant, VI, 455;

son droit de repousser les congrégations religieuses, VI, 625.
— A quoi se réduisent ses devoirs en cas de chômage, VIII, 101 ; son rôle en matière d'enseignement, 419; son rôle en matière d'assistance, 454 ; son rôle vis-à-vis des ouvriers sans travail, 481; en matière de crédit privé, 483 ; son rôle vis-à-vis des associations ouvrières, 504 et suiv.; moyens dont l' — dispose pour parer aux chômages, 514 : son rôle en matière de mendicité, 540 ; de logements ouvriers, 542, limites de son action sur l'individu, 545 ; son rôle vis-à-vis des sociétés de secours mutuels, 548 : dangers de l'assurance obligatoire par l' — 564 ; détails sur l'opération, 572.
— Son aptitude spéciale pour exécuter les travaux de chemins de fer, IX, 118; dangers résultant de la création des nouveaux États, 499.
—Intérêt des États à ne pas laisser s'élever près d'eux des Puissances rivales, X, 60 et suiv.; causes de la domination de l'Église sur l' —, 93; phases de la lutte entre l'Église et l' —, 97; impossibilité de séparer complètement l'Église de l' —, 120; ses devoirs en matière d'amortissement, 233.
— Nécessité de conduire la politique d'après les intérêts de l' —, XI, 22.
— Ses devoirs en matière d'indemnités, à la suite d'invasion ou de guerre civile, XIII, 435 et suiv.
—Services que les banques nationales peuvent rendre à l' —, XV, 403.
V. *Assistance*, *Crédit*, *Droit public*, *Politique intérieure et extérieure*.

ÉTATS allemands. Intérêts des — à
se réunir en Zollverein, III, 487
et suiv.
V. *Allemagne, Douanes, Zollve-*
rein.

ÉTATS romains. Historique du démembrement des —, X, 141.
V. *Italie, Papauté.*

ÉTATS secondaires. Politique tra-
ditionnelle de la France vis-à-vis
des —, I. 246.
— Leurs droits méconnus par la
diète de Francfort (1834), II, 302.
— Nécessité de maintenir des petits
États en Europe, X, 153.
—Utilité des petits États en Europe,
XI, 22.
V. *Allemagne, France, Politique*
extérieure.

ÉTATS-MAJORS. La question des
— devant la commission du budget de 1832, I, 255; nécessité de
les réduire (1834), 278.
V. *Armée, Cadres.*

ÉTATS-UNIS d'Amérique. Le système politique des — apprécié
par M. Thiers, I, 187.
— Détails sur l'affaire de l'indemnité réclamée par les — (1834),
II, 301.
— Discours de M. Thiers sur l'indemnité de 25 millions proposée
pour les — (1835), III, notice, 1;
la Restauration n'a pas voulu la
payer, 7; légitimité de la dette,
10; intérêt de la France à clore
cette affaire, 15; détails sur
l'affaire, 20; second discours de
M. Thiers sur l'indemnité proposée pour les — (1835), notice,

III, 23: objections faites au principe
de la dette, 26; réfutation de ces
objections, 27; cette dette n'a
jamais été prescrite, 30; opportunité de la régler en 1831, 32;
examen des décrets au point de
vue des neutres, 37; transaction
établie entre les deux gouvernements, 58; considérations politiques sur la question, 77;
utilité d'une entente commerciale avec les — (1834), 80 et
suiv.; la question du tonnage
entre la France et les — en 1822,
86; conséquences possibles d'une
interruption du commerce entre
la France et les —, 87; importance de la question des douanes
aux —, 274; les tribunaux
ont droit de poursuivre les agents
du pouvoir, pourquoi, 306;
affaire des indemnités, sa solution.
598.
— Leur attitude dans l'affaire du
droit de visite, VI, 58.
—Discours de M. Thiers sur l'affaire
du Texas (1846), VII, notice, 1;
rôle politique de M. Thiers, 3;
exposé des faits, 5; situation du
Texas, 8; développement économique des —, 13; il ne saurait
inquiéter la France, 14; existe-t-il
un équilibre américain? 15; influence des — sur la politique
européenne, 22; motifs de la politique du Cabinet dans l'affaire
du Texas, 25; les —alliés naturels
de la France, 277.
— Les États-Unis, rivaux maritimes
de l'Angleterre, mot de Napoléon
à cet égard, IX, 162; développement de l'industrie aux — (1851),
235 et suiv.; leur politique commerciale, 247.
— Motifs de la séparation des

Églises et de l'État aux —, X,
124; pourquoi les — sont vrai-
ment libres, 391.

— Leur alliance avec la Russie, XI,
105; leur intervention dans l'affaire du Mexique, 225; action des
— sur l'affaire du Mexique, 356;
effets de la guerre de Sécession
sur les industries textiles en
France, 584.

— Leur politique économique, XII,
279 et 432.

— Résultats de l'établissement d'un
impôt sur le chiffre des affaires
aux —, XIV, 444, 462.

V. *Angleterre, Impôts, Indemnités, Politique extérieure.*

ÉTATS-UNIS. La Grèce et l'Égypte
pourraient devenir les — de la
Méditerranée, II, 208.

V. *Politique extérieure.*

ÉTIENNE (M. —, député). Attaque
la politique du gouvernement
(1835), III, 94.

ETNA (le bateau l'). Incident y
relatif (juillet 1840), V, 209 et
suiv.

ÉTRANGERS. Situation des — dans
les républiques Sud-Américaines,
IV, 548.

V. *Plata (La), Politique extérieure.*

ÉTUDES. Abaissement du niveau
des — dans la première moitié de
1850, VIII, 606.

V. *Enseignement.*

ÉTUDIANTS. Conseils donnés aux
— par M. Thiers, II, 484.

EUPHRATE. Le gouvernement

anglais fait étudier le cours de
l'Euphrate (1836), III, 514.

V. *Égypte, Syrie.*

EUROPE. Relations de la France
avec l' — en 1830, I, 60; opinion
de Napoléon Ier sur l'extension
de la Russie en —, 105; son
erreur à ce sujet, 106; l' — craint
une nouvelle révolution après
1830, 145; ses dispositions à
l'égard de la France, 147, 442,
487.

— Surabondance des industries en
Europe (1834), III, 83; l' —
n'admettra jamais la monarchie
universelle, 184; la formation du
Zollverein est plutôt utile pour
l' —, 352; effets de la révolution
de Juillet sur l' —, 441 et suiv.;
la méfiance de l' — vis-à-vis de la
France diminue (1836), 460.

— L'Europe est fatiguée des opinions
extrêmes, IV, 61; état de l' — en
1838, 253.

— Situation de l'Europe en 1840, V,
158.

— L'Europe coalisée presque con-
stamment contre la France après
1830, VI, 22; sa situation en 1844,
302.

— Sens général de la politique en
Europe depuis 1789, VII, 20;
situation de l' — en 1846, 420.

— Sa situation en 1849, VIII, 241;
elle n'interviendra pas dans les
difficultés de la France avec
l'Amérique, 331, 382.

— Les trois époques de son histoire,
IX, 398.

— Ses droits dans la question romaine, X, 152; nécessité des
petits États en —, 153; triomphe
des idées libérales en —, 370;
elle forme une société, 621.

— Mouvement militaire en — après 1866, XI, 4; origine de la politique de l'équilibre en —, 10; comment l' — a échappé à la monarchie universelle, 13; son intérêt à préserver le Danemark, 54; nécessité d'une politique conservatrice en —, 97; inquiétude de l' — en présence de la politique des nationalités, 154; effets de l'expédition du Mexique sur l' —, 243; tous les États d' — pratiquent la politique de l'équilibre, 278; effets des affaires d'Italie en —, 287.

— Caractère dangereux de la situation en — (1868), XII, 143; sa situation (1870), 617; son attitude dans la question soulevée entre la France et la Prusse (1870), 647.

— Son attitude dans le conflit franco-allemand, XIII, 68, 83.

— Son attitude vis-à-vis de la France (1872), XIV, 188.

— Son attitude vis-à-vis de la France (1875), XV, 656; l'esprit réformateur en —, 658.

V. *Équilibre européen, Politique extérieure, Protection.*

ÉVÊQUES. Leur attitude vis-à-vis de l'Université, VI, 659.

V. *Académies départementales, Enseignement.*

EXCÉDENTS des recettes sur les dépenses, réalisés sous la Restauration, 1, 390; les — peuvent seuls assurer l'amortissement, opinion de M. Thiers sur ce système, 392.

— Les excédents réalisés au budget sous la Restauration, III, 13.

V. *Amortissement, Budget, Finances.*

EXCEPTION (lois d'). Possibilité de gouverner sans — (1834), II, 189.

V. *Politique intérieure.*

EXCÈS commis par nos troupes en Algérie, danger de les publier, III, 360.

V. *Algérie.*

EXERCICE. Caractères du contrôle fiscal par —, XIV, 468.

V. *Impôts.*

EXIL. Discours de M. Thiers relatif à l'abrogation des lois d' — (8 juin 1871), XIII, notice, 295; motifs qui lui font accepter cette mesure, 298; gravité de la situation, 299; utilité de ces lois, 308; portée du pacte de Bordeaux, 312; engagements pris par les princes, 332.

V. *Politique intérieure.*

EXPÉDITION d'Ancône, son but, I, 557.

V. *Ancône, Italie, Papauté, Politique extérieure.*

EXPÉDITION du Mexique. Origines du conflit, IX, 451; détails sur l' — (1864), 519.

— Discussion de cette affaire (1867), XI, 163; le but en a été modifié, 251; dépenses de l' —, 253.

V. *Mexique, Politique extérieure.*

EXPÉDITION de Rome. Ses causes (1849), VIII, 313; son but, 315.

V. *Italie, Papauté, Politique extérieure, Rome.*

EXPORTATIONS. Nos — en 1787 et 1834, III, 286.

F

FERS. Nécessité de protéger l'industrie des — en France, III, 280 ; discours de M. Thiers relatif aux droits de douane, spécialement sur les — au bois (1836), notice, 315 ; qualités de — qui se trouvent en France, 320 ; marche de l'industrie des — en France, 326.

— L'industrie des — en 1840, IV, 592.

— Progrès des industries du fer (1851), IX, 180 ; nécessité de la protection pour les —, 180.

— Nécessité de l'industrie des fers au bois, XI, 576, 614.

— Effet des traités de commerce sur l'industrie des — au bois, XII, 471 ; nécessité de l'industrie des —au bois, 563.

V. *Industrie, Libre-Échange, Protection, Traités de commerce.*

FÉRAY (M. —, député). Intervient dans la discussion des centimes additionnels à établir sur diverses contributions (1872), XIV, 551.

V. *Impôts.*

FERDINAND VII. Situation de l'Espagne après la mort de —, IV, 28.

V. *Espagne.*

FERMAGES. Augmentation des — (1866)) effets sur l'agriculture, X, 414.

V. *Agriculture.*

FERMIERS. Situation des — en Angleterre, IX, 157.

FERRY (M. Jules). Incident relatif à — (24 mai 1871), XIII, 280 ; son attitude comme préfet de la Seine, 281.

V. *Commune de Paris, Défense nationale. Politique intérieure.*

FIESCHI. Suites de son attentat (1835), III, 127.

V. *Politique intérieure.*

FILATURE. Progression des salaires dans la —, VIII, 73.

— Effets des traités de commerce sur la —, XI, 582, 622.

V. *Commerce, Industrie, Libre-échange, Protection, Traités de commerce.*

FINANCES. Situation des finances en 1831, I, 14 ; rapport de M. Thiers sur le budget de 1832, 226 et suiv.; dépenses du ministère des — au budget de 1832, 242 ; modifications et économies proposées par la commission du budget, 257 ; économies à réaliser, sur quelles dépenses elles doivent porter, 294 ; résumé de la discussion relative au budget de 1832, fait par M. Thiers, 298 ; situation des — en 1832, 305 et suiv.; état des dépenses et des impôts en 1789, 363 ; sous l'Empire, 365 ; une Chambre ne peut être un bon administrateur en matière de —, 369 ; situation de l'amortissement en 1832, 373 ; mauvaise gestion des — sous la Restauration, 467.

— Discours de M. Thiers contre l'impôt sur le luxe et le revenu (1833), II, 22 ; le système financier expliqué par M. Thiers (1833), 26 ; état des — en 1834, 418.

— Discours de M. Thiers sur le budget du ministère des —, III, notice, 549 ; le budget n'est pas en déficit, 551 ; fréquent usage des crédits supplémentaires sous la Restauration, 555.

— Bonne situation des — en 1840, V, 121 ; discours de M. Thiers relatif aux crédits supplémentaires (12 avril 1847), notice, V, 519; explications sur le déficit, 523.

— Leur situation en 1842, VI, 142.

— Situation des — en 1846, VII, 314, 339; situation des —, discours de M. Thiers (25 janvier 1848), 429; motifs d'inquiétude résultant de cette situation, 431; sa gravité est urgente, 473; les ministres refusent de le reconnaître, 483.

— Discours de M. Thiers sur les finances (6 mai 1864), IX, notice, 571; réflexions générales, les bonnes — sont la base de l'influence politique, 574; inconvénients des budgets multiples, 576; examen des budgets de 1862, 1863, 1864, 581; accroissement des dépenses, 582; comparaison avec les budgets de 1843 à 1847, 585; la dette flottante, 588; règlement de cette dette en 1848, 591; division des finances impériales, 594; tendance de la première période 595; tendances de la seconde période, politique financière de M. Magne, 601; impôts nouveaux et augmentations, 602; emprunts spéciaux, 603; effets du libre-échange sur les —, 606; élévation du chiffre des budgets, 607; abus des crédits supplémentaires, 608; système de M Fould, 609; la conversion de 1862, sa rigueur, 612 et suiv.; comparaison entre les budgets de 1851 et de 1865, 615; augmentation du service de la dette, 621; accroissement des dépenses des ministères, 625 et suiv.; exagération des dépenses locales, 632; budgets des villes principales de France, 636; augmentation des dépenses militai-

res, ses motifs, IX, 645; accroissement des impôts et de leur produit, 650; nécessité de l'emprunt pour équilibrer le budget, 653; difficulté de réduire les dépenses, 655; moyens d'y réussir, 660; activité du pays, utilité de la liberté pour l'occuper, 663.

— Discours de M. Thiers sur les finances (1865), X, notice, 173; causes de l'augmentation des budgets, 175; abus dans les travaux publics, 178; conséquences de la division des budgets, 187; état des budgets, 209; second discours de M Thiers sur les — (6 juin 1865), X, notice, 257; origines du budget extraordinaire de 1840, 265; abus des crédits supplémentaires, 271; les budgets ne se soldent pas en équilibre, 284; troisième discours de M. Thiers relatif aux — (6 juin 1865), notice, 311; comparaison des budgets de 1863 à 1866, 313.

— Discours de M. Thiers sur les finances, XII, notice, 1; nécessité de faire la lumière sur la situation des —, 3; relations entre la politique et les —, 5; augmentation rapide des budgets, 8; situation du budget ordinaire (1867-1869), 9; les dépenses extraordinaires, 11; situation vraie des —, 13; caractères du budget sur ressources spéciales, 15; le budget de l'amortissement d'après la loi de 1866, 18; le budget extraordinaire, son origine, 19; permanence de la plupart de ses charges, 20; difficultés du travail de rapprochement des divers budgets, 25; budget rectificatif, sa portée, 27; les crédits supplémentaires, 34; insuffisance des recettes, 35; per-

ments, primes et non-valeurs ne
doit pas être compté en dépense,
I, 233 ; les — divers attribués au
service des pensions au budget de
1832, 237.
— Nécessité de l'allocation de fonds
secrets pour la police, III, 99.
V. *Emprunt, Finances, Politique
extérieure.*

FONTAINEBLEAU.
V. *Assemblée nationale de* 1871.

FORCADE LA ROQUETTE (M. de—,
député). Parle sur les traités de
commerce (1870), XII, 520 et 525.
V. *Commerce, Douanes, Libre-
Échange, Protection.*

FORCE militaire qu'une coalition
pourrait réunir contre la France
en 1831, I, 215 ; — militaire de la
France en 1831, 216.
— Nécessité de la — pour appuyer
le droit, VI, 48.
V. *Coalition, Monarchie de Juillet,
Politique extérieure.*

FORÊTS de l'État. Discours de
M. Thiers concernant l'aliénation
de 300,000 hect. des — (11 mars
1831), I, notice, 11 ; situation
financière, 13 ; nécessité de cette
mesure, 16 ; projets d'aliéner les —
afin de pourvoir au remboursement de la dette, M. Thiers combat
cette idée (1832), 344 ; l'État seul
peut administrer utilement les
grandes —, 345.
V. *Amortissement, Dette publique,
Emprunt, Finances.*

FOREY (le général). Ses succès au
Mexique, IX, 488.
V. *Mexique, Politique extérieure.*

FORGES. Disparition des — au bois,
XI, 618.
V. *Fers.*

FORME de gouvernement. Nécessité
de se prononcer nettement sur
la — que chacun préfère (1834),
II, 187.
V. *Politique intérieure.*

FORMULES. Puissance des — en
France, XIV, 260 et XV, 509.
V. *Politique intérieure.*

FORTERESSES. Leur efficacité en
1792 et en 1814, V, 326.

FORTIFICATIONS de Paris. Rapport de M. Thiers sur le projet
relatif aux — (1841), V, notice,
313 ; nécessité de fortifier la capitale, 331 ; prévisions de dépenses,
350 ; côté politique de la question, 360 ; discours de M. Thiers
sur le projet de loi relatif aux —,
(1841), notice, 375 ; les — com-
mencées par M. Thiers en 1840,
377 ; nécessité de ces travaux,
379 ; opinion de M. Thiers sur
le système à suivre, 422 ; détails
sur le système de défense de Gênes, 425 ; le côté politique dans
la question des —, exposé par
M. Thiers, 446 ; contre-projet du
général Schneider, 451 ; discours
de M. Thiers sur ce contre-projet,
notice, 451 ; avis de la commission
spéciale de 1838 touchant les —,
462 et suiv.
— Dépenses nécessitées par la construction des —, XV, 239.
V. *Forts extérieurs, Paris.*

FORTS extérieurs. Nécessité des —
à Paris, V, 364.

FRANCE

France, XIV, 222; grand effet des formules en —, 260; son chiffre d'affaires présumé, 473.

— Situation de la —, message du 13 novembre 1872, XV, 2; la — s'accoutume à la République (1872), 26; nécessité pour la — de se concilier la confiance des autres nations, 31; sa situation politique en 1871, 81; impossibilité de rétablir la monarchie en —, 92; sa situation en 1871, progrès réalisés de 1871 à 1873, 139; sa situation politique en 1873, 127; caractère transitoire des formes de gouvernement en —, 162; la — ne voulait pas la guerre en 1870, 502; influence des mots et des formules en —, 509; sa situation en 1871, 628, 644; sa situation vis-à-vis de l'Europe (1875), 658.

V. *Achmet-bey, Adresse, Administration, Algérie, Alliance anglaise, Budget, Commerce, Finances, Empire, Monarchie de Juillet, Politique intérieure, Politique extérieure, Restauration.*

FRANCFORT. Son traité de commerce avec l'Angleterre, il reste inexécuté, pourquoi, III, 488.

FRANCIA (le docteur). Sa domination dans le Paraguay, IX, 456.
V. *Plata (La), Paraguay, Politique extérieure.*

FRANCISATION des bâtiments étrangers, conditions, X, 561.
V. *Marine marchande.*

FRANÇOIS Iᵉʳ. Emprunte à 25 et 50 0/0, I, 379.

FRANÇOIS D'ASSISE (don). Choisi comme époux de la reine Isabelle (1845), VII, 384.
V. *Espagne.*

FRAUDES. Commises dans la liquidation des pensions sous la Restauration, II, 16.
— Les fraudes en matière d'impôt, XIV, 63.
V. *Impôts, Pensions.*

FRAYSSINOUS (Mgr de). Devient grand maître de l'Université, VII, 54.

FRÉDÉRIC II. Principal auteur du démembrement de la Pologne, I, 103.
— Son mot sur la situation de la France, au moment du partage de la Pologne, VI, 47.
— Sa règle en matière de politique extérieure, VII, 21; son administration citée par M. Thiers, 327.
— Fonde des banques provinciales, VIII, 494.
— Anecdote relative à Frédéric II, IX, 390.
— Son respect pour les cultes établis, XI, 305.
V. *Allemagne, Prusse.*

FRET. Conséquences de l'absence du — de retour au point de vue de la concurrence maritime, IX, 193; la question du — en France, 556.
— La question du fret en France, X, 494; le défaut de — de sortie en France, ses causes, 530.
V. *Marine marchande.*

FRIAS (le duc de). Son opinion sur la valeur des traités de la Quadruple alliance, IV, 91.
V. *Espagne, Politique extérieure.*

FROHSDORF. La démarche de —,
son caractère illégal, XV, 649.
V. *Politique intérieure.*

FRONTIÈRE. Comparaison entre la
— de Belgique et celle d'Espagne,
IV, 246.
— La politique les modifie avec plus
de rapidité qu'autrefois, V, 327.
V. *Politique extérieure.*

FRONTIÈRES NATURELLES. La
question des — en 1830, son
inopportunité, I, 426.
V. *Politique extérieure.*

FULCHIRON (M. —, député). Prend
part à la discussion relative au
secours demandés pour les victimes
de l'insurrection de Lyon, II, 574.
V. *Émeutes.*

G

GAMBETTA (M. Léon —, député).
Appuie l'ordre du jour de M. Marcel Barthe, XIII, 428.
— Propose de suspendre la dénonciation des traités de commerce, XIV, 151.
— Son discours au banquet de Grenoble, interpellation à ce sujet et
discours de M. Thiers, XV, 45;
il demande la convocation d'une
assemblée nouvelle pour organiser
le gouvernement, 149.
V. *Défense nationale, Traités de
commerce.*

GANNERON (M. —, député). Combat
le projet de loi relatif aux secours à accorder aux victimes des
troubles de Lyon, II, 370.
— Sa proposition relative à la corruption électorale, VI, 266.

GARANTIE D'INTÉRÊT. Demandée
pour le chemin de fer d'Orléans,
discours de M. Thiers (1840), V,
notice, 103; il est partisan de
l'exécution par l'État, 106; impossibilité actuelle de lui imposer
cette charge, 107; légitimité de
la —, 108; résultats obtenus en
Belgique, 115.
— Accroissement des — dues aux
chemins de fer (1865), X, 322.
— Situation des garanties en 1872,
XIV, 547.
V. *Chemins de fer.*

GARDE NATIONALE. Discours de
M. Thiers sur la mobilisation de
la — en 1831, I, 193; le véritable
but de la loi sur la mobilisation
de la —, 197; elle ne doit entrer
en ligne que dans les cas désespé-
rés, 198; frais directs et indirects
de la mobilisation de la —, 206; inconvénients du système qui appelle la — à faire le service de
l'armée active, 279; courage dé-
ployé par la — lors des journées
de juin 1832, 174; la — a sauvé
la France (1832), 534; la monarchie de Juillet a soumis les officiers de la — à l'élection, 534.
— Sa conduite à Paris pendant les
troubles d'avril 1834, pourquoi
elle n'a pas marché à Lyon, II,
378; nécessité de la dissoudre
quand elle est dominée par les
partis, II, 402; proportion des —
dissoutes sur l'ensemble (1834),
410; la — de Lyon s'est montrée
séditieuse en 1831, 578.
— Discours de M. Thiers sur la
dissolution des — (24 août 1871),
XIII, 459; proposition de M. de
Meaux, 460; but de l'organisation
des —, 463; l'ordre assuré en

France, XIII, 469; nécessité d'agir avec précaution, 472; elles sont dissoutes sans résistance, 528.
— Son attitude en 1871, XV, 509, 624.
V. *Commune de Paris, Émeutes.*

GARDE NATIONALE MOBILE. L'institution d'une — critiquée par M. Thiers, XII, 62, 138.
V. *Armée.*

GARIBALDI. Résultats de son expédition en Sicile, XI, 114; son attaque contre Rome (1867), 255; son rôle dans l'affaire de Naples. 290.
V. *Italie, Papauté, Rome.*

GARNIER-PAGÈS (M. — aîné, député.) Intervient dans la discussion du projet de loi sur les associations (1834), II, 289; intervient dans la discussion sur le contrôle des théâtres, 325; ses critiques contre le gouvernement de Juillet (1834), 336; intervient dans la discussion relative au ministère du 12 mars 1835, 522.

GARNIER-PAGÈS (M. — le jeune, député.) Il a su éviter l'emploi du papier monnaie, X, 282.
— Sa politique extérieure en 1848, XI, 103; son interpellation sur la politique extérieure de la France (déc. 1867), 343.
— Parle sur les travaux de Paris (1869), XII, 170.

GASCOGNE (M.) Cas de M. Gascogne à Buenos-Ayres, VI, 565; exposé de l'affaire de —, 402.
V. *Plata (La).*

GASLONDE (M. —, député). Sa proposition relative à l'impôt sur le chiffre des affaires (1872), XIV,

411; arguments favorables à cette proposition, 422; discours de M. Thiers à ce sujet, 483.
V. *Finances, Impôts, Patentes.*

GASPARIN (M. de —, préfet du Rhône). Lettre du conseil municipal de Lyon à — au sujet de l'insurrection, II, 582; son arrêté relatif à l'administration de Lyon, 584; son attitude pendant les troubles de Lyon, 591.
— Nommé ministre de l'intérieur (1836), IV, 3; il se trouve mêlé à l'affaire Conseil, 14; il est taxé d'incapacité, 197; il est nommé ministre de l'intérieur (1839), 382.
V. *Émeutes, Lyon, Politique intérieure.*

GASTEIN. La convention de — citée, X, 608.
V. *Allemagne, Autriche, Danemark, Politique extérieure, Prusse.*

GAUCHE. Attitude de la — en 1870, après le désastre de Sedan, XV, 522, 535;
V. *Partis.*

GAUGUIER (M. —, député). Sa proposition relative aux députés fonctionnaires, IV, 529; M. Thiers cite sa proposition relative aux députés fonctionnaires, 531.
V. *Chambres, Fonctionnaires.*

GAZETTE DE FRANCE. La — réclame le suffrage universel (1833), pourquoi, I, 530.
V. *Partis.*

GAZETTE DE MOSCOU. Son importance comme organe de l'opinion, XI, 479.
V. *Russie.*

GÊNES. Son système de défense,
V, 363; détails sur son système
de fortifications, 425; belle défense de — par Masséna, 427:
V. *Fortifications de Paris.*

GENTEUR (M. —, conseiller d'État).
Parle sur les travaux de Paris,
(1869), XII, 171.
V. *Émeutes.*

GEOFFROY (le nommé). Condamné
pour port du drapeau rouge
(juin 1832), I, 472.

GEORGES III d'Angleterre. Situation créée en Angleterre par ses
accès de démence, VI, 237.
V. *Angleterre, Régence.*

GÉRARD (le maréchal). Nommé
ministre de la guerre, II, 379;
le — chargé de former un cabinet
(1835), 513.

GERMAIN (M. H. —, député). Interroge le gouvernement sur ses
emprunts (1871), XIII, 51; propose l'établissement d'un impôt
sur le revenu, 393.

GIRAUD (M. Aug. —, député). Parle
sur la réduction de la rente (1836),
III, 198: réclame la conversion
immédiate des rentes 5 0/0 (1836),
250.

GIROD (M. —, de l'Ain). Nommé
président de la Chambre, I, 44;
devient ministre de l'Instruction
publique, 467.
— Nommé ministre de la Justice
(1839), IV, 382.

GLADSTONE (M.) Cité par M. Thiers,
XII, 100.

— Cité par M. Thiers (question de
l'amortissement), XIV, 485.
— Son entrevue avec M. Thiers
(septembre 1870), XV, 540.

GOMEZ. Agent chargé de propager
l'insurrection carliste en Espagne,
IV, 47; insuccès de ses tentatives
pour soulever l'opinion en faveur
de don Carlos, 62.
V. *Espagne.*

GORTSCHAKOFF (le prince). In-
vite M. Thiers à venir à Saint-
Pétersbourg (septembre 1870), XV,
542, 577.
V. *Politique extérieure, Russie.*

GOUDCHAUX (M. —, ministre des
finances). Son projet d'impôt sur
les prêts hypothécaires (1848),
VIII, 30.
V. *Impôts.*

GOUIN (M. —, député). Sa proposition relative à la réduction des
rentes (1836), III, 197; discussion
de sa proposition relative à la
conversion des rentes, 249.
— Nommé ministre du commerce
(1840), IV, 462.

GOÛT. Indications relatives au —
du public français en matière
dramatique, vers 1836. III, 420.
V. *Théâtres.*

GOUVERNEMENT. Politique extérieure du — français en 1830 et
1831, I, 31; résultats obtenus, 116;
inquiétude des divers — de
l'Europe en 1830, 60; ils ne sont
point disposés à la guerre,
61; le — français n'a rien fait
contre la Pologne, 111; le —
doit rester impartial en face des

partis, I, 131 ; M. Thiers donne la définition d'un — fort, 146 ; les trois fo.mes de — exposées par M. Thiers, 153 et suiv.; la constance, qualité première du —, 167 ; son véritable objet, 343.

— Discours de M. Thiers relatif à la tutelle du — sur les communes, II, 53 ; son rôle vis-à-vis des communes, 245 ; sources de la force de tout —, 268 ; le — ne tire aucune force de la répression des insurrections, 345 ; les — périssent par l'exagération de leur principe, 358.

— Conditions de la durée des — III, 195 ; le — doit concilier les opinions absolues, 260 ; il doit défendre tous les intérêts sans exception, 261.

— Il doit tenir le pays en éveil sur ses intérêts généraux, IV, 58 ; sa double mission, 58 ; le — est toujours accusé de contribuer aux crises financières, 111 ; son véritable rôle, 128 ; nécessité de la modération dans le —, 259 ; nécessité pour le — de plier sa politique aux circonstances, 264 ; cause véritable de la chute des — en France, 276 ; nécessité de la force pour tout —, 374.

— Nécessité de l'esprit de suite dans le —, V, 178 ; il doit rester, à l'occasion, dans sa capitale assiégée, 415 ; son droit de pourvoir à certaines nécessités en l'absence des Chambres, (1841), 589.

— Il doit faire des concessions raisonnables à l'opposition, VI, 261.

— Influence du milieu sur les formes de —, VII, 110 ; raison de l'élévation des — et causes de leur chute, 130.

— Bornes à imposer à la presse dans ses attaques contre le —, VIII, 270.

— Conditions de légalité de tout —, ses devoirs envers le pays, IX, 359 ; identité des formes de — en Europe aux diverses époques de l'histoire, 398 ; son droit d'avoir des candidats préférés, 414 ; ses devoirs dans les élections, 420 et suiv.

— Il doit avoir l'initiative, correctif de ce droit, X, 40.

— Évolutions nécessaires dans les formes de —, XI, 99 ; effet du défaut de contrôle politique sur le —, 167 ; ses devoirs envers le pays, 302 ; nécessité de la publicité dans le —, 471.

— Incident relatif à la forme du — (1872), XIV, 519.

— M. Thiers pose la question de — (18 novembre 1872), XV, 52 ; nécessité de consolider la forme du — (1872), 66 ; situation de M. Thiers dans le — de 1871 à 1873, 153 ; caractère transitoire des formes de — en France, 162 ; nécessité de fixer la forme du — (1872), 207.

V. *Empire, Gouvernement de Juillet, Politique intérieure, Politique extérieure, Restauration, Révolution.*

GOUVERNEMENT ABSOLU. Les libertés locales étaient un moyen de résistance contre le —, II, 103 ; son principal défaut ; 440.

— Il doit être tempéré par des libertés locales, 305.

— La corruption sous le —, VII, 100.

V. *Commune, Empire, Gouvernement de Juillet, Restauration.*

GOUVERNEMENT CONSTITU-TIONNEL. Pouvoirs du souverain dans un —, discours de M. Thiers (incident de Salvandy, 1844), VI, 329 ; en quoi réside le prestige du —, 335.

— Ses conditions, XI, 476.

V. *Gouvernement de Juillet.*

GOUVERNEMENT REPRÉSENTA-TIF. M. Thiers ne cesse d'en réclamer l'application, I, IV ; l'harmonie des pouvoirs, est la première condition du —, 121 ; les divers éléments du — exposés par M. Thiers, 155 ; ses conditions selon M. Thiers (1833), 511 ; sa définition pratique, 542.

— Il a réalisé le système de l'unité administrative, II, 103 ; questions qui produisent des divergences dans le —, 173 ; ses bases, 381 ; il ne peut subsister sans le concours des trois pouvoirs, 434 :

— Son principal défaut, III, 440 ; rôle de la presse dans un —, 560. Nécessité de s'assurer de la confiance des Chambres dans le —, 96 ; le — est capable de concevoir de grandes vues, 514.

— Ses pouvoirs financiers en l'absence des Chambres, V, 590.

— Conditions de sa force, VI, 226 ; son esprit, 234 ; le — faussé en France (affaire Salvandy, 1844), 327.

— La corruption dans le —, VII, 101 ; le — observé strictement en Angleterre, 143 ; opinion de M. Thiers sur le —, 144 ; son caractère, 289 ; sa théorie, 347.

— Ses principes méconnus par Napoléon Bonaparte (1850) IX, 75: nouvel exposé de son principe, 373.

— Son principe, X, 354 ; son contrepoids, 356.

— Ses avantages, XI, 246.

V. *Angleterre, Droits politiques, Empire, Gouvernement de Juillet, Restauration.*

GOUVERNEMENT PARLEMEN-TAIRE. Conditions du —, IV, 496.

— Liberté de la couronne dans le —, VI, 200 ; inconvénients résultant de la faiblesse du souverain dans le —, 232.

— Justification de son utilité (1864), IX, 394.

V. *Empire, Gouvernement représentatif, Gouvernement de Juillet, Restauration.*

GOUVERNEMENT PERSONNEL. La lutte contre le — en 1839, IV, 270.

V. *Gouvernement parlementaire. Gouvernement de Juillet, Restauration, Salvandy (M. de).*

GOUVERNEMENT DE JUILLET. Raisons qui l'ont obligé à recourir aux douzièmes provisoires, I, 26; son rôle après la Révolution de 1830, il a été pacifique, 48 ; sa politique intérieure et extérieure en 1830-1831, 49 ; son attitude vis-à-vis des libéraux, 58 ; elle est justifiée par leur conduite, 59 ; fautes des gouvernements antérieurs au régime de Juillet, causes de leur chute, 58 ; effets de sa politique en Europe en 1830-60, ses motifs pour conserver l'état de paix en 1830-1831, 82; l'établissement d'un gouvernement révolutionnaire aurait été le résultat certain d'une guerre entreprise en 1830-1831, 84 : critique de sa politique inté-

GOUVERNEMENT PROVISOIRE.

GOUVERNEMENT DE LA DÉFENSE NATIONALE.

sur les négociations, XV, 564 ; leur rupture, 565.

V. *Allemagne, Empire, Guerre de 1870, Politique extérieure, Prusse.*

GRADES UNIVERSITAIRES. Les Universités pouvaient seules les conférer avant 1789, VI, 462 ; questions relatives à la collation des — (1844), 500 ; question de la collation des — (1844), 532.

V. *Instruction publique.*

GRAISSES. Questions fiscales y relatives, XIV, 362.

V. *Impôts.*

GRAMONT (M. de —, ministre des Affaires étrangères). Son attitude en juillet 1870, XV, 504.

GRAND-DUCHÉ DE VARSOVIE. Discours de M. Thiers sur les réclamations pécuniaires y relatives (1835), II, 489.

V. *Indemnités.*

GRAND-LIVRE de la dette publique. Sa composition, III, 215.

— Motifs de sa création, V, 57.

V. *Dette publique.*

GRANIER DE CASSAGNAC. Explications données sur son arrestation (mars 1871), XIII, 159.

V. *Politique intérieure.*

GRANVILLE (Lord). Impression produite sur lui par l'attitude de M. Thiers en 1840, VI, 28.

— Son entrevue avec M. Thiers (septembre 1870), XV, 540.

V. *Angleterre, Égypte, Orient.*

GREC. L'étude du — est moins in-

dispensable que celle du latin, VIII, 612.

V. *Instruction publique.*

GRÈCE. Discours de M. Thiers sur la garantie de l'emprunt grec (8 juin 1833), II, 143 ; l'émancipation de la — a mis fin à la Sainte-Alliance, 148 ; existence de sentiments hostiles à la France en —, 151.

— Questions relatives à la — (1836), III, 466 ; difficulté de régler sa situation intérieure en 1830, 474 et suiv.

— Dangers qu'elle fait courir à l'empire Turc (1842), VI, 38 ; indications sur les affaires de — (1843), 281 ; situation réciproque de la France et de l'Angleterre en —, 317.

— Exposé des raisons qui ont fait créer le royaume de —, IX, 499.

V. *Alexandre Ier, Orient, Politique extérieure, Russie, Sainte-Alliance.*

GRENOBLE. L'insurrection est préparée à — (1834), II, 601.

V. *Émeutes.*

GRESSIER (M. —, ministre de l'agriculture). Parle sur les traités de commerce de 1860 ; réplique de M. Thiers (1869), XII, 366.

V. *Régime économique, Traités de commerce.*

GRÈVES. Les — dans le Nord (1872), leur caractère inquiétant, XV, 49 ; dangers des —, 73 ; leurs résultats, 630.

GREY (Lord). Il a combattu le système d'amortissement anglais, I, 389.

GROS (M.). Envoyé comme agent
à la Plata, VIII, 352.

GUADELOUPE (la). Son importance
à divers points de vue, IV, 571.
V. *Colonies*.

GUERRE. Une coterie la juge indispensable pour faire diversion (1870)
I, vi, — M. Thiers proteste, vi;
son imminence en 1831, nécessité
de préparatifs immédiats, 30; possibilité pour la France de la soutenir longtemps, à quelles conditions, 38; raisons pour et contre
en 1830, 60; utilité de ne pas la
faire aussitôt après la révolution
de juillet, 66; opinion du maréchal Soult, 66; elle serait la seule
chance d'un ministère avancé en
1831, 73; opinion des partisans de
la — analysée par M. Thiers, 79;
elle amènerait au pouvoir un gouvernement révolutionnaire (1831),
84; insuffisance des moyens de
faire la —, proposés en 1830, 90;
a été faite jusqu'à Jemmapes avec
des troupes disciplinées, 91; c'est
la seule condition du succès, 91;
la —, résultat certain de tous les
projets des libéraux en 1830, 116;
le système belliqueux défini et
combattu par M. Thiers en 1831,
210 et suiv.; M. Thiers a cru à
la — (1831), il a bientôt changé
d'opinion, pourquoi, 222; résultats
probables d'une — générale (1831),
222; dépenses ordinaires et extraordinaires du ministère de la — au
budget de 1832, 242, 252 et suiv.;
on ne peut réduire sensiblement
le budget de la — (1831), 278;
périodes de — au xviii° siècle, 385;
elle n'est pas à craindre tant que
l'Angleterre restera neutre (1832),

I, 446; le gouvernement de Juillet a
évité la — par sa modération, 552;
— On s'attendait généralement à la
guerre en 1830, II, 412.
— Dangers imminents d'une guerre
en 1830, III, 441; la — empêchée
par l'alliance franco-anglaise en
1830, 444; progrès réalisés par le
droit des gens en temps de —, de
la fin du xviii° siècle à 1836, 512;
nécessité d'employer la — en Algérie, 545; causes qui ont nécessité
la — en Algérie, 626; progrès réalisés au point de vue de l'humanité dans la pratique de la —, 632.
— Conséquences de la mauvaise
direction de la — en Algérie, IV,
140; il faut l'éviter sans paraître
la craindre, 266; les désirs de —
de certains partis en 1830, 324.
— Elle est impossible en juillet 1840,
V, 217; la — conséquence possible
de la politique de M. Thiers en
1840, 228; M. Thiers déterminé
à la — en 1840, 296; les services
de la — négligés en France de 1833
à 1840, 543; la France n'était pas
prête pour la — en 1840, 561; nécessité d'une armée de métier pour
les guerres politiques VIII, 187.
— Dangers des guerres partielles et
lointaines, IX, 351; conditions nouvelles de la — au point de vue financier, 573.
— La guerre employée comme
moyen politique, X, 176.
— La guerre entre l'Autriche et la
Prusse, ses conséquences possibles
(1866), XI, 60; la — repoussée par
M. Thiers (1867), 157.
— Nécessité d'éviter la — (1868),
XII, 47; caractères des — nationales, 625; pertes causées par les
— mal faites, 628.
— Principes du droit public, en ma-

tière d'indemnités aux victimes de la — (1871), XIII, 435 et suiv.; conditions de la — moderne, 529.

— Caractères nouveaux de la — en Europe, XIV, 191.

— Craintes de guerre en 1875, XV, 660.

V. *Armée, Marine, Politique exté-rieure.*

GUERRE de 1859. Elle pouvait être évitée, X, 140.

V. *Italie, Politique extérieure.*

GUERRE DE 1870. M. Thiers signale le danger d'une guerre (en juillet 1868), XII, 123; la France doit éviter d'être l'agresseur en cas de guerre (juin 1870), 607.

— On ne peut continuer la résistance (1871), XIII, 41; les causes de la —, 353; ses conséquences financières, 357.

— Dépenses résultant de la —, XIV, 165; situation militaire de la France en 1870, causes de ses malheurs, 200; diverses fautes commises, 201.

— Il y avait un parti de la guerre en 1870, XV, 487; causes de nos défaites dans la —, 512.

V. *Allemagne, Angleterre, Au-triche, Empire, Espagne, Italie, Politique extérieure, Prusse, Russie.*

GUERRE D'AMÉRIQUE. Rôle de la marine française dans la —, VII, 212.

V. *Marine.*

GUERRE CIVILE. Elle a été peu dangereuse dans l'Ouest en 1830, I, 138.

— Elle a été une guerre d'assassi-nats (1834), II, 355.

— Ses excès en Espagne, III, 599.

— Ses conséquences en Espagne, IV, 37.

— Détails sur la — en Suisse, VII, 515; origines de la — dans ce pays, 533.

— Principes du droit public en ma-tière d'indemnité aux victimes de la —, XIII, 435 et suiv.

V. *Commune de Paris, Espagne, Sonderbund, Suisse.*

GUERRE DE CRIMÉE. Elle a été un acte politique louable, IX, 599.

V. *Russie.*

GUERRE D'ESPAGNE DE 1823. Ce qu'elle a coûté, ressources appli-quées à la —, I, 367.

— Influences qui l'ont déterminée en 1823, III, 615.

V. *Intervention, Restauration.*

GUERRES MARITIMES. Leur in-fluence sur l'industrie française, III, 315.

— Moyens employés par la France contre l'Angleterre en cas de —, VI, 81.

V. *Marine, Neutres, Droit de visite*

GUERRE DU MEXIQUE. M. Thiers combat l'idée d'engager la —, IX, 351.

V. *Mexique, Politique extérieure.*

GUICHARD (M. — député). Propose la nomination d'une commission des finances, M. Thiers s'y oppose (3 mars 1871), XIII, 45.

GUILLAUME III. Obligé d'établir des incompatibilités parlemen-taires contre les fonctionnaires, VII, 107.

V. *Angleterre, Élections, Fonc-tionnaires.*

H

HARISPE (le général). Son opinion sur le blocus de la frontière des Pyrénées (1835), III, 112.

HAUSSMANN (M. —, préfet de la Seine). Exagération de ses dépenses à Paris, X, 178.
— Dangers de ses opérations de crédit, XII, 68 ; exagération des dépenses de son administration, 104 ; dépenses engagées par — pour les travaux de Paris, 169 ; critique de son œuvre, 205 ; c'est lui qui est le véritable vice-empereur, 217.
V. *Finances, Paris.*

HAUTS FOURNEAUX. Extension de l'industrie des — en France, IX, 153.
V. *Fers, Industrie, Protection, Traités de commerce.*

HAVANE (La). Intérêts de l'Espagne à —, IX, 470.

HAVIN (M. —, député). Critique l'attitude du gouvernement (1842), I, 468.
— Attaque la politique du gouvernement (1835), III, 94.

HAVRE (le).
V. *Le Havre, Marine marchande.*

HÉBERT (M. —, député). Parle sur les affaires d'Espagne, IV, 206 ; réplique de M. Thiers, 207, 221.

HÉDOUVILLE (comte d'). Envoyé à Varsovie pour la liquidation des créances polonaises, II, 502.
V. *Grand-duché de Varsovie.*

HENRI IV. M. Thiers rappelle son rôle politique, XI, 14 ; sa politique extérieure, 350 ; autre allusion à ses plans de politique extérieure, 449.
V. *Politique extérieure.*

HENRY VIII. Il développe le tissage de la laine en Angleterre, IX, 198.
V. *Angleterre, Industrie, Laine.*

HÉRÉDITÉ monarchique. Elle peut être corrigée par la responsabilité ministérielle, I, 169.
V. *Monarchie.*

HÉRÉDITÉ de la Pairie. Raisons qui l'ont fait rejeter, I, 125 ; l'opinion la repousse en 1831, 150 ; l' — défendue par M. Thiers, 151 ; inconvénients qu'on lui prête, 166 ; défendue par M. Thiers, 166 ; l' — de la pairie est un droit, 172.
— Effets de la suppression de l' — relativement à la Chambre des pairs, II, 465.
— Sa nature et ses avantages, VI, 225.
V. *Aristocratie, Pairie.*

HERNOUX (M. —, député). Son rapport sur les crédits demandés pour la marine (1846), VII, 209 réplique de M. Thiers, 209.

HERVÉ (M. —, député). Son ordre du jour en faveur du Cabinet de novembre, 1834, II, 430.

HERVÉ DE SAISY (M. —, député). Sa proposition sur l'appel au peuple (1872), XV, 36.

HISTOIRE. L' — montre que la po-

litique est dirigée par des raisons
d'intérêt, non de sentiment, III,
446 ; elle prouve l'intérêt et
l'avenir de la France en Algérie,
516.

— L'histoire de Rome indique la
marche à suivre en Afrique, IV,
155.

— Comment on enseigne actuelle-
ment l' —, VIII, 612.

— Les trois époques de l' — de
l'Europe, IX, 398.

V. *Algérie, Instruction publique.
Politique extérieure.*

HOHENLINDEN. Grandeur de la
journée de —, VIII, 213.

V. *Armée, Cadres.*

HOHENZOLLERN. La candidature
du prince de — posée en Espagne
(1870), XII, 635.

— Suites de l'incident de —, XV,
486, 492.

V. *Espagne, Politique extérieure,
Prusse.*

HOLLAND (lord). Favorable à la
politique française en Orient, V,
212.

V. *Égypte, Orient, Politique extérieure.*

HOLLANDE. Son armée évacue la
Belgique (septembre 1831), I,
75.

— Les décrets de Berlin et de Milan
appliqués en —, III, 57 ; la —
abandonnée par la France en 1787,
79 ; causes des variations de la
politique de la — vis-à-vis de la
France, 447.

— Discours de M. Thiers relatif au
traité de commerce avec la —
(1841), V, 629 ; état de nos rela-

tions économiques avec ce pays,
V, 635.

— Motifs de l'incompatibilité entre
la Hollande et la Belgique, IV, 305.

V. *Belgique, Commerce, Traités de
Commerce.*

HOLSTEIN. Situation du —, X,
583 ; droits de l'Allemagne sur le
—, 585.

— On propose de le céder à l'Allemagne, XI, 134.

V. *Autriche, Danemark, Politique
extérieure, Prusse, Slesvig.*

HOMME. Sa condition morale et
matérielle sur la terre, VIII, 455.

— Difficultés rencontrées par lui
en Europe, IX, 243.

— Ressources offertes par la nature à l' —, XI, 370.

— Nécessité de l'éducation pour
l' — à tous les points de vue,
XIV, 238.

V. *Philosophie, Religion.*

HOMOGÉNÉITÉ du Cabinet du
22 février 1836, III, 241 et suiv.

V. *Cabinet, Ministère, Politique intérieure.*

HONNEUR MILITAIRE. L' — réside
surtout dans les cadres, V, 618.

V. *Cadres.*

HOSPICES et Établissements de
bienfaisance. Danger de les livrer
à l'arbitraire des communes, II,
85 ; l'État doit en contrôler la
gestion, 105.

— Leur rôle en matière d'assistance, leur nécessité, VIII, 581.

V. *Assistance.*

HOUILLE. Nécessité de protéger
l'industrie de la — en France,

III, 280; emploi de la — dans l'industrie du fer, 327.

— L'industrie de la houille en 1840, IV, 593.

— Utilité de protéger la — française, IX, 175; on interdit l'emploi de la — en Angleterre au XVIe siècle, 198.

— Variations dans le prix de revient, X, 491.

V. *Industrie, Libre-Échange, Protection.*

HOVYN-TRANCHÈRE (M.—, député de la Gironde). Parle sur la question du régime commercial de la France (1851), IX, 245.

V. *Traités de Commerce.*

HUET-COLOMBIER (M.). Cité par M. Thiers, XII, 465.

HUGON (le contre-amiral). Envoyé devant Constantine, IV, 145.

V. *Algérie.*

HUMANITÉ. Souffrances nécessaires de l' — dans chaque siècle, XI, 369.

V. *Homme.*

HUMANN (M. —, ministre des Finances). Se déclare partisan de la conversion du 5 0/0 (1833), I, 562.

— Dépose le projet de budget pour 1837, III, 197; annonce la réduction de la rente, 197.

— Son rôle dans la crise ministérielle de mars 1839, IV, 402.

— Il est nommé ministre des Finances (1840), V, 152; parle sur la gestion financière du Cabinet du 1er mars, réponse de M. Thiers, 519.

— Ses projets (1841), VII, 437; appréciation de ces projets, 440.

V. *Budget, Finances, Travaux publics.*

HUMBOLDT (M. de). Ses travaux sur le Mexique, IX, 504 et suiv.

V. *Mexique.*

HUSKISSON (M. —, ministre du Commerce en Angleterre). Difficultés de son rôle en matière de douanes, III, 274.

HYPOTHÈQUE. Caractère des créances hypothécaires en France, VIII, 16; évaluation du capital placé sur — (1848), 23; discours de M. Thiers relatif à un projet d'impôt sur les prêts hypothécaires (1848), 29; montant de la dette hypothécaire en 1848, 113; but ordinaire des emprunts sur —, 118; le placement sur — ne peut convenir aux banques, 128 et suiv.

V. *Banque, Créances hypothécaires, Crédit.*

I

IBRAHIM PACHA. Vainqueur à Konièh (1833), conquiert la Syrie, II, 191.

— Ses succès en 1839, IV, 413; vainqueur à Nezib, 429, 435.

V. *Égypte, Orient, Politique extérieure, Question d'Orient.*

IFFLAND. Affaire du sieur — à Buenos-Ayres, VI, 407.

V. *Plata (La).*

ÎLES. L'— Bourbon, son importance

VI, 73 ; les — Marquises, critiques dirigées contre la prise de possession, VI, 601.

— L'occupation des îles Marquises est une erreur, VII, 173.

V. *Bourbon, Colonies, Marquises.*

IMPORTATION. Principaux articles d' — (1872), XV, 11.

V. *Commerce, Douanes.*

IMPÔTS. Déductions à faire sur la somme brute des — pour obtenir le chiffre exact des charges (1832). I, 313 ; chiffre des — en 1789, 364 ; C. Perier préfère l' — au crédit, 565.

— Proposition tendant à l'établissement d'un impôt sur le luxe et le revenu ; discours de M. Thiers contre ce projet (1833), II, 21 ; les — indirects supprimés par l'Assemblée constituante, 24 ; origines de notre système d' —, 24 ; nécessité de chacune des deux grandes catégories d' —, 26 ; divisions des — par rapport à leur incidence (1833), 31 ; motifs et nécessité de la variété des —, 36 ; le rendement des — peut être compromis par l'excès des dépenses locales, 68.

— Inutilité de certaines réductions d' —, III, 361 ; leur rendement en 1835, 570.

— Application de l' — de quotité à la capitation et aux portes et fenêtres, VI, 112.

— Proposition de Proudhon sur l'— et le crédit ; rapport de M. Thiers (1848), VIII, 1 ; discours de M. Thiers relatif à un projet d'— sur les prêts hypothécaires (1848), 29 ; l' — doit épargner les capitaux mobiliers, 35 ; les — sont

payés par les pauvres plus que par les riches, VIII, 103 ; le produit des — est fourni surtout par les classes pauvres, 459, 579.

— Le payement de l' — personnel pris comme indication du domicile (1850), IX, 32 ; proportion des — directs et indirects dans le revenu de la France et de l'Angleterre, 142 ; inconvénients et dangers des — nouveaux, 601 ; accroissement des —, de 1851 à 1865, 650.

— Effets des augmentations d'— sur l'agriculture française, X, 415.

— Leurs effets sur la production, XI, 632.

— Nécessité de dégrever les — qui pèsent sur l'agriculture, XII, 370, 377.

— Déficit dans les — en 1871, XIII, 305 ; observations de M. Thiers sur un projet de loi concernant l'établissement d' — nouveaux (12 juin 1871), 335 ; nécessité d'une prompte décision, 336 ; compétence de la commission du budget en cette matière, 337 ; difficulté d'établir de nouveaux — (1871), 489.

— Discours de M. Thiers sur le mode de procéder à l'examen de divers — nouveaux (8 janvier 1872), XIV, 1 ; vice fondamental de l' — sur le revenu, 6 ; ses dangers en France, 7 ; nouveaux — possibles, 10 ; ordre à mettre dans la discussion, 13 ; discours dans la discussion de l' — sur les matières premières, 19 ; difficultés de la situation, 22 ; nécessité de l'amortissement, 23, 25 ; préparation des — nouveaux, 26 ; impossibilité d'augmenter les contributions directes, 29 ; aggravations

possibilité de l'établir en France, XIV, 447; mauvaise influence morale de tout — fondé sur la déclaration du contribuable, 462; impossibilité d'un contrôle exact, 465; caractères de l'exercice, 468; chiffres d'affaires présumé de la France, 473; politique du gouvernement en matière d' — (1872), 492; second discours de M. Thiers relatif à l'établissement de centimes additionnels sur diverses contributions (13 juillet 1872), 535; troisième discours de M. Thiers relatif aux centimes additionnels à établir sur divers — (16 juillet 1872), 551; proposition Féray, 551; impossibilité de surcharger les patentes, 553; importance du nombre des assujettis en matière d'impôts, 560; discours de M. Thiers dans la discussion de l' — sur les matières premières (17 juillet 1872), 565; économies réalisées sur les budgets antérieurs, 568; augmentations nécessaires, 586; déficits à prévoir sur les — nouveaux, 594; impossibilité de faire des économies sur le budget de la guerre, 603; discours de M. Thiers relatif à l' — sur les matières premières (18 juillet 1872), 613; nécessité de cette taxe pour maintenir le budget en équilibre, 614; charges du budget de 1873, 615; situation du compte de liquidation (1872), 623; légitimité et utilité de cet —, 628; nouveau discours de M. Thiers relatif à l' — sur les matières premières (19 juillet 1872), 631; avantages des — indirects, 652; action de la douane sur les — intérieurs, 660.

— Situation des impôts en 1872,

XV, 13; rendement probable des — votés en 1872, 18; l' — considéré comme moyen d'action socialiste, 631.

V. *Aides, Angleterre, Budget, Contributions, Finances, Politique intérieure.*

IMPÔT DES BOISSONS. Effet des octrois sur l' —, II, 244.

V. *Communes, Octrois.*

IMPÔT DIRECT. Ses caractères exposés par M. Thiers, II, 26.

Mode de répartition des , VI, 105; les communes chargées de la rédaction des rôles, 106, loi du 22 brumaire an VI, résumée par M. Thiers. 108; loi du 3 frimaire an VIII, ses effets, 109.

V. *Contributions, Impôts, Impôt foncier.*

IMPÔT SUR LES DIVIDENDES. L' — est une gêne pour l'industrie, II, 39.

V. *Dividende.*

IMPÔT FONCIER. Sa solidité et son extensibilité, II, 27; il est à la longue supporté par les denrées, 36.

— Exagération de son poids en France (1840), IV, 604.

— Son influence sur la culture du sol, VIII, 116.

V. *Contributions.*

IMPÔTS INDIRECTS. La perception en est interrompue en 1830, I, 27.

— Leurs caractères exposés par M. Thiers, II, 27.

— Résistances opposées à la perception en 1830, VI, 111.

vaise opération de M. de Villèle à propos de l' —, I, 573.
— Son montant, III, 591.
V. *Émigrés.*

INDEMNITÉS PAYÉES aux États-Unis. Proposition rejetée par la Chambre (1834), II, 301.
— Discours de M. Thiers sur les — proposées pour les États-Unis (9 avril 1835), III, 1; second discours sur le même objet (16 avril), 23; les — payées par le Danemark, la Suède, l'Angleterre. 28; indications sur les — accordées aux États-Unis en 1803, 55; elles ont été payées à Paris, 67.
V. *États-Unis, Haïti, Louisiane, Mexique, Plata (La), Politique extérieure.*

INDEMNITÉ DE GUERRE. Succès des emprunts émis pour l' — (1871), XIII, 505; difficultés des opérations de payement, 506.
— Opérations nécessitées par le payement de l' — (1872), XV, 5.
V. *Finances, Guerre de 1870.*

INDEMNITÉ D'HAÏTI. Exagération de son chiffre, III, 596.
V. *Haïti.*

INDEMNITÉS MEXICAINES. Abus des demandes dans l'affaire des —, XI, 171.
V. *Mexique.*

INDEMNITÉ PRITCHARD. Détails sur l'affaire de l' — (1844), VI, 586.
V. *Marquises, Pritchard, Tahiti.*

INDIENS. Rapports des — (d'Amérique) avec les blancs, IX, 506.
V. *Inde.*

INDIGENTS. Doit-on donner aux — les droits politiques, IX, 39.
V. *Élections.*

INDISCIPLINE. Elle est inévitable chez les jeunes troupes, VIII, 190.
V. *Armée, Cadres.*

INDIVIDU. Sa condition dans la société actuelle, VIII, 562.
V. *Droit électoral, Droits politiques, Homme.*

INDÉPENDANCE. De la Belgique, I, 69
— Nécessité d'assurer l' — du Saint-Siège, VIII, 314.
V. *Belgique, Papauté.*

INDUSTRIE. L'— belge est redoutable pour la France, I, 100; difficulté de recourir à l' — privée pour l'exécution des travaux publics, 271; on ne peut en précipiter le développement par mesure législative, 501; toute — a besoin de protection à son début, 545.
— Sa prospérité en 1833, II, 174.
— La protection profite à toutes les —, III, 288; l'— française a besoin de protection (1836), 358; antagonisme des intérêts français et anglais en matière d'—, 457.
— Dangers des règlements à long terme dans l'—, V, 21; son impuissance à construire les chemins de fer (1840), 109; supériorité des Anglais en matière d'— (1840), 138; l'— privée refuse de se charger de l'établissement des lignes de paquebots à vapeur (1840), 142.
— Insuffisance de l'— privée pour les grands armements en cas de danger urgent, VI, 671.

— Nécessité de les ménager, III, 237.

— Ils ne doivent pas faire oublier les intérêts généraux, IV, 58.

— La question des — domine la question politique dans les élections (1846), VII, 122.
V. *Politique intérieure.*

INTÉRIEUR. Dépenses du ministère de l' — au budget de 1832, I, 242, 250.

— Augmentation des dépenses de l' — de 1830 à 1836, III, 568.
V. *Budget, Finances.*

INTERNATIONALE. Opinion de M. Thiers sur l' —, XV, 570; fusion des partis avancés dans l' —, 629; ses dangers, 630.
V. *Émeutes.*

INTERPELLATION. De M. Mauguin sur les affaires étrangères (1831), I, 75; son résultat, 120; de M. Laurence sur la politique intérieure (1831), 119; les — gênent souvent les négociations diplomatiques, 422.

— De M. Isambert sur l'affaire relative au grand-duché de Varsovie (1835), II, 490; de M. de Sade sur la crise ministérielle (1835), 513; de M. Mauguin sur le ministère du 12 mars (1835), 521; droits du gouvernement dans la discussion d'une —, 523.

— De M. Thiers concernant le port d'Alger (1842), VI, 83; du même sur la question des congrégations (1845), 617.

— Utilité du droit d' —, X, 32; sa nécessité, 352.

— De M. Garnier-Pagès sur la politique extérieure (1867), XI, 343; le droit d'interpellation considéré

comme contrepoids de l'article 75 de la constitution de l'an VIII, XI, 448; de M. Pouyer-Quertier et autres sur les traités de commerce (1868), 537.

— Discours de M. Thiers sur le refus d'une —, (27 janvier 1868), XII, 155; portée du droit d' —, 157; nécessité de permettre les interpellations ayant un caractère général, 160; nécessité du droit d' —, 322; de M. Brame sur les traités de commerce (1870), 519.

— Du général Changarnier relative au banquet de Grenoble (1872), XV, 45; de M. de Broglie sur la politique intérieure (1873), 171.
V. *Politique extérieure, Politique intérieure.*

INTERVENTION. L'intervention française en Belgique, son véritable but, I, 78; la France ne doit intervenir que là où son intérêt l'exige, 113; politique de l'Angleterre, en matière d' —, 113; conséquences d'une — française en Italie, 114; une — en Italie, c'était la guerre religieuse, 115; l' — selon le système de la Sainte-Alliance n'est plus possible après 1830, 557.

— La France empêche une intervention en Suisse, en se fondant sur le droit européen, II, 414; le gouvernement de Juillet refuse d'intervenir en Espagne, 192.

— Des Puissances à Cracovie, III, 471; caractères de l' — franco-anglaise en Espagne (1836), 494.

— L'intervention française réclamée en Espagne (1835), IV, 38; hésitations de l'Angleterre au sujet

d'une — en Espagne, IV, 40;
transaction imaginée par le gouvernement français, 41; affaire
de l' — en Espagne, préjugés
français à ce sujet, 59 ; opinions
favorables à notre — en Espagne,
63 ; question de l' — de la France
en Espagne (1838), 209; l' — en
Espagne refusée par M. Thiers,
dans quelles conditions, 232; le
vrai but de l'— en Espagne, 258 ;
causes de l' — anglo-française en
Belgique, 316; l' — d'une nation
appelle souvent celle des autres,
336.

— L'intervention européenne
en Amérique condamnée par
M. Thiers. VII, 8; les Puissances
n'ont aucun droit fondé de procéder à une — en Suisse (1848), 559;
attitude prise par M. Thiers contre toute idée d' — autrichienne
en Suisse (1836), 579.

— Dangers d'une — de la France en
Italie (1849), VIII, 211.

— Ses dangers XI, 285.

— Inutilité de l' — extérieure, XV,
658.

V. *Angleterre, Belgique, Espagne,
Italie, Plata (La), Mexique, Non-
intervention, Politique extérieure.*

INVALIDES DE LA MARINE. Détails sur la Caisse des —, III,
207.

V. *Inscription maritime, Marine
marchande.*

INVASION. La France est suffisamment armée pour résister à une
— (1831), I, 217.

— Leur fréquence, ses causes, V,
327.

— L'invasion de 1870-1871, payement des dommages causés,

XIII, 435; nécessité d'une indemnité, discussion sur le principe,
436; caractère de l'indemnité, 443.
V. *Guerre de* 1870, *Politique extérieure.*

INVIOLABILITÉ. Conséquences de
l'— du souverain, VI, 226.
V. *Souverain.*

IRLANDE. État de la question d'Irlande (1869), XII, 335.
V. *Angleterre.*

ISABELLE. La reine — reconnue
par la France, II, 192.

— Elle est menacée par l'insurrection carliste (1836), III, 179;
elle est préférée par le gouvernement français à don Carlos, pourquoi, 183; intérêt du gouvernement de Juillet à soutenir la
reine —, 452; nécessité et utilité de reconnaître la reine —,
607.

— Difficultés rencontrées par son gouvernement, IV, 3; offres du gouvernement français à la reine —
(1833), 30.

— Elle est déclarée majeure, VI,
281.

V. *Espagne, Intervention, Politique extérieure, Quadruple alliance.*

ISAMBERT (M. —, député). Son interpellation relative aux créances
du grand-duché de Varsovie, II,
490.

— Parle sur la question des Juifs
de Damas, V, 84.

ISLY. La bataille d'—, gagnée par
le maréchal Bugeaud, VI, 571; elle
a peu d'importance, 577.
V. *Algérie.*

ISOLEMENT. La politique d' —
seule efficace pour la France
après 1840, V, 574 ; la politique
d'isolement est ordinairement
mauvaise (1847), 415.
V. *Alliances, Politique extérieure.*

ISRAÉLITES. Leur influence (1840),
V, 86.
V. *Juifs.*

ISTHME DE PANAMA. La spéculation hésiterait à en entreprendre
le percement (1845), VI, 596.
— Le percement de l'— est un projet
d'une réalisation bien lointaine
(1850), VIII, 357.
V. *Commerce, Marine marchande.*

ISTURITZ. Son rôle en Espagne en
1835, IV, 44.

ITALIE. Opinion des libéraux sur
la politique française en —, analysée par M. Thiers (sept. 1831),
I, 81 ; le mouvement libéral en —
en 1831, 83 ; les insurgés de
Parme, Modène, Bologne, pren-
nent leur mot d'ordre à Paris,
113 ; conséquences d'une intervention française en Italie, 114 ;
importance du catholicisme en
—, 114 ; l'intervention en — pouvait allumer la guerre religieuse,
115 ; la question d'Italie appréciée
par M. Thiers (1832), 433 ; résultats de l'intervention française en
Italie (1832), 435 ; obstacles qui
s'opposent à l'unité de l'—, 436 ;
rôle que la France doit jouer en
— (1832), 438 ; raisons de son intervention en 1832, 440 ; la France
a dû intervenir en — (1832), 489.
— Causes du maintien de la division territoriale en — (1834), II,
202.

— Ses rapports commerciaux avec
la France, III, 84.
— Impossibilité d'intervenir en
Italie après 1830, IV, 245 ; sa situation intérieure (1839), 342.
— Effets des premiers actes de Pie IX
en —, VII, 359, 420 ; discours de
M. Thiers sur les affaires d' —
(31 janvier 1848), VII, notice,
487 ; état de l'opinion en France
sur les affaires d' —, 490 ; appré-
ciations sur le rôle de l'—, 495 ;
le mouvement libéral en — (1847),
499 ; utilité d'un accord franco-
anglais pour régler la question
d'— (1848), 507 ; idée d'une confédération italienne indiquée par
M. Thiers, 513.
— Discours de M. Thiers relatif aux
affaires d'— (31 mars 1849), VIII,
notice, 203 ; nécessité d'éclairer
le débat, 206 ; la France n'a aucun
engagement vis-à-vis de l' —,
208 ; systèmes en présence, 209 ;
peut-on agir par la force en —,
212 ; politique suivie depuis le
24 février vis-à-vis de l' —, 218 ;
l'armée n'a pas été mise sur un
pied suffisant, 226 ; le gouvernement a toujours voulu la paix,
229 ; faiblesse des partis avancés
en —, 234 ; rôle que la France
doit prendre en —, 237 ; M. Ledru-Rollin propose la mise en
accusation du président de la
République et des ministres, à
l'occasion de la question romaine (1849), 245 ; discours de
M. Thiers à ce sujet, 247 ; accusations de la gauche, 250 ; justification de l'expédition de Rome,
254 ; action de la démagogie en
Italie, 263 ; rapport de M. Thiers
sur le projet de loi relatif à des
crédits extraordinaires pour l'ex-

pédition de Rome (12 octobre 1849), notice, VIII, 307; exposé de la situation, 310; justification de l'expédition, 314; elle était constitutionnelle, 318; attitude gardée vis-à-vis du pape, 320.

— Elle a été affranchie par l'appui de la France, IX, 369.

— L'expédition n'est annoncée aux Chambres qu'après le départ des troupes, X, 38; danger de faciliter son unification complète, 133; discours de M. Thiers sur la question romaine (13 avril 1865), 53; dangers qui peuvent résulter de l'unification de l' —, 57; moyens d'assurer la liberté à l'—sans la bouleverser, 55; influence des questions maritimes sur sa politique, 64; diversité de l'esprit pubic en — (1865), 69; second discours de M. Thiers relatif à la question romaine (15 avril 1865), notice, 135; le gouvernement laisse de l'obscurité dans le débat, 139; on pouvait éviter la guerre d' —, 140; motifs de la politique du pape, 141; on veut lui prendre Rome, 143; conséquences possibles de ce fait, 145; on a traité des intérêts du pape sans le prévenir, 148; les Romains n'ont pas le droit de changer de souverain par leur seule initiative, 150; exposé de la convention de septembre, 157; dangers de la situation dans l'avenir, 158; la France devrait rester à Rome, 164; dangers que présente l'unification de l'Italie (1866), 380; attitude du gouvernement français vis-à-vis de l'— (1866), 574; l'unité de l'—, son action sur la politique allemande, 618; nécessité de l'arrêter dans ses tendan-

ces vers la Prusse (1866), X, 626; son indépendance vis-à-vis de la France, 627; attitude que la France doit prendre vis-à-vis de l'— (1866), 629.

— Discours de M. Thiers sur les affaires extérieures (Allemagne et Italie, 1867), XI, 1; M. Thiers revient sur les dangers que présente l'unité de l'—, 33; conséquences de l'unification de l'—, 46; effet produit par l'unification de l'— en Allemagne, 53; sa place dans la politique de M. de Bismarck, 59; effets de sa diversion contre l'Autriche (1866), 68; discours de M. Thiers sur la question romaine (1867), 255; dangers de l'unité, 263; combinaisons possibles en 1849, 264; nécessité de contenir la maison de Savoie dans le nord de l' —, 281; caractères de l'intervention française en —, 285; effets de la politique de la maison de Savoie en Europe, 287; sa situation en 1867, 331; points de contact entre les affaires d' — et celles d'Allemagne, 333; ligne de conduite à suivre dans la question de Rome, 338; droits de la France vis-à-vis de l'—, 354.

— Fautes du gouvernement du second Empire en —, XIII, 409; son rôle dans les affaires d'Allemagne, 412; sa situation en Europe (1871), 414; rapports de la France avec l' — (1871), 543.

— Sa politique commerciale, XIV, 350.

— Son attitude en 1870, XV, 545, 578.

V. *Adresse, Allemagne, Italie, Papauté, Politique extérieure, Prusse, Rome.*

J

JACKSON (le président). Son attitude dans l'affaire des indemnités dues aux États-Unis (1834), III, 4 ; influence de l'affaire des indemnités sur son élection à la présidence des États-Unis, 75 ; il est désapprouvé par le Sénat des États-Unis (affaire des indemnités), 89.
V. *États-Unis, Indemnités.*

JACOB (l'amiral). Nommé ministre de la Marine (1834), II, 302.

JACQUEMINOT (le général). Son intervention dans la formation du Cabinet du 12 mars (1835), II, 536.

JANVIER (M. —, député). Il interroge le gouvernement sur la crise ministérielle de novembre 1834, II, 380.
— Ses critiques contre le système appliqué en Algérie, IV, 124.
— Son amendement concernant la marine présenté de concert avec M. Thiers (1846), VII, 234.

JANZÉ (M. de —, député). Son amendement concernant la reproduction des débats législatifs, XI, 454.

JARDIN DES PLANTES. Détails donnés par M. Thiers sur les constructions du —, III, 375 ; sur les serres, 378.
— Nouveaux renseignements relatifs aux serres, XV, 330.
V. *Monuments de Paris.*

JARS (M. —, député). Demande la réduction de la subvention de l'O-

péra (1833). II, 315 ; réclame une indemnité en faveur des victimes de l'insurrection de Lyon (1834), 573.

JAUBERT (le comte —. député). Intervient dans la discussion des tarifs de douane (1836), III, 270 ; prend part à la discussion relative aux droits de douane sur les fers (1836), 316 : il combat l'introduction en France des rails étrangers (1836), 331 ; son rapport sur les travaux d'achèvement des monuments de Paris, 365.
— Nommé ministre des Travaux publics (1840), IV, 462.
— Prend part à la discussion sur le classement des chemins vicinaux (1836), XV, 294, 306.

JAVA. Causes de la prospérité de cette colonie, IX, 550.

JAY (M. —, député). Prend part à la discussion relative aux secours demandés en faveur des victimes de l'insurrection de Lyon, II, 574.

JECKER. Production de la créance — contre le gouvernement mexicain, son caractère, IX, 477.
V. *Mexique.*

JEFFERSON. (M.) chef du parti français aux États-Unis, III, 51.

JÉSUITES. L'association des — est mal vue en France, II, 259.
— Précautions proposées pour les empêcher de s'introduire dans l'enseignement (1844), VI, 491 ; comment les — sont rentrés en France (1845), VI, 617 ; historique de l'ordre en France, 620 et

suiv.; leur situation en 1845, 622 ; détail des lois dirigés contre les —, 627 ; caractère dangereux de leur esprit, 662 ; les — dissous en France, après accord avec le pape (1845), 666.

— Dissolution de l'ordre, VII, 83 ; les — appelés dans le Valais, effets produits en Suisse par leurs manœuvres, 515 et suiv.

— Situation faite aux — par la loi Falloux, VIII, 439 ; les — mis en cause dans la discussion de cette loi (loi de 1850 sur l'enseignement), 661, 675 ; une loi sur les associations réglera la situation des —, 677 ; ils sont couverts par la Constitution, 682.

— Les Jésuites maintenus en Silésie par Frédéric II, XI, 306.
V. *Clergé, Église, Enseignement.*

JEU. Effets de la hausse du taux de l'escompte sur le —, XV, 443.
V. *Banques, Bourse, Escompte.*

JEUNESSE. Mauvaises tendances de la — en 1850, VIII, 614.

JOHNSTON (M. —, député). Parle dans la question de l'impôt sur les matières premières, XIV, 99.
V. *Impôts.*

JOINVILLE (le Prince de). Élu député (1871), XIII, 295 ; discours de M. Thiers sur l'abrogation des lois d'exil (8 juin 1871), 297.

JOUFFROY (M. —, député). Ses attaques contre le Cabinet du 1er mars 1840, V, 495 ; réponse de M. Thiers, 497.

JOURNAL. Exposé de son rôle, XI,

375 ; attrait et utilité du journal quotidien, 396.
V. *Presse.*

JOURNAL DES DÉBATS. Son attitude vis-à-vis de la dynastie des Bourbons, III, 139.

JOURNAUX. Rareté des procès intentés aux — (1834), II, 180.
V. *Politique intérieure, Presse.*

JUAREZ. Il est le chef du parti populaire au Mexique, IX, 462 ; nécessité de traiter avec lui pour en finir, 527.

— Sa situation au Mexique, XI, 170.
V. *Mexique, Politique extérieure.*

JUIFS. L'affaire des — de Damas, (1840), V, 79 ; discours de M. Thiers, exposé de l'affaire, 81 et suiv.

— Pourquoi ils se sont adonnés à l'usure, VIII, 66.
V. *Israélites, Syrie.*

JURIDICTION. De la Cour des Pairs en matière de presse, III, 127 ; droits de — des divers corps de de l'État sur eux-mêmes, 307.

— Question de la — sur les établissements privés d'Instruction ; qui doit l'exercer (1844), VI, 496.
V. *Cour des Pairs, Presse.*

JURIEN DE LA GRAVIÈRE (l'amiral). Sa politique au Mexique, IX, 474.

— Ses instructions dans l'affaire du Mexique, XI, 179 ; sa politique, 188.

JURISPRUDENCE. La — fixée par l'Angleterre à propos du principe de non-intervention, I, 111.

— Nécessité de maintenir l'unité de la — administrative des arrêtés municipaux, II, 215.

— Conditions de la formation et but de la —, XI, 499.

V. *Communes, Intervention, Maires.*

JURY. Le — est une institution politique, III, 129 ; son inefficacité en matière d'attentats politiques, 147.

— La question du — dans les procès de presse, but des lois de Septembre 1835, XI, 423 et suiv.

— Utilité de lui soumettre les procès de presse, XII, 206.

V. *Cour des Pairs, Presse.*

JUSSIEU (M. de —, député). Son amendement au projet d'Adresse de 1839, IV, 352.

V. *Adresse.*

JUSTE-MILIEU. En France l'opinion est —, pourquoi, II, 541.

V. *Politique intérieure.*

JUSTICE. Dépenses du ministère de la — au budget de 1832, I, 242 ; économies proposées sur ce ministère, 243 ; conditions de la gratuité de la justice en Angleterre, 276 ; la gratuité de la — n'est pas possible en France, 276 ; exagération des économies demandées par l'opposition sur le budget du ministère de la — en 1832, 325 ; impossibilité de réduire les dépenses du ministère de la — (1832), 349.

— Elle doit compléter l'effet de la force en cas de troubles politiques, II, 471 ; il est possible d'or-

ganiser une justice politique, II, 472 et suiv.

— Augmentation des dépenses de la — de 1830 à 1836, III, 567.

— Pourquoi elle est gratuite en Angleterre, IV, 535.

V. *Budget, Finances.*

JUSUF. Il est nommé bey, IV, 143.

V. *Algérie.*

K

KATKOF (M.). Cité par M. Thiers, XI, 479.

V. *Russie.*

KAUNITZ. Le chancelier — était favorable à l'idée du partage de la Pologne, I, 103.

V. *Pologne, Russie.*

KELLER (M. —, député). Sa protestation contre la cession de l'Alsace-Lorraine (1871), XIII, 1.

V. *Traité de Francfort.*

KERDREL (M. Audren de —, député.) Sa proposition relative au message du 13 novembre 1872 ; discours de M. Thiers, XV, 63.

KERSABIEC (Mlle de). Arrêtée avec la duchesse de Berry et renvoyée devant les tribunaux, I, 521.

KHOSREW pacha. Effets de sa disgrâce sur la question d'Égypte, V, 150, 205.

V. *Égypte.*

KLÉBER (le général). Cité par M. Thiers, XIV, 242.

KOLB-BERNARD (M. —, député). Parle sur le régime économique de la France, XI, 537.

KONIEH. Résultats de la bataille de —, II, 191.
V. *Égypte, Orient, Question d'Orient.*

L

LABOULIE (M. —, député). Prend part à la discussion relative au secours demandé en faveur des victimes de l'insurrection de Lyon (1835), II, 574; réponse de M. Thiers, 575.

LACAVE-LAPLAGNE (M.—, député). Son rapport sur la proposition Gouin (conversion des rentes), mars 1836, III, 249.
— Parle sur la question des Caisses d'épargne (1837), IV, 103; il est nommé ministre des Finances (15 avril 1837), 173; son opinion sur le régime des sucres, 564.

LAFARELLE (M. de —, député). Cité par M. Thiers, VII, 114.

LAFAYETTE (marquis de). Attitude de ses amis politiques vis-à-vis des États-Unis (1834), III, 79.

LAFFITTE (M. —, ministre des Finances). Ses projets financiers en 1831, I, 11; détails sur son administration, 27; il présente un projet de budget pour 1831, 225; il ne peut réduire sensiblement les dépenses (1831), 318; il propose de répartir le fonds d'amortis-sement entre les diverses natures de rentes (1831), I, 373; il demande des réductions sur le budget des Affaires étrangères (1832), 452; il réclame une modification dans l'amortissement (1833), 561.
— Parle sur le budget du ministère des Finances, réponse de M. Thiers, III, 549; 577; ses préoccupations au sujet de la situation en 1831, 578.
V. *Amortissement, Finances, Gouvernement de Juillet, Politique intérieure.*

LA GUÉRONNIÈRE (M. le vicomte de —, sénateur). Résumé de son rapport sur la pétition Darimon (affaire des comptes rendus des débats des chambres), XI, 462; son autre rapport au Sénat (loi sur la presse), 518.

LAINES. Doit-on permettre l'introduction en France des —étrangères (1833), I, 545; nécessité d'examiner la question de l'introduction des — étrangères, 546.
— Développement de l'industrie des — de 1829 à 1833 en France, II, 418.
— Concurrence faite aux laines françaises par celles d'Australie, IX, 293.
— Situation de l'industrie de la — en France, XII, 461; effets de la concurrence des — d'Australie, 572.
— Possibilité d'établir un droit fiscal à l'importation des — brutes (1872), XIV, 69, 358, 405, 675.
V. *Impôt, Industrie, Libre-échange, Protection, Traités de commerce.*

LAINÉ (l'amiral). Bat Rosas à Obligado, VIII, 378.
V. *Plata (La), Montevideo, Politique extérieure, Rosas, Uruguay.*

LAISSER-FAIRE. Dangers de la théorie du — en politique, II. 181.
— Danger de la doctrine économique du —, IX, 135 et suiv., 158, 204.
V. *Politique intérieure, Protection.*

LAITY. Difficultés soulevées par le procès —, IV, 479.
V. *Gouvernement de Juillet, Politique intérieure.*

LAMARQUE (le général). Il attaque le Cabinet (septembre 1831), I, 75; propose en 1831 de mobiliser 300 bataillons de la garde nationale, discours de M. Thiers sur cette proposition, 194; ses attaques contre la politique extérieure du gouvernement de Juillet en 1832, 421; sa mort. 467.

LAMARTINE (M. de —, député). Propose une loi spéciale sur la censure théâtrale, III, 170; parle contre la protection économique (1836). 355; sa question relative à la Grèce (1836). 466.
— Ses attaques contre le Cabinet du 22 février. IV, 174; son opinion sur les affaires d'Égypte (1840), 416.
— Solution de la question d'Orient indiquée par —, V, 267; il parle contre le projet de loi sur les fortifications de Paris, 375.
— Il parle sur la question de la

Régence (1842), VI, 207; il attaque M. Thiers à propos de la question des fortifications de Paris, 667.
— Son manifeste de 1848 apprécié par M. Thiers, VIII, 221.

LAMBRECHT (M.). Nommé ministre du Commerce, XIII, 8.

LAMORICIÈRE (le général). Son rôle à Rome, XI, 293.
V. *Papauté.*

LANDWEHR. Origines du système de la — en Prusse. I, 203; il est inapplicable en France, pourquoi, 208; l'adoption du système de la — ne donnerait pas une économie réelle (1832), 356.
V. *Armée.*

LANGLOIS (le colonel —, député). Intervient dans la discussion de la loi sur les élections municipales (1871). XIII, 186; dans la question des impôts nouveaux, 338.

LANGUE. La — française employée exclusivement dans la diplomatie, VI, 64; utilité de l'étude des — anciennes, 538.
— Danger du prétexte de la conformité de — en matière de politique extérieure, X, 150.
V. *Enseignement, Nationalité, Politique extérieure.*

LANJUINAIS (M. —, député). Rapporteur de la commission chargée d'examiner les résolutions nécessitées par les circonstances (10 janvier 1851), IX, 62.

LANYER (M. —, député). Son amendement à l'adresse de 1839 (question du Luxembourg), IV, 302.

LANZA (M. —, ministre de l'Intérieur d'Italie). Cité par M. Thiers (question romaine), X, 84.

LA PINSONNIÈRE (M. —, député). Son amendement au projet d'adresse de 1839, IV, 252.

LA PLATA. V. *Plata* (*La*).

LARCY (M. de —, nommé ministre des Travaux publics (1871), XIII, 8.

LASTEYRIE (M. F. de —, député). Son amendement au projet de loi sur l'Instruction publique (1850), VIII, 653.

LAURENCE (M. —, député). Interroge le gouvernement sur l'état intérieur de la France (23 septembre 1831), I, 119; réponse de M Thiers, 120.
V. *Politique intérieure.*

LAVERGNE (M. Léonce de —, député). Prend part à la discussion sur le recrutement de l'armée (1872), XIV, 268.
V. *Armée, Cadres.*

LAW. M. Thiers cite son écrit sur les banques, V, 8.
V. *Banques.*

LEBLANC (l'amiral). Sa conduite à Montevideo, VI, 420.
V. *Plata* (*La*).

LEBŒUF (le maréchal). Sa démarche auprès de M. Thiers (1870), XIV, 201.
— Son attitude en 1870, XV, 490.

LECOMTE. Le nommé — attente à la vie du roi Louis-Philippe, VII, 333, 351.

LECOUVREUR. Le nommé — condamné pour détention de munitions de guerre (1832), I, 472.

LEDRU-ROLLIN (M. —, député). Parle sur la question de la régence (1842), VI, 207; parle sur la question de politique intérieure; réponse de M. Thiers (1846), VII, 1.
— Propose d'intervenir en Italie (1849), VIII, 205; réponse de M. Thiers, 206; demande la mise en accusation des membres du gouvernement (1849), 247; incident entre — et M. Thiers (12 juin 1849), 259.

LEFEBVRE (M. Jacques —, député). Parle sur la question des Caisses d'épargne (1857), IV, 103.
— Son amendement relatif à la traite des noirs, VI, 82.

LEFEBVRE (le maréchal). Cité par M. Thiers, XIV, 448.

LE FLÔ (M. le général). Nommé ministre de la Guerre (1871), XIII, 8.

LÉGALITÉ. Respect du gouvernement de Juillet pour la —, I, 128.
V. *Gouvernement de Juillet.*

LÉGATION. Suppression des — françaises en Allemagne, questions soulevées (1836), III, 486.
V. *Allemagne, Politique extérieure.*

sur la réduction des cadres (1841),
V, 607.

LESSEPS (M. de). Envoyé à Rome
et désavoué (1849), VIII, 246.

LETTRES DE GAGE. Leur usage
dans certains pays, VIII, 496.
V. *Banques, Crédit.*

LEUCHTEMBERG (prince de). Le —
exclu du trône de Belgique, pourquoi, I, 97.
V. *Belgique, Politique extérieure.*

LEURANT (M. —, député). Parle
dans la discussion de l'impôt sur
les matières premières (1872),
XIV, 377, 631.

LEVÉE EN MASSE. Dangers de
toute — au point de vue sani-
taire, I, 207.
V. *Armée.*

LHERBETTE (M. —, député). Combat le projet d'installer la Bibliothèque royale dans une galerie du
Louvre (1833), II, 128.
— Prend part à une discussion sur
l'introduction des rails étrangers
(1836), III, 332.

LIADIÈRES (M. —, député). Parle
sur le projet d'Adresse de 1839,
IV, 285; sur la question des députés fonctionnaires (1840), 530.

LIBÉRALISME. Son véritable intérêt, I, 113; le — s'impose à
l'aristocratie parlementaire, 170.
V. *Partis.*

LIBÉRAL (le parti). Dangers de
l'attitude du — en 1830-31, I, 59;
la guerre serait le résultat de
tous les projets du — en 1830, si
on les appliquait, I, 116; ses attaques contre le gouvernement
sur la question financière, 315;
réfutation de ses arguments par
M. Thiers, 317.
V. *Partis.*

LIBÉRAL-NATIONAL. Formation
du parti — en Allemagne, XII,
619.

LIBÉRATION du territoire. Efforts
de M. Thiers pour l'obtenir, XIII,
501.
— Nécessité d'une action fiscale
énergique pour assurer la —, XIV,
373.
— Procédés employés pour assurer
le payement des indemnités de
guerre, XV, 5.
V. *Banque de France, Impôts,
Traité de Francfort.*

LIBERTÉ. Situation au point de
vue de la — en 1831, I, 51.
— Elle résulte de la paix plutôt
que de la guerre, I, 82; mouve-
ments libéraux à l'étranger, 83;
la — n'est un bon fruit que
quand ce fruit est naturel, 111.
— Elle existe sous le gouvernement de Juillet (1834), II, 180;
on ne doit pas l'imposer par des
moyens violents, 402; la — est
le principe du gouvernement de
Juillet, 449.
— Ses limites nécessaires, VI, 646.
— Elle est le premier principe des
sociétés modernes, VIII, 67; elle
ne peut être illimitée, 268; la —
sous la monarchie de Juillet et
sous la République, 671.
— Discours de M. Thiers sur les li-

en Angleterre, IX, 141 ; opinion de Montesquieu sur la —, 173 ; différences entre la — politique et la — commerciale, 246.
— Effets de la — sur les industries textiles, X, 486.
— Les industries textiles souffrent du libre-échange, XI, 581.
— Nécessité de la protection en France au point de vue des industries textiles, XII, 352 ; la — n'est qu'un leurre, 365.
V. *Libre-échange*, *Protection*, *Traités de commerce.*

LIBERTÉ DE CONSCIENCE. La — violée par la spoliation du pouvoir temporel du pape, X, 87 ; nécessité de la — en matière de foi, 96.
— Sa nécessité, XIII, 410.
— Définition de la tolérance, XV, 161 ; nécessité de la respecter en politique comme en religion, 178.
V. *Religion.*

LIBERTÉ D'ENSEIGNEMENT. Comment il faut entendre la —, VI, 453.
— Discussion de la loi concernant la — (1846), VII, 83 ; la — établie par la Constitution de 1848, VIII, 385.
V. *Clergé*, *Enseignement*, *Instruction publique.*

LIBERTÉ INDIVIDUELLE. La — atteinte par l'assurance obligatoire, VIII, 565.
— C'est une des libertés nécessaires, IX, 356 ; 371 ; 384.
— Progrès réalisé en 1865, X, 23 ; nécessité de la —, 345.

— Atteintes portées à la — (1869), XII, 286 ; elle était nulle sous le second Empire, 320.
V. *Empire.*

LIBERTÉS LOCALES. Leur importance sous l'ancien régime, II, 103 ; les — ruinent le pouvoir de l'État, 111.
— Leur raison d'être avant 1789, III, 305.
V. *Centralisation*, *Communes.*

LIBERTÉ DES MERS. Nécessité d'avoir une marine pour assurer la —, I, 281.
V. *Marine*, *Neutralité.*

LIBERTÉ PARLEMENTAIRE. Sa nécessité, IX, 356, 384.
— Elle est nulle sous le second Empire (1869), XII, 320.

LIBERTÉ DE LA PRESSE. La — admise par M. Thiers (1834), II, 189.
— Ses caractères, sa mesure nécessaire, III, 142.
— Elle doit être limitée comme toute autre liberté, VIII, 269 ; ses conséquences en 1848, 276.
— C'est une liberté nécessaire, IX, 356, 375.
— Elle n'existe pas en 1865, X, 24 ; sa nécessité, 346.
— Discours de M. Thiers sur la — (1868), XI, notice, 359 ; elle est la plus nécessaire de toutes les libertés, 366 ; réponse à M. Nogent Saint-Laurens sur le même sujet, 423 ; à M. Baroche, 435 ; à M. Rouher, 441 ; M. Thiers parle sur l'amendement Janzé, 453 ; réplique à M. Baroche, 509 ; à M. Rouher, 529.

II, 589; ordres donnés au préfet du Rhône à l'occasion des troubles de — (1834), 602; plan militaire adopté à l'occasion des troubles de — (1834), 604; motifs de l'emploi du canon contre les insurgés de Lyon (1834), 611; attitude de la population de — pendant l'insurrection d'avril 1834, 617; causes de l'insurrection d'avril 1834, 620.

— Son intérêt dans l'affaire des indemnités d'Amérique, III, 16; M. Thiers justifie l'attitude du gouvernement dans l'affaire de —, 160.

V. *Émeutes, Politique intérieure.*

M

MACHIAVEL. Cité par M. Thiers, I, 191.

— Caractères de ses ouvrages, X, 393.

MACHINES. Effet des — sur la consommation, II, 177.

— Nécessité de protéger l'industrie des — (1836), III, 355.

— La France ne peut fabriquer de grandes — à vapeur (1840), V, 138.

— Leurs effets économiques, VIII, 70, 512.

V. *Industrie, Protection.*

MACHINE INFERNALE. Son auteur principal échappe à la police, III, 166.

MACKAU (l'amiral de). Traite avec Rosas à Buenos-Ayres (novembre 1840), VI, 349; discussion sur l'article 4 de ce traité, 363 et suiv.; instructions données à M. de Mackau dans cette affaire, VI, 416.

— Son projet de loi sur la marine (1846), VII, 151; réponse à — par M. Thiers sur les affaires de La Plata, 253.

V. *Plata (La), Marine.*

MAC-MAHON (le maréchal de). Chargé par M. Thiers de réprimer l'insurrection communaliste, éloge de sa conduite, XIII, 192.

— Nommé Président de la République (1873), XV, 223.

MACTA (la). Échec de —, ses conséquences, III, 628.

— Causes de la défaite du général Trézel à —, IV, 136.

V. *Algérie.*

MADAGASCAR. Expédition projetée contre —, M. Thiers opposant, VII, 173, 245, 249.

MADELEINE. Détails sur la construction de la —, III, 391.

V. *Monuments de Paris.*

MADISON. Chef du parti français aux États-Unis, III, 51.

MAGISTRATURE. Modicité des émoluments de la — (1831), I, 242; réductions opérées sur les traitements des chefs de la —, 243.

— Son rôle vis-à-vis des fonctionnaires publics, III, 290.

V. *Administration, Agents du pouvoir, Fonctionnaires publics.*

MAGNE (M. —, ministre des Finances). Éloge de — par M. Thiers, IX, 600.

— Parle sur le budget de 1869, XII, 77.

— Intervient dans la discussion du budget de 1873, XIV, 535.
V. *Finances, Impôt.*

MAINMORTE. La — permise de nouveau aux congrégations religieuses(1817), VI, 636.
V. *Congrégations.*

MAINTENON (Mme de). Sollicitée par Bossuet, VII, 100.

MAIRE. Son rôle et ses pouvoirs, II, 59 ; abus du pouvoir réglementaire par les —, 63 ; discours de M. Thiers sur les attributions des — (28 février 1834), 213 ; leurs abus de pouvoir en matière de règlements sur les abattoirs, 231 ; leur tendance à exagérer les dépenses communales, 242 ; leur situation sous le régime de Juillet, 557 ; leur responsabilité, 559.

— Leurs pouvoirs en matière de recensement, VI, 121 ; utilité de les associer au contrôleur pour établir les matrices fiscales, 128.

— Situation des — en 1868, XII, 88.

— Propositions relatives au — de Paris, réponse de M. Thiers (27 mars 1871), XIII, 143.
V. *Arrêtés, Communes.*

MAISON (le maréchal). Nommé ministre de la guerre (12 mars 1835), II, 521.

— Son opinion relativement à l'Algérie (1836), III, 500.

MAÎTRES D'ÉTUDE. Leur situation dans les collèges de l'État, VIII, 601.
V. *Enseignement.*

MAJORATS. Effets du système des —, I, 175 ; le droit de — existe en faveur de la couronne seule (1833), 520.

— Leur avoir en rentes 5 0/0 en 1836, III, 212.

MAJORITÉ. La — fait le gouvernement fort, I, 146 ; nécessité d'une — parlementaire nationale dans le gouvernement représentatif, 480.

— On reproche au ministère du 11 octobre de n'avoir pas de —, réponse de M. Thiers, II, 170 ; la — de 1827, sa conduite appréciée par M. Thiers, 283 ; la — est la base du gouvernement parlementaire, 525.

— Nécessité de voir la — parlementaire se manifester clairement, III, 125.

— Dislocation de la — parlementaire vers 1836, ses causes, IV, 180 ; émiettement de la — parlementaire en 1840, 498.

— Conditions qui font les — durables, VI, 233 ; nécessité d'une forte — pour la bonne marche du régime parlementaire, 268.

— Part des fonctionnaires dans la majorité en 1846, VII, 114.

— Elle ne représente pas exactement le pays (1870), XII, 592.
V. *Gouvernement parlementaire, Politique intérieure.*

MALET (le général). Son complot, ignoré par la police, III, 166.

MALLEVILLE (M. Léon de —, député). Attaque la politique du gouvernement (1835), III, 94.

— Sa proposition relative au recensement (1841), VI, 100.

MANDAT IMPÉRATIF. Le — repoussé par M. Thiers, XII, 406.
V. *Loi électorale.*

MANDEVILLE (M.). Consul anglais à Buenos-Ayres, cité par M. Thiers (affaires de La Plata, 1842), VI, 368.

MANIFESTATIONS. Les — impérialistes de Satory (1850), IX, 59, 90.
V. *Second Empire, Napoléon III.*

MANIFESTE. Le — de M. Thiers aux électeurs du IX⁰ arrondissement en 1877, résumé des motifs qui l'ont inspiré, résultat, I, x.
— Texte du —, XV, 663.

MANUFACTURES. Discours prononcé par M. Thiers à l'ouverture des Conseils généraux des —, etc., le 15 février 1833, I, 541.
— Dispositions relatives au travail des enfants dans les —, VIII, 471.
V. *Commerce, Industrie, Libre-échange, Protection, Traités de commerce, Travail.*

MARABOUT. Affaire du bateau le — arrêté par un croiseur anglais, VI, 74.
V. *Traite des Noirs.*

MARCHAL (M. —, député). Rapporteur de la loi des comptes, son opinion sur les pensions invoquée par M. Thiers (1832), I, 419.

MARCHANDAGE. Rôle du — dans l'industrie. VIII, 486.
V. *Travail.*

MARCHÉ DES FONDS PUBLICS. Effets de l'amortissement sur le —, I, 395.

MARCHÉ ÉCONOMIQUE. Nécessité pour chaque pays de se réserver son propre marché, XI, 548.
V. *Commerce, Protection.*

MARCHÉS DE L'ÉTAT. Détails relatifs aux — de travaux pour les monuments de Paris (1836), III, 412.

MARIAGES ESPAGNOLS. Origines de la question des — (1844), VI, 280, 310.
— Appréciation de la question par M. Thiers, VII, 366, 393 : examen des faits, 368 ; historique des négociations, 370 ; attitude des Puissances, 425.
V. *Espagne, Politique extérieure, Quadruple alliance.*

MARIA. La reine doña — rentre à Lisbonne, II, 192.
V. *Portugal, Quadruple alliance.*

MARIE (M. —, membre du gouvernement provisoire de 1848). Caractères de sa loi sur la presse (loi du 11 août 1848), VIII, 278.

MARINE. Dépenses du ministère de la — au budget de 1832, I, 242 ; économies proposées par la commission du budget, 257 ; critiques adressées à la — en France (1831), 280 ; sa nécessité dans ce pays, 281 ; réduction du budget de la — par la Restauration, ses résultats, 358 ; effets d'une augmentation décidée en 1820, 360 ; son effectif nécessaire, selon M. Thiers (1832), 359.

sur la loi de 1872. XIV, 632 ; sa situation en 1872, 633.
V. *Protection, Traités de commerce.*

MARINS. Leurs obligations, III, 208.
— Qualités des — français, IX, 564.
V. *Inscription maritime, Marine marchande, Rapatriement, Règlements maritimes.*

MARMONT (le maréchal). Sa conduite en 1830, V, 418.

MAROC. Affaires du —, discours de M. Thiers (1845), VI, 569 ; soulèvement des Marocains par Abd-el-Kader, 570 ; détails sur l'affaire du - , 574 ; danger de former des prétentions sur le —, 576.
— La guerre contre le —, VIII, 332.
V. *Adresse, Angleterre, Abd-el-Kader, Politique extérieure.*

MARQUISES (les îles). Détails sur l'affaire des —, VI, 588.
— L'occupation des — est une faute (1846), VII, 173.
V. *Colonies.*

MARSEILLE. L'insurrection est préparée à — (1834), II, 601.
— Exagération des dépenses faites pour construire l'hôtel de la préfecture, IX, 639.
— Même sujet, X, 179.
— L'ordre compromis à — (1871), XIII, 184.
V. *Émeutes.*

MARTEL (M. —, député). Son amendement à la loi sur la presse (1868) XI, 441 ; il est rejeté, 507.

MARTIN (M. —, du Nord). Nommé ministre des Travaux publics et du Commerce (1836), IV, 3 ; ministre des Travaux publics (15 avril 1837), 173.
— Ministre de la Justice (1840), V, 152.
— Répond à M. Thiers sur l'affaire des congrégations religieuses (1845), VI. 665.

MARTINEZ DE LA ROSA (M.). Succès de son ministère (1835), IV, 36 ; il demande l'intervention française, 38.
V. *Espagne.*

MARTINIQUE (La). Son importance, IV, 571.
V. *Colonies.*

MASCARA. Nécessité de la destruction de —, IV, 136.
V. *Algérie.*

MASSÉNA. M. Thiers cite la défense de Gênes par —, V. 427.

MASSIEU DE CLERVAL (l'amiral). Sa conduite dans les affaires de La Plata, VI, 380.
V. *Plata (La).*

MATHIEU (M. —, de la Drôme, député). Sa proposition relative au droit au travail (1848), VIII, 57 ; réponse de M. Thiers, 90.

MATIÈRES FABRIQUÉES. Impossibilité d'établir un impôt sur les —, XIV, 91.
V. *Impôts.*

MATIÈRES PREMIÈRES. Préférences de M. Thiers pour l'impôt sur les —, XIV, 9 ; discours de M. Thiers dans la discussion d'un

de — après 1865, XI, 228 et suiv.;
sa propre conduite, 234.
V. *Mexique, Politique extérieure.*

MAYENCE. Importance stratégique
de —, XI, 72.

MAZARIN. Éloge de sa politique
extérieure, XI, 16.

MEAUX (M. de —, député). Réclame la dissolution des gardes
nationales, XIII, 460.
— Intervient dans la discussion des
nouveaux impôts (1872), XIV, 600.

MÉDIATION. En faveur de la Pologne, refus de l'Angleterre d'y
participer, I, 110; la — de la
France en Pologne a été impuissante, pourquoi, 430.
— Entre la France et les États-Unis
au sujet de l'affaire des indemnités, III, 599.
— Nécessité d'une — armée en Espagne, IV, 261.
V. *Espagne, États-Unis, Politique
extérieure, Pologne.*

MÉDICIS. La famille de —, citée
comme exemple, I, 179.

MÉDITERRANÉE. Politique de la
France dans la — (1834), II, 208.
— Son importance commerciale, III,
511; avenir de la France dans la
— (1836), 516.
— Situation de la France dans la
—, après la conquête d'Alger,
IV, 157.
— Lignes à vapeur créées dans la
—, V, 134; l'influence de la
France dans la — est sacrifiée
(novembre 1840), 231.
V. *Algérie, Orient, Politique
extérieure.*

MÈGE (M. —, ministre de l'Instruction publique). Son attitude
dans l'affaire Hohenzollern (1870),
XV, 501.
V. *Espagne, Prusse, Politique
extérieure.*

MÉHÉMET-ALI, pacha d'Égyte. Conquiert la Syrie, II, 191.
— Ses projets, IV, 426; ses prétentions en 1840, 433; opinion de
M. Thiers sur sa situation, 445;
opinion de M. Thiers sur —, 486.
— Discours de M. Thiers sur la
question d'Égypte (1840), V, 149;
ses dispositions en avril 1840,
194; il se met d'accord avec la
France après le traité du 15 juillet 1840, 220 et suiv.; dispositions de lord Palmerston vis-à-vis
de — à l'époque du 5 mai 1840,
283; il s'est rapproché de l'Angleterre (1841), 506; situation
minima qu'il convenait de lui
assurer, 562.
— Sa situation en 1840, VI, 32.
V. *Adresse, Égypte, Orient, Politique extérieure.*

MÉMOIRES DE NAPOLÉON Ier.
Discussion sur leur authenticité,
V, 398.
V. *Napoléon Ier.*

MENDICITÉ. Ses abus, moyens d'y
remédier, VIII, 540; question des
dépôts de —, 542.
V. *Assistance.*

MENDIZABAL (M.). Devient chef du
ministère espagnol, IV, 43.

MENEURS. Action des — dans les
troubles populaires, II, 361.
V. *Émeutes.*

MÉNEVAL (M. de). Cité par M. Thiers, XI, 75.

MÉRILHOU (M. —, ministre de la Justice). N'a pu réaliser des économies sur son ministère, I, 318.

MÉRIMÉE (M. Prosper). Sa démarche près de M. Thiers en 1870, XV, 519.

MESNARD (M. de). Arrêté avec la duchesse de Berry et renvoyé devant les tribunaux, I, 521.

MESSAGE de Louis-Napoléon Bonaparte (31 octobre 1850). Son effet sur la majorité, IX, 73.
— Du Président de la République à l'Assemblée nationale (1er septembre 1871), XIII, 479 ; du 13 septembre 1871 (proposition Target), 483 ; du 7 décembre 1871 (situation générale de la France), 525.
— Du 13 novembre 1872, XV, 1 ; incidents provoqués par sa lecture, 34 et suiv. ; l'Assemblée y répondra d'urgence, 43.
V. *Politique intérieure.*

MÉTALLURGIE. Progression des salaires dans la — (1848), VIII, 73.
— Effets des traités de commerce sur la —, XI, 576, 613.
— Situation de l'industrie de la — (1870), XII, 470, 562.
V. *Acquit-à-caution, Fers, Libre-échange, Protection, Traités de commerce.*

MÉTAUX PRÉCIEUX. Leur rôle dans la circulation, XV, 367 ; leur rôle dans l'ensemble des capitaux, XV, 398 ; utilité pour la Banque de France de se livrer régulièrement au commerce des —, 434.
V. *Circulation, Banque de France.*

METTERNICH (le prince de). Négocie à Florence pour l'évacuation des États du Pape, IV, 346.
— Son avis sur l'attitude de la Russie en 1839, V, 258.
— Son attitude dans la question italienne (1847), VII, 506.
— Démarche du — (le fils) auprès de M. Thiers (1870), XV, 522.
V. *Autriche, Italie, Politique extérieure.*

METZ. Observations de M. Thiers relatives à une demande d'enquête au sujet de la capitulation de —, XIII, 287 ; demande d'enquête formulée par le maréchal Bazaine, 288 ; disposition de la loi de 1812, 288.
— Effets du désastre de —, XIV, 211.
— Effets produits à Paris par la nouvelle de la reddition de — (1870), XV, 564, 581.

MEXICO. La ville de — occupée en mai 1863, IX, 493.
— Effets de cette occupation, XI, 199.

MEXIQUE. Relations de la France avec le —, V. 135.
— Inutilité de ses efforts pour soumettre le Texas, VII, 9 ; relations de la France avec le — en 1846, 11.
— Premier discours de M. Thiers sur l'expédition du — (Adresse de 1864), IX, notice, 447 ; exposé de

États-Unis dans l'affaire du —,
X, 356.
V. *Adresse, Almonte, Angleterre,
Espagne, Politique extérieure.*

MIGNET. Sa note sur le manifeste
de M. Thiers aux électeurs du
IXe arrondissement de Paris
(1877), XV, 663.

MIGUEL (don). Le duc de Fitz-
James demande que l'on soutienne
—, III, 438.
— Il est obligé de capituler, IV, 2;
causes de son échec, IV, 66.
V. *Portugal.*

MILAN (décret de). Justification du
—, III, 437.
V. *Blocus continental, Napo-
léon Ier.*

MILLIARD DES ÉMIGRÉS. M. Thiers
le reproche à la Restauration, III,
12; il se réduit en réalité à 652
millions, 591.
V. *Émigrés, Restauration.*

MINES. Prescriptions de la loi de
1810 sur les —, I, 346; proposition de M. d'Argenson sur les —
combattue par M. Thiers (1832),
347; calcul du produit des —
concédées en 1832, 347; il en
reste peu à concéder (1832), 347.

MINISTÈRES. Dépenses des divers
— au budget de 1832, I, 242;
économies proposées sur les dépenses des — au budget de 1832,
243 et suiv.; exemples des réformes réalisées dans le personnel
des —, 266; réforme du personnel
de 1814 à 1831 dans le — des Finances, 266; dans celui de la Guerre,

I, 267; observations sur la durée
du travail dans les —, 330; on
propose de dédoubler le — des
Finances, M. Thiers combat cette
proposition (1832), 360; résultats
produits par le dédoublement
sous l'Empire, 361.
— Réunion du ministère de la police
avec celui de l'Intérieur, III,
104; détails sur la construction
du — des affaires étrangères (quai
d'Orsay), 388; discours de
M. Thiers relatif au budget du —
de l'Intérieur (subventions aux
théâtres, 1836), 417; discours de
M. Thiers sur le budget du — des
Finances, 549.
— Question de l'installation des —
(1871), XIII, 291.
V. *Cabinet, Politique extérieure
et intérieure, Théâtres.*

MINISTRES. Leur action sur la division du budget selon la loi de
1817, I, 4; selon les ordonnances
de 1822 et 1827, 5; ils ont trop
de latitude avec la division du
budget par ministères, 6; il faut
cependant leur laisser une cer-
taine liberté d'action, motifs de
cette opinion, 7; le traitement
des — fixé à 80,000 francs par la
commission du budget de 1832,
243 et suiv.; supplément accordé
à celui des Affaires étrangères, 247;
au président du Conseil, 250; au
ministre de la Guerre, 256.
— Ils ne peuvent en aucun cas
décliner leur responsabilité, II,
169; les — doivent avoir le contrôle
de certains arrêtés municipaux,
214 et suiv.; les — doivent s'appuyer sur le concours des Chambres, 408; discours de M. Thiers
sur la responsabilité des — (1835),

II. 549; projet de loi sur la responsabilité des ministres et des fonctionnaires, 549.

— Ils ne peuvent éviter la calomnie,
III, 102 ; ils sont soumis à une
juridiction spéciale, pourquoi,
151 ; discours de M. Thiers sur
la responsabilité des — et agents
du pouvoir, 295.

— Ils doivent conserver leur libre
action, IV, 50 ; autre discours
de M. Thiers sur la responsabilité
des —, 367.

— Nécessité de la responsabilité
des —, VII, 349.

— Nécessité de la responsabilité
ministérielle, X, 34 ; force qu'ils
puisent dans l'appui des Assemblées, 358.

— Droits de la presse vis-à-vis des
—, XI, 379.

— La responsabilité des — considérée comme contrepoids de l'article 75 de la Constitution de l'an
VIII, 446.

— Nécessité de la responsabilité
ministérielle, XII, 325.

— Discussion sur l'établissement de
la responsabilité des — (1872),
XV, 64.

V. *Administration, Agents du
pouvoir, Angleterre, Gouvernement
parlementaire, Politique intérieure.*

MIRAMON (le général). Chef du
parti conservateur au Mexique,
IX, 462.

MISE EN ACCUSATION. Discours
de M. Thiers sur la proposition
Ledru-Rollin, contre le Président
de la République et les ministres
(1849), VIII, 245.

MISÈRE. Rapport de M. Thiers

sur les moyens de la combattre,
VIII, 450.
V. *Assistance.*

MISSIONNAIRES. Les — considérés
comme agents d'influence politique, XI, 319.
V. *Orient, Politique extérieure.
Syrie.*

MISTRAL (le vent). Effets du —
au point de vue du blocus de Tou-
lon, VI, 86.
V. *Marine, Ports.*

MITIDJA. Projets du général Rogniat
pour protéger la —, V, 97.
V. *Algérie.*

MOBILISATION. Proposition du
général Lamarque sur la — de
la garde nationale en 1831, discours de M. Thiers sur ce sujet,
I, 193.
V. *Armée.*

MODÉRATION. Effets politiques de
la — du gouvernement de Juillet
en Europe, I, 443 ; la — est une
force en politique, 485.
— Nécessité de la — dans le gouvernement, IV, 259.
V. *Politique extérieure et intérieure.*

MŒURS PUBLIQUES. Les — ne
peuvent être changées par le lé-
gislateur, I, 464.

MOGADOR. Nécessité d'évacuer —
(1844), VI, 581.
V. *Algérie, Maroc.*

MOLÉ (le comte). Président du
Conseil et ministre des Affaires
étrangères (1836), IV, 3 ; explique

les vues du Cabinet du 6 septembre 1836, 20 ; réponse de M. Thiers, 21 ; ses critiques contre le Cabinet du 22 février 1836, 79 ; réponse de M. Thiers, 80 ; président du Conseil (ministère du 15 avril 1837), 172 ; son opinion sur la portée de la quadruple alliance, 215 ; réponse au — sur la politique du Cabinet du 15 avril, 272 ; il essaye de justifier l'évacuation d'Ancone, réponse de M. Thiers, 331 ; impossibilité de l'associer au Cabinet du 1er mars 1840, 471.

— Parle sur le rôle de la Chambre des Pairs, V, 127.

MOLTKE (M. de). Son influence sur les négociations de novembre 1870, XV, 586.

MONARCHIE. La — représentative est la meilleure des républiques, I, 124 ; les conditions normales de la — exposées par M. Thiers, 153 ; la — représentative expliquée par M. Thiers, 155 et suiv.; ses avantages, 188 ; sa nécessité en France (1832), 496.

— Avantages de la — représentative sur la République, II, 272 ; la — représentative essayée par la Restauration, dans quelles conditions, 281 ; la — représentative, définie par M. Thiers, 406 ; la Restauration n'était pas en réalité une — représentative, 422 ; sa nécessité en France affirmée par M. Thiers (1834), 452.

— La — universelle est devenue impossible, III, 184 ; l'idée seule de la — universelle est une chimère, 612.

— M. Thiers affirme ses préféren

ces pour la monarchie constitutionnelle (1846), VII, 3 ; concert des — contre la France après 1789, 21 ; nécessité de la — en France, 347.

— Caractères de l'ancienne — française, X, 342 ; la — est nécessairement fondée sur la souveraineté nationale, 344.

— La — universelle évitée par la politique d'équilibre, XI, 12 ; diversité des formes de la —, 245.

— La — constitutionnelle désirée par M. Thiers, XIII, 317 ; caractères qu'elle doit affecter, 319.

— Impossibilité de rétablir la — (1872), XV, 92 ; même situation en 1873, 161 ; M. Thiers constate de nouveau l'impossibilité de rétablir la — en 1871, 636, 646, 676 ; son rétablissement amènerait la guerre civile, 683, 693.

V. *Gouvernement, Politique intérieure.*

MONNAIE. Idée émise par M. Thiers de joindre la — à la Banque de France, XV, 436.

MONNAIES. Effets des altérations des —, XV, 368 ; effets des crises monétaires, 425 ; nécessité de la monnaie de papier, 428.

V. *Banques, Circulation, Crédit.*

MONOPOLES. Certains — rétablis par des arrêtés municipaux, II, 219.

— Influence du traité du commerce avec la Hollande sur les —, V, 643.

— La protection commerciale ne constitue pas un —, XII, 585.

V. *Maires, Protection, Traités de commerce.*

— Autre discours de M. Thiers sur l'achèvement des — (1836), III, 365 ; nécessité d'une décoration intérieure pour les —, 394.
— Autre discours sur l'achèvement des — (1836), XV, 327.
V. *Paris*.

MONUMENT EXPIATOIRE. Texte du projet de loi relatif au — de Louis XVI (1871), XIII, 269.

MORALE. Nécessité des idées morales dans la société, X, 94.
— Nécessité de la sanction religieuse pour la —, XI, 303.
V. *Philosophie, Religion*.

MORÉE. Les frais de l'expédition de — sont retombés à la charge du régime de Juillet, III, 566.
V. *Grèce, Politique extérieure, Gouvernement de Juillet*.

MORMONS. Mesures prises contre les — aux États-Unis, X, 125.

MORNAY (le marquis de —, député). Son discours relatif à l'occupation de Cracovie (1836), III, 465.

MORTIER (le maréchal). Nommé à la présidence du Conseil (novembre 1834), II, 380 ; il l'accepte, 395 ; sa retraite du ministère (1835), 513.
V. *Cabinet, Politique intérieure*,

MORTIMER-TERNAUX (M. —, député). Observations de M. Thiers sur une question de — (affaires de Paris, 1871), XIII, 213.

MOSCA (M. —, député italien). Cité par M. Thiers (question romaine), X, 82.

MOSELLE. La — fermée aux importations hollandaises en France, V, 635 ; causes de cette interdiction, 637.
V. *Traités de commerce*.

MOTEURS HYDRAULIQUES. Avantages résultant de leur emploi en Suisse, 358, 444.
V. *Industrie, Protection*.

MOTS. Prestige des — dans diverses circonstances, XIV, 360.
V. *Formules*.

MOTU PROPRIO. Pie IX accorde par un — les libertés locales à ses sujets, VIII, 322.
V. *Italie, Papauté, Pie IX, Rome*.

MOUNIER (le baron —, pair de France). Prend part à la discussion sur la responsabilité des agents du pouvoir, III, 296 ; réponse de M. Thiers, 296, 311 ; son opinion sur la politique à suivre en Algérie, 619.
V. *Agents du pouvoir, Algérie, Ministres, Responsabilité*.

MOURGUES (M. —, capitaine au long cours). Cité par M. Thiers (aff. de La Plata, 1844), VI, 439.
V. *Plata (La), Montevideo*.

MOUSTIER (M. de —, ministre des Affaires étrangères). Sa conduite dans l'affaire du Mexique, XI, 233 ; réponse à — sur la question romaine, 258.

MOUTONS. Diminution du nombre des — en France, causes, XII, 483.
V. *Laines*.

MULHOUSE. Son développement, dû au système protecteur, III, 283.

MULTITUDE. Ses caractères, ses vices politiques, IX, 40 et suiv.; dommages causés à tous les pays par la —, 263.
V. *Liberté.*

MURAT. Il a sacrifié Napoléon à ses intérêts, I, 98.

MUSÉES. État des — réunis au Louvre (1833), II, 135.
V. *Monuments de Paris.*

MUSÉUM. Questions relatives à l'achèvement du —, III, 375 et suiv.
V. *Monuments de Paris.*

MUSIQUE. Dépenses énormes occasionnées par les théâtres de —, III, 426 et suiv.
V. *Opéra-Comique, Théâtres.*

MUTUELLISTES (Société des). Son action dans les troubles de Lyon (1834), II, 590.

N

NAPIER (le commodore). Bat la flottille de don Miguel, IV, 66.
— Sa convention avec Méhémet-Ali (1840), VI, 32.
V. *Égypte, Miguel, Portugal.*

NAPLES. L'affaire de — en 1840, V, 213.
V. *Politique extérieure.*

NAPOLÉON Ier. Son opinion sur la Pologne, I, 104 ; son opinion sur l'extension de la Russie en Europe, 105 ; ses motifs pour refaire la Pologne, 105; il veut régler lui-même la question russe, 106 ; il n'a pu refaire la Pologne, 106 : pourquoi il n'a pas refait la Pologne après Tilsitt, 107 ; il est affaibli par sa lutte contre le pape, 115 ; constitue une réserve métallique, 163 ; son opinion sur le luxe chez les fonctionnaires, 261 ; a jugé nécessaire de choisir ses diplomates parmi les hommes spéciaux, pourquoi, 351 ; sa manière de distribuer les pensions, 405 : il rappelle les émigrés, 411 ; il n'a pu unifier ni l'Italie, ni la Pologne, 436 ; il comprenait l'utilité de la diplomatie, 456 ; il a su éviter l'esprit d'exclusion, 458 ; il a appelé tout le monde à son service, sans distinction de caste, 459 ; sa politique intérieure pendant le Consulat, 492.

— Rétablit les impôts indirects, II, 25 ; ses projets pour l'achèvement du Louvre, 132; pourquoi il a accordé une amnistie en 1804, 477 ; son attitude vis-à-vis des partis, 482.

— Ses efforts pour constituer une ligue des neutres contre l'Angleterre, III, 41 ; — apprécié par M. Thiers, 42 ; son but en établissant le blocus continental, 43 : sa haine contre l'Angleterre, 50 ; il savait entendre la vérité, 53 ; sa politique vis-à-vis de l'Espagne, 181 ; sa haine contre les Anglais est justifiée, 437 ; ses vues sur l'Égypte, 512.

— Causes de son intervention en Espagne, IV, 27.

— Il fonde la Banque de France,

V, 9 ; a songé à fortifier Paris, 315 et suiv. ; son opinion sur le temps nécessaire pour faire un soldat, 391 ; sur l'utilité des places fortes, 392 ; côté positif de son génie, 398 ; son opinion sur la nécessité de fortifier Paris, 398 ; ses Mémoires sont-ils authentiques, 398 ; il a sauvé la Révolution en 1800, 403 ; motifs de son succès au 13 vendémiaire, 418.

— Il organise l'enseignement public, VI, 465 ; dispositions de — en matière de congrégations religieuses, 628 ; mesures prises en 1804 et 1809, 634 ; son opinion sur les fortifications de Paris, 668.

— Sens de sa conception en organisant l'Université, VII, 42 ; conséquences de sa politique en Espagne, 400 ; son rôle en Suisse, 522.

— Il a réorganisé l'enseignement et créé l'Université, VIII, 392.

— Prévoit la rivalité maritime des États-Unis et de l'Angleterre, IX, 162 ; consent à régner sous un régime de liberté, 366.

— Causes de sa chute, X, 364 ; son opinion sur les jeunes soldats, 519.

— Résultats de sa politique d'ambition, XI, 24 ; son opinion sur l'importance de Constantinople, 75.

— Cité par M. Thiers, XII, 83 ; projette la rue de Rivoli, 208 ; — homme de guerre, 628.

— M. Thiers cite un mot de — adressé à Talleyrand, XIII, 257.

— Son opinion sur la durée nécessaire du service militaire, XIV, 289.

— La France s'est livrée à —, XV, 110.

V. *Acte additionnel, Angleterre, Armée, Autriche, Bibliothèque, Politique extérieure, Politique intérieure.*

NAPOLÉON (Joseph). Sa conduite comme roi d'Espagne, VII, 400.

NAPOLÉON III. Il a peu d'action sur l'armée (1837), IV, 139 ; son coup de main de Strasbourg, 11.

— Appelé à la présidence de la République, VIII, 203 ; sa lettre à E. Ney (aff. de Rome, 1849), 308.

— Son attitude en 1850, IX, 59 et suiv. ; ses réformes politiques de 1861, 361.

— Son discours d'ouverture de la session de 1865, X, 1 ; variété des entreprises du gouvernement de —, 374.

— Son attitude après Sadowa, XI, 2 ; sa politique en 1866, 66, 144 ; exposé de son plan, 148 ; sa responsabilité dans l'affaire du Mexique, 242 ; son discours d'ouverture de la session de 1867, 343 ; cité par M. Thiers (discussion sur le libre-échange, 1868), 564.

— Dangers de sa politique pour la France, XII, 47.

— Proposition de déchéance contre — (1871), discours de M. Thiers, XIII, 28 ; sa rentrée en France combattue par M. Thiers (1848), XIII, 309.

V. *Allemagne, Mexique, Orient, Politique extérieure et intérieure, Prusse, Second Empire.*

NAPOLÉON (Jérôme). Explique

pour les achats de blé faits en
Russie, XV, 431.
V. *Banque de France, Politique
extérieure, Russie.*

NIEL (le maréchal). Bon effet
produit par ses armements en
1867, XII, 607.
— Résultats de son passage au ministère de la Guerre, XV, 510.
V. *Armée.*

NÎMES. Ses intérêts dans l'affaire
des indemnités d'Amérique. III.
16.

NOAILLES (le duc de —, membre
de la Chambre des Pairs). Combat
le projet de loi sur la garantie de
l'emprunt grec, II, 144 ; son opinions sur le procès d'avril (1835,
465.
— Sa critique du traité de la quadruple alliance (1836). III, 180 ;
réponse de M. Thiers, 181 ; ses
observations sur la politique extérieure (1836). 595 ; réponse de
M. Thiers. 596.
— Il parle sur la question d'Orient
(1840). IV. 494 ; réponse de M.
Thiers, 509.
V. *Politique extérieure.*

NOBLESSE. La — rétablie par Napoléon Ier, I. 177.

NOGENT-SAINT-LAURENS. (M. —.
député). Rapporteur du projet de
loi sur la presse (1868), XI. 359.
423.

NON-INTERVENTION. Le principe
de —, applicable à la Pologne. I.
110 ; principe de la —. proclamé
par Canning, par M. Thiers, son

application en 1830, I, 111 ; appliqué à la question d'Italie (1831).
112 ; signification exacte du
principe de —. 133; ses résultats
en Pologne. Italie, Belgique, 434 ;
le principe de — posé par la
France en 1830, conséquences en
Belgique, 425.
— Ce principe est opposé à celui de
la Sainte-Alliance. IV, 20.
V. *Belgique, Espagne, Intervention.
Politique extérieure.*

NON POSSUMUS. La raison d'être et
la portée du — papal, X, 144.
V. *Italie, Papauté.*

NORD (départements du). Crise du
coton dans les —. XII, 456.
V. *Coton, Protection.*

NORMANDIE. Crise du coton en —,
XII, 455.
V. *Coton, Protection.*

NOTAIRES. Les — de Paris et la
spéculation en 1825. III. 231.

NOTE du 8 octobre 1840. Sa portée.
V. 565.
V. *Orient, Politique extérieure.*

NOVARE. Affaire de —. VIII, 204.
V. *Italie. Piémont.*

NUIT du 4 août 1789. Sa portée. X,
43.
V. *Révolution.*

NUMÉRAIRE. Idées de Proudhon
sur le —, VIII, 87.
— La balance du commerce appliquée au —, XV, 462, le — comparé au papier, 472.
V. *Banque de France, Circulation.*

O

OBÉLISQUE (de Louqsor). Dépenses occasionnées par le transport de l' —, III, 399 ; même sujet, XV, 343.

OBLIGADO. Rosas battu à — par les Français, VIII, 358.
V. *Plata (La)*.

OBLIGATIONS TRENTENAIRES. Leur emploi sous le second Empire, X, 286.
V. *Emprunts, Finances*.

OBLIGATIONS DU TRÉSOR. Discours de M. Thiers sur la création de 200 millions d' — (11 mars 1831), I, 11 ; projet proposé par M. Laffitte, 11 ; discussion de ce projet à la Chambre, 12 ; leurs différences avec les bons royaux (1831), 18 ; avec les assignats, 19.
V. *Emprunts, Finances*.

O'BRIEN (le général). Le — cité par M. Thiers, VII, 239.
V. *Plata (La)*.

OBSERVATIONS diverses de M. Thiers : sur la suspension des séances de l'Assemblée nationale (19 février 1871), XIII, 5 ; sur la nécessité de prononcer l'urgence pour la discussion des préliminaires de paix (28 février 1871), 17 ; sur l'impression d'un rapport relatif aux finances (11 mars 1871), 103 ; sur les moyens de pacifier Paris (24 mars 1871), 139 ; sur la question de M. Mortimer-Ter-

naux (11 mai 1871), XIII, 213 ; sur une demande d'enquête relative à la capitulation de Metz (29 mai 1871), 287 ; sur la question des services ministériels (1er juin 1871), 291 ; sur les projets d'impôts nouveaux (12 juin 1871), 335 ; sur diverses propositions, 453.
V. *Finances, Impôts, Paris, Politique intérieure, Traité de Francfort*.

OCTROIS. La surcharge des — est le résultat des emprunts communaux, II, 84 ; les — alourdissent l'impôt des boissons (1834), 244.
— Ils sont surchargés de la contribution personnelle et mobilière dans les grandes villes, III, 363.
— Produit des — en 1851 et 1865, IX, 632.
— Motifs de la progression des — en France, XII, 184.
V. *Communes, Finances, Impôts*.

ODILON BARROT.
V. *Barrot (Odilon)*.

O'DONNEL (le maréchal). Cité par M. Thiers, XI, 175.

OFFICIERS. Causes de leur mécontentement en 1830, I, 145 ; nombre excessif des — généraux en 1831, 255 ; proposition de la commission du budget de 1832 pour réduire ce nombre, 256 ; solde des — en France, comparée à celle des — étrangers (1832), 357.
— Situation des — au point de vue pécuniaire, XII, 54.
— Question de la situation des — après la guerre, XIII, 565.
V. *Armée, Cadres*.

OLLIVIER (M. Émile —, député,

puis Garde des sceaux). Parle sur
la question de l'unité italienne.
X, 135.

— Soutient la politique des nationalités (1867), XI, 93 ; parle sur
la politique extérieure (décembre
1867), XI, 344.

— Ses déclarations relatives à l'incident entre la France et la Prusse
(1870), XII, 637, 650.

— Son attitude dans l'affaire Hohenzollern (1870), XV, 494.

V. *Espagne, Politique extérieure,
Prusse.*

OPÉRA. On demande la réduction
de la subvention de l' — (1833),
II, 315.

— M. Thiers pense à réunir l'Opéra-
Comique à l' —, III, 429.
V. *Théâtres.*

OPÉRA-COMIQUE. Nécessité d'en-
lever la subvention (1834), II,
322.

— Sa situation en 1836, III, 426 ; sa
subvention en 1836, 417 ; M. Thiers
pense à le réunir à l'Opéra, 429 ;
nécessité de conserver le genre
de l' —, 435.
V. *Théâtres.*

OPÉRATIONS de l'armée allemande.
Discours de M. Thiers sur une
proposition concernant les —
(29 mars 1871). XIII, 153.

OPINION PUBLIQUE. L' — en
Europe rendue favorable à la
France par une politique paci-
fique. I, 68 ; le gouvernement de
Juillet la suit fidèlement, 125 ;
l' — est favorable à la royauté en
1831, 155 ; mobilité de l' — en
France, 161 et suiv.

— Elle constitue la force du gouvernement (1836). III, 195.

— État de l'opinion des hommes
compétents en ce qui concerne
notre intervention en Espagne,
IV, 63 ; comment s'opère la con-
ciliation des —, 479.

— Force de l' — à propos de la
question d'Égypte, V, 266.

— Sa puissance en Europe (1848),
VII, 494.

— Son action sur le gouvernement,
X, 6 ; inconsistance de l' —, 126 ;
son importance actuelle, 344.

— Son action sur le pouvoir judiciaire, XI, 380 ; l' — considérée
comme le frein du pouvoir parlementaire, 478.

— Puissance de l' — en France,
XIII, 407.

— Puissance de l' — dans les relations internationales, XV, 31 ;
influence des assemblées délibé-
rantes sur l' —, 150.
V. *Allemagne, Angleterre, Politique extérieure, Politique intérieure.*

OPORTO. Circonstances de la prise
d' —, V, 433.
V. *Espagne.*

OPPOSITION. L' — parlementaire
ne fait pas d'émeutes, I, 140 ;
ses projets d'économie en 1828,
320 ; le gouvernement de Juillet
les a réalisés, 321 ; exagération
des économies réclamées par l' —
en 1832, 325 ; elle a pris de ter-
ribles engagements ; pourrait-elle
les remplir ? (1832). 319, 321 ;
les économies proposées par l' —
sont plutôt des transpositions de
dépenses (1832), 355 ; l' — ne

pourrait renoncer aux traditions diplomatiques établies (1832), I, 457 ; ses critiques contre la politique du gouvernement (1832). 468 ; critique de ses vues politiques (1832), 495 ; inanité de ses critiques contre la politique du gouvernement (1832), 498 ; divergences d'opinions qui la divisent (1832), 504 ; erreurs de l' — concernant la politique extérieure (1830-1833), 551.

— Son attitude inquiète l'Europe et oblige à des armements extraordinaires (1830-1833), II, 47 ; variations de son attitude dans les questions extérieures, 145 ; l' — est toujours portée à demander l'impossible, 155 ; diversité des systèmes dans l' — (1834), 178 ; ses diverses critiques exposées par M. Thiers (janvier 1834), 178 ; comment elle doit se manifester dans un pays libre, 273 ; sa responsabilité dans les troubles de 1834, 360 ; l' — serait incapable de gouverner (1835), 530.

— Ses doctrines sous la Restauration. III, 134 ; but de ses efforts sous la Restauration, 141.

— Son erreur au sujet de l'Espagne (1823), IV, 59 ; puissance de ses moyens après 1830, 183 ; l' — en 1830, son erreur d'appréciation, 236 ; ses attaques contre le régime de Juillet, 263 ; nécessité de tenir compte de l' —, 489.

— Son rôle selon M. Thiers, VI, 248 ; le gouvernement doit faire des concessions à l' —, 261.

— Faute commune de l' — sous tous les régimes, VII, 131 ; motifs du passage de M. Thiers dans l' —, 263 ; attaques du gouvernement contre l' —, 429, 585.

— Ses devoirs, XII, 285 ; attitude nouvelle de M. Thiers dans l'opposition (1870), 615.

— Son attitude vis-à-vis du Cabinet Ollivier, XV, 485.

V. *Angleterre, Politique intérieure et extérieure.*

O'QUIN (M. —, député). Rapporteur de la Commission du budget (1865), X, 257 ; réponse de M. Thiers à son rapport, 257.

V. *Budget, Finances.*

OR. Production d' — de la Russie. VIII, 146.

V. *Russie.*

ORAN. Les Espagnols occupent —. III, 626 ; Abd-el-Kader établi à —, 627.

— La situation dans la province d' —, IV, 135.

V. *Algérie.*

ORANGE (le prince d'). Exclu du trône de Belgique, pourquoi, I, 97.

V. *Belgique.*

ORDONNANCES. De répartition des crédits sous le régime de la loi de 1817, rendue tardivement, I, 4 ; doit être rendue en décembre (1822), 5 ; — de 1827, elle est incomplète, mais constitue une amélioration décisive en matière budgétaire, 5 ; ses dispositions, 5.

— Du 27 avril 1814, ses prescriptions relatives aux pensions militaires, II, 6.

— Danger des ouvertures de crédit par simple —, V, 587.

— De 1828 sur les petits séminaires. VI, 550.

— Relatives à l'Université sous la Restauration, VII, 35, 54.

— Leur force peut être confirmée et étendue par des actes divers postérieurs. VII. 59.

V. *Budget, Enseignement.*

ORDRE MORAL. Nécessité de le maintenir dans le pays, XIV, 519.

— Absence d' — en France (1873). XV, 198; ceux même qui le réclament contribuent à le troubler, 199; l' — est-il menacé? 200.

V. *Politique intérieure.*

ORDRE PUBLIC. L' — est aussi important que la liberté, II, 179; l' — est un élément de la patrie, 352.

— Nécessité d'assurer l' — et résolutions du Cabinet à cet égard, III, 243.

— Nécessité pour le gouvernement d'assurer l' — dans le pays, IX, 359.

— L'ordre matériel assuré en France (août 1871), XIII, 468; existence et causes du désordre moral, 472.

— Résultats du maintien de l' — en France (1872), XV. 25; nécessité absolue du maintien de l' —, 76.

V. *Politique intérieure.*

ORDRE SOCIAL. Les Puissances ont un intérêt général d' —, son importance, I, 442.

V. *Alliances, Politique extérieure.*

O'REILLY. Le nommé — condamné pour détention de munitions de guerre (1832), I, 471.

ORGANISATION DÉPARTEMEN-TALE. Projet de loi de 1833 sur

l'organisation départementale, discours de M. Thiers à ce sujet. I, 529.

V. *Conseil général, Département.*

ORGANISATION MILITAIRE. Nécessité d'une forte — (1870). XII, 606.

V. *Armée. Garde nationale mobile.*

ORIBE (Le général). Son attitude vis-à-vis de la flotte française (1840). IV, 555.

— Met le siège devant Montevideo, VI, 350, 375; actes de cruauté commis par —, 411.

— Même sujet. VII, 239.

— Ses violences contre les Français. VIII. 344, 369; reconnu comme président de la république de l'Uruguay, 373.

V. *Plata (La), Montevideo.*

ORIENT (Question d'). Intérêts de la France dans la —, II, 151: la — en 1834, 206; politique de la France dans la —, 207.

— Intérêts parallèles de la France et de l'Angleterre dans la —(1836), III, 456; la — définie par M. Thiers. 456; importance de la —, intérêts de la France et de l'Angleterre, 607.

— Discours de M. Thiers, relatif à la — (13 janvier 1840), IV, notice. 413; motifs de son intervention dans le débat, 417; il admet le système du gouvernement, 418; tendance de la Russie. 419; toute l'Europe veut le statu quo, 420; nécessité de l'alliance anglaise, 422; tendance vraie de la politique russe, 424; affaire du pacha d'Égypte, 426; ses vues. 427; politique à suivre en France, 428; situation actuelle de la Porte,

effets de cet événement sur les partis, 240.
V. *Régence*.

OTHON, roi de Grèce. Autorisé à contracter un emprunt sous la garantie des Puissances, II, 143.
— Causes qui ont déterminé le choix d' — comme roi de Grèce. III, 476 ; insurrection de l'Acarnanie contre lui, 480.
— Réformes imposées au roi —, VI, 281.
V. *Grèce*.

OUDINOT (le général). Dirige l'expédition de Rome (1849), VIII. 246.
V. *Italie, Papauté, Rome*.

OUEST (Chemin de fer de l'. Discours de M. Thiers relatif à l'achèvement de ce chemin de fer. IX, 115.
V. *Chemins de fer, Travaux publics*.

OUEST. La situation dans les départements de l' — en 1831, I. 138.
V. *Monarchie de Juillet*.

OUVRIERS. Les coalitions d' — (1834), II, 291 ; faible nombre des — de Lyon dans les rangs des insurgés d'avril 1834, 357.
— Les — ont peu recours aux caisses d'épargne (1837), IV, 115.
— Valeur technique des — français (1840), V, 138.
— Leur situation en 1848 comparée à celle des époques antérieures. VIII, 71 ; impossibilité de supprimer tout intermédiaire entre les — et le capital. 484, immigration

des — étrangers en France. VIII. 519 ; leur tendance à créer des sociétés de secours mutuels, 547 ; absence de la prévoyance chez l'ouvrier, 552.
— Prix de la vie pour l' — à Paris et à Londres (1851), IX, 230 : les bons —, chassés par les troubles politiques, portent nos industries à l'étranger (1848), 263.
— Effets des grands travaux urbains sur la population rurale. X, 417 et suiv.
— Effets du libre-échange sur la condition des —, XI, 543.
— Effets de la concentration industrielle sur la condition de l' —, XII, 552.
— Influence de l'Internationale sur la situation des —, XV, 630.
V. *Assistance, Émeutes, Travail*.

P

PACTE DE BORDEAUX. Le — de février 1871, sa portée, XIII, 312, 321.
— Circonstances de sa formation. XV, 81 ; ses clauses, 84 : nécessité de son maintien (1872, 95 : le — encore applicable en 1873. 130 ; sa signification, 132 ; nécessité de le continuer (1873, 168.
V. *Politique intérieure*.

PACTE DE FAMILLE. La politique du — observée par le gouvernement de Juillet. III, 452.
V. *Espagne*.

PAGÈS (M. —, député). Demande un impôt sur la rente (1832), I. 298 ; M. Thiers critique les pro-

litique sur la —, XII, 350 ; la paix
encore possible, à quelle condition?
(30 juin 1870), 617.
— La politique du gouvernement
français est une politique de —
(1872), XIII, 417.
— Motifs en faveur du maintien de
la — en Europe, XIV, 190.
V. *Politique extérieure*.

PAIXHANS (le général). Invente
les navires cuirassés, IX, 563.
— Même sujet, X, 200.
V. *Marine*.

PALAIS DE CRISTAL de Londres.
But de sa construction, IX, 203.
V. *Exposition*.

PALERME. Le port de — bombardé
par le gouvernement napolitain
(1847). VII, 491.
— Insurrection à — contre l'union
à l'Italie, XI, 114.
V. *Italie*.

PALMERSTON (Lord). Son opinion
sur l'occupation de Cracovie. III,
465.
— Sa politique en Orient (1840),
IV, 414.
— Ses vues à propos de la question
d'Égypte. V, 150 ; son plan d'action commune en Orient (1839),
160 ; son attitude en mai-juin 1840,
203 ; blâmé en Angleterre pour sa
conduite vis-à-vis de la France
(1840), 212 ; son opinion touchant
l'attitude probable de la France
après le traité de juillet 1840, 218 ;
son attitude en 1836 et en 1839,
244 ; ses propositions relatives à
l'Égypte au 5 mai 1840, 283 ; motifs de sa détermination en juillet
1840, 289 ; nouvel exposé de ses
idées sur l'attitude probable de la

France après son échec dans la
question d'Égypte, V, 292.
— Sa réputation en Europe après
1830, VI, 17.
— Son attitude dans l'affaire des
mariages espagnols, VII, 379.
V. *Angleterre*, *Espagne*, *Orient*,
Politique extérieure, *Pologne*

PANAMA. L'idée de percer l'isthme
de — appréciée par M. Thiers.
VIII, 357.
V. *Isthme de Panama*.

PANTHÉON. Nécessité d'une décoration intérieure pour le —, III,
394.
V. *Monuments de Paris*, *Paris*.

PAPAUTÉ. Force de son principe,
I, 115.
— Convention avec la — au sujet
des Romagnes, IV, 332 ; nécessité
d'assurer la liberté de la —, 338 ;
la — a eu souvent besoin de la
France, 348.
— Utilité de son indépendance, VIII,
314.
— Nécessité du pouvoir temporel
X, 55 : atteinte portée à la liberté de conscience par la spoliation du domaine de la —, 57 :
nécessité de la souveraineté temporelle au point de vue catholique,
102 : la France a le sort de la —
entre ses mains, au point de vue
du pouvoir temporel (1865), 105 ;
sans pouvoir temporel la — n'est
pas libre, 115 ; droits des Romains
vis-à-vis de la —, 128 ; détails sur
la question romaine (avril 1865),
135 : faits qui ont amené le démembrement des États de la —,
141 : la — ne peut abandonner sa
situation temporelle, 147.

— Sa situation (1867), XI, 123 ; discours de M. Thiers sur la question romaine (1867), 255 ; droits
du pape, 257 ; ses prétentions sur
Rome, 258 ; politique à suivre par
la France, 262 ; ses droits vis-à-
vis de l'Italie, ses devoirs envers
le pape, 263 ; difficultés résultant
de l'unité. 265 ; dangers d'un conflit religieux, 266 ; erreur du parti
libéral dans la question de la papauté, 267 ; nécessité de laisser à
Rome les troupes françaises, 268,
288 ; attitude de la France devant les empiétements de la maison de Savoie, 290 ; la convention du 15 septembre, 294 ; la
France a le droit de préserver
Rome, 298 ; motifs de cette politique, 301 ; raisons qui militent en
faveur de la souveraineté temporelle du pape, 312 ; responsabilité
de la France en cas de chute de
la —, 322 ; signification de l'occupation française, 326 ; situation
actuelle de la —, 330 ; nécessité
de régler définitivement la question, 338.
— Discours de M. Thiers relatif au
rétablissement du pouvoir temporel (1871), XIII, 405 ; effets de
l'opinion en France, 407 ; sa situation avant 1859, 408 ; faute com-
mise en Italie, 409 ; danger de tou-
cher aux questions religieuses,
410 ; rôle de la France comme pro-
tectrice du catholicisme, 412 ; situation de la —, 413 ; impossibilité
d'intervenir, 414 ; politique pacifique du gouvernement, 417 ; son attitude vis-à-vis de la —, 419 ; effets
du Concordat, 421 ; obligations qui
en résultent, 422 ; ordre du jour
Marcel Barthe, 426 ; adhésion de la
gauche, protestation de la droite,

XIII, 428 ; nécessité de l'union, 430 ;
politique de la France à l'égard du
pape (1871), 543.
— Nécessité de soutenir la —, XV,
78.
V. *Italie, Politique extérieure,
Rome.*

PAPIER. L'impôt sur le — n'en a
pas ralenti la fabrication, XIV,
663.
V. *Impôts.*

PAPIER-MONNAIE. Le — repoussé
par M. Thiers (1848), VIII, 52 ;
discours de M. Thiers sur le —
(10 octobre 1848), notice 107 ;
abus du — pendant la Révolution,
110 et suiv. ; divers procédés
d'émission du —, 142 ; leurs effets
sur le numéraire, 150 ; sur le crédit, 154 ; sur les finances publiques, 156.
— Il est employé comme moyen de
préparer le communisme, IX, 18.
— Rôle du — dans la circulation,
XV, 368.
V. *Angleterre, Assignat, Banques,
Billet de Banque, Crédit, Finances,
Russie.*

PAQUEBOTS. Établis pour le service
postal dans la Méditerranée, III,
569.
— Discours de M. Thiers relatif aux
— transatlantiques (3 juillet 1840),
V, 131 ; les services de — se multi-
plient partout, 133 ; points de départ des services français, 146.
V. *Havre (le), Marine marchande,
Méditerranée.*

PARIS. Donne le mot d'ordre aux
insurgés d'Italie (1830), I, 113.
— Discours de M. Thiers sur l'achèvement des monuments de Paris
(30 mai 1833), 113 ; exemple d'un

ment vis-à-vis des insurgés, XIII,
121 : refus de rendre les canons,
122 ; conduite de l'armée, 124 ;
nécessité d'abandonner Paris, 127 ;
observations de M. Thiers sur une
proposition concernant les mesures à prendre pour pacifier —
(24 mars 1871), 139 ; proposition
Arnaud de l'Ariège, 139 ; nécessité
d'éviter tout débat public sur la
question de —, 140 ; discours de
M. Thiers sur une proposition
concernant des maires de —
(27 mars 1871). nécessité de réserver les principes pour rester unis,
145 ; engagement de ne rien faire
contre aucun parti, 148 ; conseils
aux divers partis, 150 ; communication de M. Thiers relative aux
événements de — (27 avril 1871),
189 ; reconstitution de l'armée,
191 ; la liberté établie en France,
196 ; il n'existe pas de complots
contre la République, 197 ; faible
nombre des soldats engagés dans
l'insurrection, 198 ; le droit est du
côté du gouvernement, 200 ; dangers des projets communalistes,
202 ; communication de M. Thiers
relative à l'entrée des troupes
dans — (22 mai 1871). 263 ; attitude de l'armée, 264 ; prise du
Point-du-Jour, 265 ; caractère de
la répression à opérer, 266 ;
projet de loi tendant à la réédifi-
cation de la colonne Vendôme et
de la Chapelle expiatoire, 268 ;
vote d'une résolution portant que
l'armée et M. Thiers ont bien
mérité de la patrie, 270 ; discours
de M. Thiers relatif aux événements de — (24 mai 1871), 273 ;
incendie des monuments, 275 ;
nécessité de punir, mais légale-
ment, 278 ; tentative pour réorga-

niser la garde nationale, XIII, 280 ;
attitude de M. Jules Ferry comme
préfet de la Seine, 281 ; rôle de —
pendant la guerre de 1870-1871,
313 ; utilité de sa résistance en
1870, 355 ; nécessité d'indemniser
les personnes lésées par l'entrée
des troupes dans — (1871), 446.
— Discours de M. Thiers sur les
nouveaux forts à construire autour
de — (1874), XV, 225 ; but pri-
mitif des fortifications de —,
danger d'étendre le système, 236 ;
force de l'enceinte ancienne, 242 ;
points à compléter, 246 ; danger
des forts avancés, 257 ; nécessité
d'étudier plus à fond la question,
267 ; danger d'exagérer les dépenses militaires, 272 ; discussion
des points nouveaux à couvrir,
278 ; nécessité de couvrir Versailles, 285 ; discours de M. Thiers
relatif à l'achèvement des monuments de — (1836), 327 ; difficulté
d'éviter les dépenses imprévues,
329 ; travaux du Jardin des plantes,
330 ; du Collège de France, 334 ;
du palais du quai d'Orsay, 336 ;
de la Madeleine, 339 ; de l'obélisque de Louqsor, 343 ; inférie-
rité du système de l'adjudication
pour les grands travaux publics,
346 ; utilité de sa résistance en
1870, 558 ; influence des troubles
de Paris sur les négociations de
novembre 1870, 560 ; déposition
de M. Thiers relative aux événements du 18 mars (24 août 1871),
567 et suiv. ; sa situation après la
sortie des Allemands (1871), 592 ;
détails sur la journée du 18 mars,
607.

V. *Commune de Paris, Fortifications de Paris, Monuments de
Paris.*

PARISIS (Mgr. —, évêque de Langres). Appréciation de ses vues relatives au projet de loi sur l'Instruction publique. VIII, 646; parle dans la discussion de la loi sur l'enseignement (question des congrégations, 1850), 661. 671.
V. *Congrégations, Enseignement, Instruction publique.*

PARLEMENTS judiciaires. Leur action sur les Universités avant 1789, VI, 463.
V. *Enseignement, Université.*

PARLEMENT représentatif. Le — comparé aux assemblées de l'Antiquité, I, 157.
— Ils ont parfois gêné l'action judiciaire, III, 304.
— Efforts faits dans le — anglais pour diminuer la corruption des individus par le pouvoir. VII, 106.
— Sa responsabilité en matière de finances, X, 182.
— Nécessité d'assurer au — une liberté entière, XII, 320.
— Utilité du système des deux Chambres, XV, 151.
V. *Administration, Gouvernement parlementaire, Liberté, Pairie.*

PARLEMENTAIRE. Caractère du Cabinet dans le gouvernement —. IV, 495.
— Définition du système dit —. XV, 156.
V. *Cabinet, Gouvernement parlementaire, Ministère.*

PARQUET. L'institution du — désirée en Angleterre, I, 277.

PARTAGE POLITIQUE. La France

ne peut admettre aucun acte de — en Europe (1842), VI, 56.
V. *Politique extérieure.*

PARTI. Le — républicain est devenu parti de gouvernement, I, 8; situation des — en 1831, 57; attitude du gouvernement de Juillet envers les —, 126; situation des — en 1831, 127; effet des conspirations sur les —, 128; le — des modérés, son importance. 134; les — se réunissent pour faire des émeutes. 139; attitude du — patriote en 1832, nécessité de le réprimer, 485; aspirations du — révolutionnaire (1832), 503; les — désirent que le gouvernement intente un procès politique à la duchesse de Berry, 526; tendances du — ultra royaliste sous la Restauration, 285; tendances du — républicain (1834), 286.
— Attitude des — selon l'état de leurs forces, II, 356: les — présentent l'état de l'Europe comme menaçant (1834), 415; nécessité de contenir les —, 424; les — en 1835. 478; impossibilité de les réconcilier autrement que par l'épuisement, II, 482; le parti du juste-milieu défini par M. Thiers (1835), 541; impossibilité d'une fusion des — (1835), 542; aveuglement général des —. 600.
— Persistance de leurs menées (1835), III, 93; difficulté d'éviter leurs calomnies. 102; leur attitude vis-à-vis de la révolution de Juillet, 131; le gouvernement ne doit pas faire d'avances aux —, 194, leur action sous la Restauration, 588.
— Faiblesse des — en Espagne

(1836), IV, 52; état des — dans la Chambre des députés en 1840, 474.

— Effet produit sur les — par la mort du duc d'Orléans (1842), 240; idées du — conservateur exposées par M. Thiers (1844), 259; état des — dans les Chambres (1844), 259; tendances des — (1844), 260.

— Leurs fautes en Italie (1849), VIII, 312.

— Division des — en 1851, IX, 64; leur situation en 1851, 106; utilité du jeu des —, 419.

— Erreurs du — libéral en matière de politique extérieure, XI, 32; opinion du — libéral allemand sur la question de l'unité, 50; le — libéral n'a pas fait l'unité de l'Italie, 117; conséquences de l'unité, 120.

— Leur situation en 1871, nécessité de les concilier provisoirement, XIII, 88 et suiv.; engagement pris par le gouvernement de ne rien faire contre aucun — (1871), 149; dangers résultant des passions des — en 1871, 578.

— Efforts de M. Thiers pour ménager les — (1872), XV, 96; leurs divisions (1872), 110; situation des — en 1873, 127; situation des — dans l'Assemblée nationale (1873), 180; leur impuissance à rétablir la monarchie en 1871 et 1874, 636, 646, 650.

V. *Administration, Gouvernement parlementaire, Libéralisme, Opposition, Politique intérieure, Tory, Whig.*

PASSY (M. H. —, député). Fait partie du ministère des trois jours (1834), II, 380.

— Réclame la réduction de la rente (1836), III, 200; nommé ministre du Commerce (1836), 239; son second projet de loi sur les douanes (1836), 345; ses réserves au sujet de l'occupation d'Alger (1836), 501, 622.

— Son opinion sur l'opportunité d'une intervention en Espagne, IV, 84; son rôle dans la crise ministérielle de mars 1839, 406; nommé ministre des Finances (1839), 411.

— Ses explications relatives à la politique du Cabinet du 12 mai en Égypte, V, 237; réponse de M. Thiers, 241.

V. *Douanes, Égypte, Orient.*

PATENTES. Précision et valeur de l'impôt des —, XIV, 426; ses avantages, bases de l'assiette, 435; discours de M. Thiers sur le projet Gaslonde, relatif aux — et autres impôts (12 juillet 1872), 483; second discours sur le même sujet (13 juillet), 535; proposition Féray relative aux — (1872), 551; discours de M. Thiers à ce sujet (16 juillet), 552; question de la revision des —, 556; l'impôt des — est un des mieux établis, 561.

V. *Impôts.*

PATRIE. Distinction entre la — matérielle et la — morale, XV, 141.

PATRIOTES. Abus de cette appellation en 1830, I, 55; causes des poursuites fréquentes exercées contre les —, 57; leur erreur touchant les moyens de faire la guerre, 90; leur attitude en 1832, 485.

V. *Gouvernement de Juillet, Partis, Politique intérieure.*

PETIT (M. —, chargé d'affaires de
France aux États-Unis). Cité
par M. Thiers. III. 52.

PÉTITION. Action du droit de — au
point de vue de la responsabilité
des fonctionnaires, III. 299.
V. *Agent du pouvoir, Fonctionnaires, Responsabilité.*

PÉTROLE. Emploi du — par les
communards (1871). XIII. 276.
V. *Commune de Paris.*

PEUPLES. Les — changent d'alliances en même temps que d'intérêts. III. 446 et suiv.
-- Leur sympathie pour la cause
révolutionnaire, sa valeur dans
un conflit avec l'Europe (1849).
VIII. 214.
— Le peuple doit être distingué de
la multitude. IX. 49.
V. *Élections, Loi électorale, Multitude.*

PEYRON. Le nommé — condamné
pour port du drapeau rouge (juin
1832). I. 472.

PHILIPPE V. Sa politique vis-à-vis
de la France. VII. 399.
V. *Espagne, Politique extérieure.*

PHILIPPE DE GIRARD. Sa machine
à filer le lin réimportée en France,
IX, 209.
V. *Lin.*

PHILOSOPHIE. Nécessité de l'enseignement de la —, VI, 541.
— On peut concilier la religion et
la —, VIII, 446, 651 ; M. de Lasteyrie propose de l'exclure des programmes de l'enseignement secon-

daire (1850), VIII. 653, discours
de M. Thiers à ce sujet, 655.
— Opinion de M. Thiers sur le rôle
de l'État en matière de cultes, XI.
301.
V. *Instruction publique, Religion.*

PICARD (M. —, Ernest, député).
Parle sur les travaux de Paris, XII.
170 ; son interpellation sur l'application du décret du 2 février 1852,
271.
— Nommé ministre de l'Intérieur
(1871). XIII. 8.

PICHON (M. —, consul à Montevideo). Sa conduite est incriminée
par M. Thiers (1844), VI. 351.
376 ; son attitude vis-à-vis des
résidents français. 426.
V. *Plata (La).*

PIE IX. Amnistie les condamnés
politiques (1846). VII. 359 ; effet de
ses premières réformes en Italie.
420 ; détails sur ses premières
réformes. 487.
— Sa retraite à Gaëte. VIII, 204 ;
ses réformes en 1849, 322.
— Son attitude vis-à-vis de la France
en 1870-1871. XIII. 420.
V. *Italie, Papauté. Piémont, Rome.*

PIÉMONT. Ses forces militaires dis-
ponibles en 1831, I. 216.
— Attaques dirigées contre le —
par les réfugiés politiques (1834).
IV, 4.
— Politique à suivre à l'égard du
— (1849). VIII, 237.
— Son rôle dans l'unification de
l'Italie. X. 74.
V. *Italie.*

PIERRE A BÂTIR. Qualité de la —
de Château-Landon, III, 382.
V. *Monuments de Paris.*

PIRATERIE. La France l'a détruite
dans la Méditerranée, III, 509;
— des Barbaresques, nécessité
d'une répression, 516.
— Dans la Méditerranée, son extinction, IV, 157; la France pourrait
l'utiliser en cas de guerre maritime, 158.
V. *Algérie.*

PISCATORY (M. —, député). Recommande l'occupation limitée de
l'Algérie, IV, 148; attaque la politique étrangère du gouvernement
(1839), 353; son opinion sur l'Algérie (1840), 635.
V. *Algérie.*

PITT (William). Exemple de la vie
de — cité par M. Thiers, I, 178.
—Le Cabinet présidé par — divisé
sur la question de la traite, II,
173.
—Attaques de la presse contre —,
III, 142.
— Son opinion sur la publicité
donnée aux excès commis dans la
répression de la traite, III, 548.
— Attaques dirigées contre lui, IV,
130,
— Il veut diviser l'Allemagne et la
France, VI, 11.
V. *Angleterre, Politique exté-
rieure, Traite des noirs.*

PLACES FORTES. Opinion de Napoléon Ier sur l'utilité des —, V,
392; la question des — en 1818,
453 et suiv.
V. *Fortifications de Paris.*

PLAN. Du recueil des discours de
M. Thiers, I, xi.

PLATA (La). Discours de M. Thiers
relatif aux affaires de — (1840),
IV, notice, 547; exposé de la question, 548; politique suivie à —,
552; difficultés de la question,
559.
— Autre discours de M. Thiers concernant les affaires de — (29 mai
1844), VI, notice, 349; position de
la question, 352; situation réciproque des partis à —, 355; activité de l'émigration française à
—, 358; politique de M. Thiers à
—, 360; rôle de Montevideo dans
le blocus de —, 363; procédés
violents de Rosas, 364; suites de
la guerre entre Oribe et Rivera,
367; conduite des agents français à —, 367; conduite des volontaires français à —, 376; affaire du blocus, 391; nécessité d'une
action commune de la France et
de l'Angleterre, 394; questions
posées au gouvernement, 395;
autre discours sur le même sujet
(31 mai 1844), notice, 399; nécessité d'une enquête, 401; chiffre
des réclamations contre Rosas,
402; conduite d'Oribe, 411; inexécution du traité signé avec Rosas,
412; politique de M. Thiers à —,
415; critique de la politique du
Cabinet, 418; nécessité d'assurer
l'indépendance de Montevideo,
421; politique de M. Guizot, ses
effets, 423; conduite de l'agent
français à Montevideo, 426; blocus
de cette ville, 439.
— Autre discours de M. Thiers
sur les affaires de — (13 mai 1846),
VII, notice, 237; mission Deffaudis à —, 237; nécessité d'agir à —

VII, 238; mission O'Brien, 239; politique suivie vis-à-vis de Rosas, 241; situation à Montevideo, 243; politique à suivre à —, 247.
— La France doit intervenir dans les affaires de — (1849), VIII, 333.
V. *Montevideo, Oribe, Politique extérieure, Rosas.*

PLÉBISCITE. Le — employé comme conséquence de la théorie des nationalités, ses conséquences, XI, 113.
V. *Nationalité, Politique extérieure.*

PLICHON (M. —, député). Parle sur la question de la marine marchande (1866), X, 561.
V. *Marine marchande, Protection.*

PLUCHET (M. Émile). Cité par M. Thiers, X, 431.

PLUS-VALUES. Des impôts indirects sous la Restauration, II, 27.
V. *Finances, Impôts, Restauration.*

PODENAS (M. de —, député). Ses critiques contre l'amortissement (1832), I, 375.
V. *Amortissement, Dette publique.*

POIDS ET MESURES. La commission du budget de 1832 propose de supprimer la dépense des —, I, 251.
V. *Budgets, Finances.*

POIREL (M. —, ingénieur). Ses travaux relatifs au port d'Alger, VI, 83 et suiv.

POLANGEN. Le port de —, impossibilité de s'en servir pour secourir la Pologne, I, 108.
V. *Politique extérieure, Pologne, Russie.*

POLICE. Les règlements de — municipale ont force de loi, II, 60; abus des règlements de — municipale par les maires, 63; arrêté préfectoral relatif à la — de la ville de Lyon (1839), 584.
— Nécessité d'une — secrète, III, 98; nécessité d'une — politique, 100; les dépenses de — sous l'Empire et la Restauration, 104 et suiv.); difficultés de son rôle, 165; une — secrète est indispensable, 167.
— Questions relatives à la — des habitations, VIII, 544.
— Rôle de la — dans les affaires de juillet 1870, XV, 502.
V. *Émeutes, Finances, Maires.*

POLIGNAC (le ministère). N'a pu présenter le budget de 1831, I, 225.
— Consent à négocier avec les États-Unis sur la question de l'indemnité, III, 32.
V. *Budget, États-Unis*

POLITIQUE GÉNÉRALE. Du gouvernement en 1830-1831, ses résultats, I, 116; la — est une science d'observation, 153; conséquences de l'esprit d'exclusion en politique (1832), 458; du gouvernement de Juillet, justifiée par M. Thiers (1832), 483; l'absolutisme populaire repoussé par M. Thiers (1833), 538.
— Du Cabinet du 22 février 1836, III, 240 et suiv.; danger des systèmes absolus en —, 601.

POLITIQUE EXTÉR.

aux électeurs du IXe arrondissement de Paris, XV, 966 ; situation en 1877, 665 ; attitude de l'administration depuis 1873, 678 ; nécessité d'un état gouvernemental stable, 682 ; pression électorale en 1877, 686 ; effets d'une réaction aveugle dans le gouvernement, 690 ; principes de la Constitution de 1875, 694.

V. *Administration, Adresse, Budget, Cabinet, Charte, Constitution, Finances, Gouvernement, Impôts, Liberté, Ministres, Presse, République.*

POLK (le président). Son message aux Chambres américaines (1845), VII, 2 et 6.

V. *État-Unis, Mexique, Texas.*

POLOGNE. Sympathie de M. Thiers pour la —, I, 70 ; inutilité et impossibilité de la secourir, 71 ; résolutions du gouvernement à son égard, 78 ; intérêt qui s'attache à la —, 101 ; insuccès constants de la — dans le Nord, pourquoi, 102 ; opinion de Napoléon Ier sur la —, 104 ; nature de l'intérêt qu'elle excite, 104 ; la — n'est pas une alliée utile pour la France, 104 ; motifs de Napoléon Ier pour reconstituer la —, 105 ; il n'y est pas parvenu, 106 ; la République n'a pu la refaire, le Cabinet de Versailles pas davantage, 107 ; impossibilité de la secourir, 108 ; négociations en sa faveur, leur insuccès, 109 ; le principe de non-intervention lui est applicable, 110 ; l'Angleterre refuse d'intervenir en sa faveur, 110 ; le gouvernement français n'a pas entravé sa résistance, I, 111 ; influence des clubs sur les opérations militaires, 111 ; effet des conspirations en Pologne, 129 ; la France ne pouvait intervenir en — en 1830, pourquoi ? 428 ; ambiguïté des Traités de Vienne en ce qui concerne la —, 430 ; impuissance de la France vis-à-vis de la révolution de —, 489 ; intervention de l'opposition en faveur de la Pologne en 1833, 559 et suiv.

— Inutilité de la — au point de vue français, II, 154 ; la Chambre ajoute un paragraphe en faveur de la — à l'adresse de 1834, 194 ; causes de l'abstention de la France dans les affaires de — (1833), 199, 204 ; attitude du gouvernement français vis-à-vis de la —, 306 ; sa situation vis-à-vis de la France après 1815, 495.

— Impossibilité de la secourir en 1831, IV, 244.

— L'inertie de la France a facilité le partage de la —, VI, 47 ; son rôle dans la politique russe, 303.

— Effets des négociations entamées pour la — (1866), X, 302 ; leur inutilité, 399 ; influence des affaires de — sur la question danoise, 595.

— Dangers et inutilité d'une politique active en faveur de la —, XI, 32.

V. *Angleterre, Autriche, Politique extérieure, Prusse, Russie.*

POMARÉ, reine de Tahiti. Traité avec la France (1842), VI, 337.

V. *Tahiti.*

PONS (M. —, député). Sa proposi-

tion relative aux pensions (1832), I, 402.
V. *Pensions.*

PONT D'ARCOLE. Affaire du — (1833), II, 607.

PONTOIS (M. de). Ambassadeur à Constantinople ; instructions qui lui sont données par M. Thiers en mars 1840, V, 191.

PONTS ET CHAUSSÉES. Augmentation des crédits pour les — (budget de 1835), II, 420.
— Supériorité de l'administration des — en matière de travaux publics, XV, 310.
V. *Budget, Travaux publics.*

POPULARITÉ. L'estime des hommes éclairés vaut mieux que la —, I, 459.

POPULATION. Discours de M. Thiers sur la question du recensement de la — (1842), VI, 99.
— Mouvement de la — rurale vers les villes, X, 417.
— Influence du recrutement sur la —, XIV, 271.

PORTALIS (M. —, pair de France). Son rapport sur la pétition de M. de Montlosier contre les Jésuites, VI, 642.

PORT D'ALGER. Discours de M. Thiers sur le — (1842), VI, 83 ; son importance au point de vue militaire, 98.
V. *Alger, Algérie.*

PORTS MILITAIRES. Rôle des chemins de fer dans la défense des —, IX, 124.

PORTEFEUILLE du Trésor. Sa situation en 1831, I, 34 ; sa composition, son procédé de recouvrement (1832), 338 ; on propose de le négocier, inconvénients de cette méthode, 339.
V. *Budget, Emprunts publics, Finances, Receveurs généraux, Trésor.*

PORTUGAL. La France intervient en —, I, 67.
— Rétablissement de la reine dona Maria en —, II, 192.
— Sa situation commerciale. III. 282.
— Ses engagements vis-à-vis de la quadruple alliance (1834), IV, 33 ; causes de l'échec de don Miguel en —, 66.
V. *Angleterre, Espagne, Intervention, Politique extérieure.*

POSTES. Augmentation des crédits pour le service rural (budget de 1835), II, 420.
— Augmentation de dépenses et extension du service de 1830 à 1836, III, 569.

POTHUAU (l'amiral). Nommé ministre de la Marine (1871). XIII, 8.

POUVOIRS POLITIQUES. Mission des — en France, I, 162 ; les — ont seuls le droit de faire des électeurs, 538.
— Leurs inconvénients, II, 424.
— Opinion de M. Thiers sur l'existence d'un — constituant, VI, 214 ; il réside dans les Chambres, 216.
— Dangers du — absolu. X, 39 ; comment le droit d'initiative peut devenir un pouvoir absolu, 40.

cessité du journal à côté du livre, XI, 374; cautionnement, sa raison d'être, 377; détermination des délits de —, 378; droits de la presse quant aux actes des fonctionnaires, 379; choix du tribunal, 385; nécessité de la publicité des débats, 386; vœu du pays en faveur de la liberté de la —, 390; besoins modernes en matière d'informations, 394; effets des moyens actuels de communication sur l'esprit public, 394; défaut d'une commune mesure pour juger les écarts de la —, 400; nécessité de la liberté, 404; régime de la — en Angleterre, 407; rôle de la — comme organe de la nation, 408; influence de la liberté sur les affaires publiques en 1848, 412; la liberté de la — est liée à la liberté politique, 415; tableau des libertés nécessaires, 416; second discours de M. Thiers sur la liberté de la —, 423; but des lois de septembre 1835, 426; compétence de la Cour des pairs, sa raison d'être; 431; troisième discours relatif à la liberté de la — (8 février 1868), 435; portée des lois de 1835, 437; insuffisance du jury pour certains faits, 439; quatrième discours sur la liberté de la — (15 février 1868), 441; attitude de M. Thiers en 1835 dans la discussion relative à l'article 75 de la Constitution de l'an VIII, 442 et suiv.; ses contre-poids nécessaires, 446; cinquième discours sur la liberté de la —, (21 février 1868), 453; amendement de Janzé, 454; sénatus-consulte du 2 février 1861, sa portée, 457; application faite en 1867, 464; nécessité de permettre

la discussion des actes des Chambres, XI, 465; rôle de la — comme organe de l'opinion, 469; utilité de la publicité dans le gouvernement, 471; sa nécessité comme contrepoids du pouvoir parlementaire, 476; esprit de la législation actuelle en matière de —, 481; extension de la jurisprudence, 485; nécessité de compléter la législation, 501; nécessité de relever la —, 505; sixième discours relatif à la liberté de la —, 509; difficulté de limiter le droit de rendre compte des débats des Chambres, 510; mouvement des esprits en faveur de la liberté de la —, 514; pouvoirs réciproques du Sénat et du Corps législatifs en pareille matière, 515; but du Senatus-Consulte de 1861, 515; impossibilité de réprimer complètement la licence de la —, 523; nécessité de préciser la situation au point de vue du compte rendu des séances des Chambres, 530.

— Nécessité de la liberté de la —, XII, 291.

V. *Administration, Angleterre, Liberté.*

PRESSE (des marins). Ses abus, VII, 227.

V. *Inscription maritime, Marine.*

PRÊT. Discours de M. Thiers relatif à un projet d'impôt sur le — hypothécaire (1848), VIII, 29.

— Dangers du — sur titres, XV, 389; le — à long terme, questions y relatives, 449.

V. *Crédit, Impôts.*

PREUVE. Exception de la — en

matière de diffamation contre un agent public, XI, 441.

V. *Administration, Agents du pouvoir, Presse.*

PRÉVOYANCE. Rapport de M. Thiers sur la — publique (1850), VIII, 449; la — et le chômage, 514; absence de la — chez les classes laborieuses, 552; dangers de la — obligatoire, 563.

V. *Assistance, Crédit, Travail.*

PRIM (le général). Sa politique au Mexique, IX, 473.

— Chef de l'expédition combinée contre le Mexique, XI, 180.

V. *Espagne, Mexique.*

PRINCES. On ne juge pas les —, on ne peut prendre contre eux que des mesures politiques, I, 522.

— Discours de M. Thiers sur l'abrogation des lois d'exil contre les — (8 juin 1871), XIII, 297.

V. *Politique intérieure.*

PRINCIPES. Le — de non-intervention à propos de l'Italie, I, 112; les — économiques de M. Thiers, I, 541.

— Les — de 1789 violés par des arrêtés municipaux, II, 215.

— Il n'y a pas de — absolus en politique, IV, 358.

— Le principe des nationalités, ses dangers, X, 150; discours de M. Thiers sur les — de 1789 (1866), notice, 331; leur application à la liberté de la presse, 346; au droit de réunion, 350; à la liberté des élections, 350; au droit d'interpellation, 352; au gouvernement représentatif, 354; situation respective de la liberté et de

l'autorité selon les principes de 1789, X, 360; leur origine, 362; la Constitution de 1791, causes de sa chûte, 363; caractères de la Constitution de l'an VIII, 364; les — exclus de la Constitution de l'an VIII, 365; rédaction de la Constitution de 1814, 366; de celle de 1830, 369; triomphe des institutions libérales en Europe, 370; preuve de l'utilité des libertés politiques, 374; leur influence sur les institutions, 375; activité réformiste du gouvernement, 376; danger de certaines combinaisons, affaires d'Italie, 380; de Pologne, 382; nécessité de la liberté pour arrêter les aventures, 388; le — des nationalités mis en avant par la France dans l'affaire des duchés danois, 598.

V. *Politique extérieure et intérieure.*

PRISONNIERS POLITIQUES. Leur nombre (1834), II, 410.

V. *Gouvernement de Juillet, Politique intérieure.*

PRITCHARD (M.). Ses intrigues à Tahiti, VI, 338, 344; saisi et expulsé par M. d'Aubigny, ses réclamations à Londres, 569, indemnité accordée au sieur —, 586; détails de l'affaire — selon M. Thiers (1845), 589.

V. *Politique extérieure, Tahiti.*

PRIVILÉGES. Les — sociaux ont entièrement disparu dans la nuit du 4 août, I, 167; le — politique défini par M. Thiers, 172.

— Certains — commerciaux rétablis par des arrêtés municipaux, II, 65.

— Le privilège de la Banque de France, discours de M. Thiers, V, 1.
— Suppression des divers — en France, X, 43.
V. *Banque de France, Élections, Maires.*

PRIX. Des fers français, anglais et autres de 1814 à 1836, III, 315 et suiv.; de construction des chemins de fer (1836), 340.
— Mouvement des — entre 1814 et 1848, VIII, 74 et suiv.; idées de Proudhon relativement à l'action de la loi sur les —, 86.
— Des denrées courantes, en France et en Angleterre (1851), IX, 229; de la journée d'ouvrier agricole en Russie (1851), 158; du blé en Russie, 152; des sucres indigènes et coloniaux, 552; des transports maritimes, 565.
— Avilissement des — des produits agricoles, X, 420; influence du marché anglais sur les — des produits agricoles, 455; le — de revient des navires construits en France, 499.
— Effets des tarifs douaniers sur les —, XI, 549; des admissions temporaires, 630.
— Effets des grands travaux de Paris sur les —, XII, 248; influence des traités de commerce sur les —, 367; effets des admissions temporaires sur les —, 448; effets de la concurrence internationale sur les —, 586.
V. *Admissions temporaires, Commerce, Industrie, Libre-échange, Protection, Traités de commerce.*

PROCÈS. Des ministres (1830), ses effets sur le crédit public, I, 34; effets de son heureuse issue,

I, 35; dangers que pourrait présenter un procès politique intenté à la duchesse de Berry, 524.
— Nécessité de soumettre les — des communes à l'autorisation du conseil de préfecture, II, 70; les — de tendance imaginés par la Restauration, 282; affaire du — des insurgés d'avril, nécessité de construire une salle provisoire pour la Cour des Pairs, opinion de Berryer, II, 445, 485; nécessité du — des insurgés d'avril, 462; discours prononcé à la Chambre des Pairs par M. Thiers relatif aux dépenses du — d'avril (1835), 463; sa nécessité démontrée par M. Thiers (1835), 467.
— Exemples de — de presse sous l'Empire, XI, 485.
V. *Partis, Politique intérieure, Presse.*

PROCÈS-VERBAUX. La publication des — des Chambres est autorisée (1861), IX, 355.
V. *Chambres, Liberté.*

PROCLAMATION. Au peuple et à l'armée (1871), allocution de M. Thiers relative au projet, XIII, 107; proposition Peyrat, 107; nécessité de l'union, 109; intervention de M. Millière, 112.
V. *Commune de Paris, Politique intérieure.*

PRODUCTION. Influence des services publics sur la —, I, 342; sa vraie définition selon A. Smith, application aux dépenses publiques, 342; l'État ne doit pas intervenir dans la —, 343.
— Conséquences d'un impôt sur les

VIII, 114 ; passion du paysan pour
la — foncière, 118.
— Importance sociale de la petite
propriété, X, 473.
— Poids exagéré des charges fiscales
sur la — foncière, XII, 36.
— Charges fiscales qui pèsent sur
la —, XIII, 594.
V. *Crédit, Impôts.*

PROSCRIPTION. L'idée de — repoussée par M. Thiers (1871),
XIII, 159.

PROTECTION. Difficulté de l'établir
au gré de toutes les industries, I,
501 ; avantages de l'égalité de
traitement au point de vue du
bien général, 543 ; nécessité d'une
— pour les industries nouvelles,
545 ; ses limites, 545.
— Le système de la — commerciale
a été utile au pays, III, 275 ; ses
effets en Angleterre, 277 ; effets
de la — sur les parties centrales
du pays, 282 ; effet de la — sur
les échanges, 284 ; elle profite à
toutes les industries, 288 ; la —
accordée à l'agriculture, 289 ;
accordée aux fers en 1814 et 1822,
315, 345 ; la — douanière rend
difficiles les alliances en Allemagne (1836), 349 ; la — est nécessaire aux industries françaises
(1836), 358.
— Exagérations des intéressés en
matière de —, IV, 585 ; ses
résultats en France (1840), 592.
— Diverses applications de la —, V,
649.
— Ses effets en France (1849), VIII,
337.
— Étendue de la — en France
(1851), IX, 149 ; ses effets sur la
production de la laine, 167 ; opi-

nion de Montesquieu sur la —,
IX, 174 ; son influence sur le développement économique de l'Angleterre, 198 ; procédés de — en
Angleterre, 215 ; la — en Russie
(1851), 240 ; son principe, 242 ;
son influence sur le développement
commercial de l'Angleterre, 305 ;
ses effets sur la production du
sucre indigène, 515.
— Ses effets sous Colbert, X, 386.
— Son but, XII, 426 ; nécessité de
la — pour l'agriculture, 571 ; la
— ne doit pas être seulement
temporaire, 581.
— Vues du gouvernement en matière de — (1872), XIV, 346.
V. *Angleterre, Commerce,
Douanes, Industrie, Libre-échange,
Traités de commerce.*

PROTESTANTISME. Son principe,
X, 101.
V. *Religion.*

PROTESTATION. Des députés de
l'Alsace et de la Lorraine contre
toute cession de territoire (17 février 1871), discours de M. Thiers,
XIII, 1.
V. *Alsace-Lorraine.*

PROUDHON. Rapport de M. Thiers
sur sa proposition relative aux
impôts et au crédit (1848), VIII,
1 ; ses idées relatives à l'action
de la loi sur les prix, 86 ; au numéraire, 87.
V. *Crédit, Impôts, Prix, Propriété, Travail.*

PROVINCE. Effet des déclarations
de M. Thiers en 1871, sur la —,
XIII, 325.
V. *Politique intérieure.*

PRUNELLE (M. —, député). Rapporteur de la loi municipale de 1833, II, 54; ses opinions combattues par M. Thiers, 78, 89; intervient dans la discussion du projet de loi sur les associations, 289.

PRUSSE. Ses motifs pour rester pacifique en 1830, I, 62; sa situation territoriale en 1831 appréciée par M. Thiers, 87; dangers de son intervention en Belgique en 1830, 94; vend des armes à la Russie, la France impuissante à l'en empêcher, 109; sa situation militaire expliquée par M. Thiers (1831), 202; comparée à celle de la France, 203; ses forces militaires disponibles en 1831, 215; les frais d'entretien de son armée aussi élevés qu'en France (1831), 278; dépenses militaires de la — (1832), 357; la — n'a pas voulu interposer sa médiation en Pologne en 1830, 430.

— Ses relations douanières avec les petits États (1834), II, 302.

— Effets de la levée des tarifs prohibitifs en —, III, 269; prend une grande situation en Allemagne par le Zollverein, 345; causes des variations de sa politique vis-à-vis de la France, 448.

— Son attitude vis-à-vis de la France en 1840, V, 233; la — et l'Autriche auraient pu être amenées à faire des concessions dans la question d'Égypte, après le traité du 15 juillet 1840, 563.

— Son rôle dans les affaires d'Orient en 1840-1841, VI, 6; sa situation vis-à-vis de la France avant et après 1830, 11.

— Sa politique avant et après 1789, VII, 21.

— Détails sur son système militaire (1848), VIII, 184.

— La Prusse et l'affaire des côtes du Riff, IX, 156.

— Ses tendances à unifier l'Allemagne (1865), X, 64; permanence de son alliance avec la Russie, 67; violation des droits du Danemark par la —, 578; la politique de la — dans l'affaire des duchés danois, 592; ses ambitions en Allemagne (1866), 617; elle trouve un appui en Italie, 618; langage qu'il faut tenir à la — (1866), 623.

— Ses succès en Allemagne, XI, 1; dangers et but de son ambition après 1815, 26; son attitude dans la question danoise, 55; conséquences possibles de la guerre entre la — et l'Autriche (1866), 60; motifs qui la portent vers l'alliance russe, 79; son rôle dans la Révolution française, 103.

— Forces militaires de la — après 1867, XII, 611; discours de M. Thiers sur la rupture des relations avec la — (15 juillet 1870), notice, 635; déclaration Émile Ollivier, 637; démarches de M. Benedetti, 638; nécessité de laisser aux Chambres le temps de la réflexion, 640; défaut d'une cause sérieuse de guerre, 644; inopportunité d'un conflit, 646; politique de la — en Espagne, attitude de l'Europe, 647; réplique de E. Ollivier, 650; la guerre, suite d'une faute du Cabinet, 651; imprudence de la politique de la —, 652; position vraie de la question, 654; cause réelle de la guerre, 664.

— Causes de son succès en 1870, XIV, 213.

— Politique suivie vis-à-vis de la — en 1870, XV, 492 ; politique de la — en cette occasion, 497.

V. *Allemagne, Autriche, Danemark, Guerre de 1870, Italie, Orient, Politique extérieure, Pologne, Russie.*

PUBLIC. Le goût du — français en matière dramatique vers 1836, III, 420.

V. *Théâtres.*

PUEBLA. Insuccès de l'armée française à — (1862), IX, 487.

— Échec de —, ses résultats, XI, 190 ; prise de — (17 mai 1863), 193.

V. *Mexique, Politique extérieure.*

PUISSANCES EUROPÉENNES. Leurs raisons pour rester en paix avec la France (1831), I, 210 ; forces disponibles des diverses — en cas de guerre avec la France (1831), 215 ; par respect pour la paix, elles ont fait des concessions à la France (1831), 223 ; les — ont un intérêt général et commun d'ordre social, son importance, 442.

— Intervention des — dans les affaires d'Orient en 1840, IV, 436.

— La France doit chercher des alliés parmi les — secondaires, V, 659.

V. *Allemagne, Angleterre, Autriche, Égypte, Italie, Orient, Politique extérieure, Prusse, Russie, Turquie.*

PUISSANCE POLITIQUE. — Véritables bases de la — I, 106.

V. *Politique intérieure.*

PURVIS (le commodore). Son rôle dans les affaires de La Plata, VI, 382.

V. *Plata (La).*

PYAT (M. Félix —, député). Incident entre — et M. Thiers (12 juin 1849), VIII, 482.

Q

QUADRUPLE ALLIANCE. Ses mesures relatives à la fermeture de la frontière des Pyrénées (1835), III, 112 ; ses dispositions, 179 ; questions relatives à la — (1836), 466.

— La — de 1834 complétée en 1836, IV, 2 ; motifs du gouvernement français pour entrer dans la — de 1834, 32 ; son effet dans la Péninsule, 34 ; son effet en France, 35 ; sens du traité selon M. Thiers, 53 ; conséquences de son inexécution, 56 ; opinion du duc de Frias sur sa portée, 91 ; sa portée selon M. Molé, 215 ; l'esprit du traité de la — selon M. Thiers, 237 ; le gouvernement demande à faire partie de l'alliance contre don Carlos et don Miguel, 240.

— Dérogations faites par l'Espagne aux clauses de la — (1840), VII, 379.

V. *Angleterre, Espagne, Portugal.*

QUARANTE-CINQ CENTIMES. Détail sur l'impôt des —, IX, 591.

V. *Impôts.*

QUATRE SEPTEMBRE. Circonstances de la révolution du —, XV, 525, 529, 574.

RAYNEVAL (M. de —, ambassadeur à Madrid). Son avis sur les affaires d'Espagne, V, 278.
V. *Espagne, Intervention, Quadruple alliance.*

RÉACTION. Faite dans la politique du gouvernement en 1846, VII, 262.
V. *Gouvernement de Juillet, Politique intérieure.*

RÉALIER DUMAS (M. —, député). Ses propositions relatives au budget de 1832, I, 297; ses projets de réforme financière appréciés par M. Thiers (1832), 329.
V. *Budget, Finances, Impôts.*

RECENSEMENT. Discours de M. Thiers sur la question du — (1842), VI, notice, 99; défauts du — de 1841, 105; raisons pour assurer aux agents du — l'appui des maires, 128.
V. *Population.*

RECETTES. Réalisées en 1831, probables pour 1832, I, 305.
— Chiffre réel du budget des — (1833), II, 30.
— Montant des — du Trésor en 1835, III, 570.
— La progression des — de 1830 à 1840, V, 550.
— Détail et insuffisance des — ordinaires en 1848, VII, 446.
— Détail des — pour 1866, X, 237; causes des excédents de — sur les impôts indirects, 323.
— Situation des — en 1868, XII, 35; progression des —, arrêt probable (1868), 146.
V. *Budget, Finances, Impôts.*

RECEVEURS GÉNÉRAUX. Leur rôle en 1830, I, 54; bonne organisation du service en 1831, 258; on propose de supprimer leurs bonifications (1832), 335.
— Le syndicat des — en 1825, IV, 105; sa liquidation, 114.
— Leur rôle, V, 36.
V. *Finances, Gouvernement de Juillet, Payeurs-généraux.*

RECEVEURS PARTICULIERS. On propose de supprimer leurs bonifications (1832), I, 335.
V. *Finances.*

RECHBERG (le comte de). Se retire du ministère autrichien à la suite de l'affaire des duchés danois, X, 20.

RÉCOLTES. Les belles — du siècle, X, 438.
V. *Agriculture.*

RECRUTEMENT DE L'ARMÉE. La statistique du — exposée par M. Thiers (1831), I, 199.
— La question du remplacement, traitée par M. Thiers (1848), VIII, 161.
— Détails sur les conditions du — XIII, 569.
— Nouvelles observations sur ce sujet, XIV, 193, 267; inconvénients du — régional, 222.
V. *Armée.*

REDEVANCES. Payées par les concessionnaires de mines (1832), I, 347.
V. *Mines.*

RÉFORMATION. Des actes des com-

munes dans un délai fixe, difficultés de ce système, II, 247.
V. *Communes, Conseils municipaux, Maires.*

RÉFORMES. Dans l'organisation financière et dans les ministères en 1831, I, 27 : la — parlementaire en Angleterre, appréciée par M. Thiers, 83 ; la — religieuse, cause de guerre, pourquoi, 86 ; la — parlementaire en Angleterre, consentie par la Pairie, 167 ; les projets de — administratives appréciés par M. Thiers en 1831, 260.
— Le gouvernement a plus d'intérêt que l'opposition à faire de bonnes —, II, 46 ; nécessité de refuser la — électorale (1834), 400 ; la — parlementaire est généralement acceptée en Angleterre (1834), 415.
— Demandée au Pape en 1831, IV, 340 ; état de la question de la — électorale en 1840, 482, 501.
— Opinion de M. Thiers en matière de —, VII, 98 ; la question des — et l'adresse de 1848, six discours de M. Thiers (Janvier-Février 1848), 429 et suiv.; urgence de la réforme parlementaire selon M. Sallandrouze (12 février 1848), 597.
— Accordées par Pie IX en 1849, VIII, 322.
V. *Angleterre, Gouvernement de Juillet, Italie, Liberté, Papauté, Politique intérieure.*

RÉFRACTAIRES. Les conscrits — insurgés dans l'Ouest en 1830, I, 138.
V. *Gouvernement de Juillet, Politique intérieure.*

RÉFUGIÉS POLITIQUES. Secours prévus au budget de 1832 pour des —, I, 229.
— Conduite des — en Suisse, IV, 4 ; leur situation d'après le droit d'asile, 7.
— Incursions des réfugiés en Suisse sur les territoires voisins (1836), VII, 578.
V. *Droit d'asile.*

RÉGENCE. Discours de M. Thiers sur la — (20 août 1842), VI, notice, 205 ; les — ont été nombreuses en France, 207 ; but d'une —, principe de son pouvoir, 221 ; étendue des pouvoirs qu'il est bon d'attribuer à la —, 228 ; dangers de la désignation d'une — par élection, 229 ; nécessité d'en fixer d'avance l'ordre et les conditions, 229.
V. *Gouvernement de Juillet, Politique intérieure.*

RÉGICIDE. Impuissance des lois préventives contre le —, IV, 192.

RÉGIES FINANCIÈRES. Action des agents des — dans les élections, IX, 432.
V. *Élections.*

RÉGIME COMMERCIAL de la France. Proposition Sainte-Beuve sur le —, discours de M. Thiers (1857), IX, 135.
V. *Commerce, Régime économique.*

RÉGIME ÉCONOMIQUE de la France. Discours de M. Thiers (1868), XI, 537 ; comment il a été changé en 1860, 565.
— Discours de M. Thiers sur le —,

ménager spécialement la — nationale, XI, 317.

V. *Angleterre*, *Clergé*, *Congrégations*, *Instruction publique*, *Jésuites*, *Pape*, *Philosophie*.

REMBOURSEMENT des dettes publiques, il faut y pourvoir pendant la paix, I, 289.

— La clause de sauvegarde appliquée au — des fonds des caisses d'épargne, IV, 102.

V. *Amortissement*, *Caisses d'épargne*, *Dette publique*, *Rentes*.

REMILLY (M. —, député). Sa proposition relative aux députés fonctionnaires (1840), IV, 529.

V. *Élections*, *Politique intérieure*.

REMISES ET BONIFICATIONS. Aux agents financiers, on propose de les supprimer (1832), I, 335.

V. *Receveurs généraux et particuliers*.

REMPLACEMENT MILITAIRE. Discours de M. Thiers sur le — (1848), VIII, notice, 161 ; il a des partisans autorisés, 162 ; vices du système actuel, 165 et suiv.

V. *Armée*.

RÉMUSAT (M. de —, député). Nommé ministre de l'Intérieur (1840), IV, 462.

— Sa proposition relative à la formation du nouveau ministère, discours de M. Thiers (1851), IX, 59.

— Assiste M. Thiers à Versailles, (1870), XV, 560.

RENTE. La — loyer de l'argent, sa justification par M. Thiers, VIII, 92.

RENTE DU SOL. La — définie par Proudhon, VIII, 7.

RENTES. Baisse des — en 1831, I, 14 ; les — perdent 20 0/0 sur le capital (1831), 19 ; M. Pagés propose d'établir un impôt sur la — (1832), 298 ; il est équitable de racheter les — plus cher qu'on ne les a émises, 394 ; leur situation en 1833, 561.

— La loi défend d'imposer les —, II, 37.

— Proposition de M. Jouin relative à la réduction des — (1836), discours de M. Thiers y relatif, III, 197 ; origines des — appartenant aux communes, 209 ; bénéfices des porteurs de — entre 1814 et 1836, 213, 224 ; discours de M. Thiers sur la conversion des — (1836), 249 ; déclassement des — par suite d'une menace de conversion, 263.

— Situation de la — en 1825, IV, 106 ; en 1830, 107 ; la conversion des — empêchée par la crise en 1830, 115 ; discours de M. Thiers sur la conversion (1840), 521 et suiv.

— Discours de M. Thiers relatif à la conversion des — (1840), V, 49 ; effet produit sur le cours de la — par le traité du 15 juillet 1840, 299.

— Délai nécessaire pour le classement des — (1842), VI, 150.

— On ne peut imposer la —, pourquoi, VIII, 37.

— Question de l'annulation des — rachetées par l'amortissement,

X, 215; influence de l'amortissement sur les cours, 274, 290.
— Réponse de M. Thiers à deux
questions relatives aux émissions
de — (8 mars 1871), XIII, 51.
V. *Amortissement, Conversion,
Crédit public, Dette publique, Emprunts, Finances.*

RÉPARTITION. Projet de 1832 pour
la — des contributions directes,
VI, 99; mode de — des taxes directes, 105.
V. *Impôts.*

REPRÉSENTATION NATIONALE.
Le défaut de — est le vice radi-
cal de la législation du premier
Empire, I, 479.
V. *Empire, Liberté, Napoléon Ier,
Politique intérieure.*

RÉPRESSION. Nécessité d'une —
modérée contre les excès de
la presse et les conspirations, II,
183; comment un gouverne-
ment régulier doit user de la —,
483.
V. *Politique intérieure, Presse.*

RÉPUBLIQUE. Résumé de l'opinion
de M. Thiers sur la — après 1871,
I, VIII; la — française n'a pu refaire la Pologne, 107; dangers
des mutations de pouvoir sous
la —, 156; la première — a été
obligée de choisir ses agents à
l'extérieur parmi des hommes spéciaux, pourquoi, 351.
— Elle a été essayée pendant la
Révolution, résultats de cette
expérience, II, 279; la France
n'en veut pas, 280; l'établissement
de la — est le but des insurgés
d'avril (1834), 364.

— Son impossibilité (1842), VI,
250.
— M. Thiers déclare l'accepter sans
l'avoir désirée (1848), VIII, 59;
ses chutes au 9 thermidor et au
8 brumaire, 297; son principal
avantage en 1850, 608; rôle du
parti conservateur dans la — de
1848, 684.
— Idées de M. Thiers sur la — en
1848, IX, 102; il faut en faire un
essai loyal, 105.
— Situation du parti républicain
en 1871, XIII, 92; la — acceptée
comme gouvernement de fait
(1871), 315; la monarchie doit
être au fond une —, 319; la —
n'a jamais réussi aux mains des
républicains, 328, 627.
— Incident relatif à cette forme de
gouvernement (1872), XIV, 519;
la — doit être conservatrice,
523.
— La — acceptée en France (1872),
XV, 26; elle doit être conservatrice, 28; nécessité de l'admettre
en fait en 1871, 84; M. Thiers
promet de la maintenir pendant
la durée de son pouvoir, 89; la —
imposée par les faits en 1871, 132;
elle existe de nom et de fait,
159; inutilité de proclamer la —
à titre définitif (1873), 162; l'opinion publique favorable à la —
(1873), 183; M. Thiers décidé
pour la —, 203; impossibilité de
détruire la — en 1871, 636; motifs pour la conserver, 639, 646,
650, 676; définition de la bonne
—, 683 et suiv.
V. *Politique intérieure.*

RÉQUISITION DIRECTE (Droit
de).
V. *Assemblée nationale de 1848.*

RÉSISTANCE. La politique de — a amené la chute de trois dynasties, XV, 690.
V. *Politique intérieure.*

RESPONSABILITÉ. La — ministérielle est absolue, II, 169; elle se continue jusqu'à la constitution d'un nouveau Cabinet, 515; comment elle se répartit entre le Cabinet sortant et le Cabinet entrant, 531; discours de M. Thiers sur la — ministérielle, 549; appréciation de la portée de l'article 75 de la Constitution de l'an VIII, 550, 553, 565.

— Discours de M. Thiers sur la — des ministres et agents du pouvoir, III, 295; comment on a appliqué l'article 75 sous le régime de Juillet, 308; M. Thiers revendique la — de ses opinions économiques (1836), 357.

— Discours de M. Thiers sur la — ministérielle (1839), IV, 367 et suiv.; sa nécessité, 376.

— Comment il faut comprendre la — ministérielle, VII, 297; nécessité de la — chez les ministres, 349.

— Nécessité de la — ministérielle pour assurer la liberté politique, IX, 356, 387, 391.

— Nouvelle affirmation de la nécessité de la — ministérielle, X, 17, 34.

— Détails historiques sur la — ministérielle, XII, 325; on peut l'établir sans reviser la Constitution, 330.

— Discussion sur l'établissement de la — ministérielle (1872), XV, 63; amendement de M. Dufaure y relatif, 117; la — des assemblées électives, XV, 319; responsabilité des agents administratifs, XV, 320.
V. *Agents du pouvoir, Cabinet, Ministres.*

RESTAURATION. La politique intérieure de la — comparée à celle du gouvernement de Juillet, I, 126; causes de l'accroissement des charges financières, 295; ses agents ne se sont pas réfugiés dans l'administration (1832), 299; la — réduit le budget de la marine, résultats, 358; effets d'une augmentation décidée en 1820, 360; dettes qui lui ont été léguées par l'Empire, 365; ses caprices politiques lui ont fait dévorer les fruits de la paix, 366; faveurs financières accordées par la — aux émigrés, 367; les excédents de recettes sous la —, 390; causes de l'augmentation des pensions sous la —, 406; la — s'est honorée en respectant tous les engagements antérieurs, 420; la — a commis des actes de violence à son début, 478; sa faute principale est d'avoir méconnu la nécessité de suivre la majorité parlementaire de 1828, 480; le gouvernement de Juillet a rompu complètement avec la —, 494; la — était matériellement une monarchie représentative, 496; la dynastie de la — est étrangère à la France depuis plus d'un siècle, 516; la — a été fidèle à ses engagements financiers, 568.

— Elle a conservé l'organisation impériale, II, 104; prospérité matérielle du pays sous ce régime, 104; la — a imposé des dépenses extraordinaires aux communes, 111; elle a pris part à l'émancipation de la Grèce sous l'inspiration du pays, II, 146 ; oppression politique organisée par la —, 147 ; elle était le gouvernement de l'étranger, 157 ; la — a été un gouvernement de droit, comment elle a perdu ce caractère, 158 ; son respect pour le droit d'association, 250 ; la — appréciée par M. Thiers, 280, elle se dit fondée sur le droit divin, 284 ; la — comparée au régime de Juillet, 285 ; ses erreurs font prévoir une révolution, 406 ; M. Thiers la compare au régime actuel, 422 ; son principe, 449 ; la — appréciée par M. Thiers, 449 ; mauvaise influence du clergé sous la — 452 ; sa rigueur opposée à la clémence du gouvernement de Juillet, 453 ; la — a eu besoin d'un appui étranger, 455, 463 ; elle a rendu la Révolution nécessaire, 457 ; facilités données à la —, 459 ; influence de l'étranger sur la —, 464.

— Son attitude dans l'affaire des indemnités dues aux États-Unis, III, 4 ; ses efforts pour éluder la question de l'indemnité due aux États-Unis, 30 ; dépenses de police sous la —, 106 ; rigueur de ses répressions politiques, 157 ; sa politique vis-à-vis de l'Espagne, 182 ; la — a dû s'appuyer sur la Sainte-Alliance, 554 ; la — a usé souvent des crédits supplémentaires, 555 ; les budgets de la — comparés aux budgets actuels, 535 ; la — obligée de se racheter vis-à-vis de l'étranger, 573 ; ses budgets comparés à ceux du gouvernement de Juillet, 583 ; ses fautes, 587 ; bonnes choses faites sous la —, 588 ;

influences qui pesaient sur la Restauration, III, 616.

— Importance qu'elle attache aux affaires d'Espagne, IV, 27 ; résultats de sa politique en Espagne, 261 ; ses fautes, 292 ; sa lutte aveugle contre l'opposition, 489.

— Lois de la — relatives aux congrégations religieuses, VI, 636.

— Sa répulsion pour l'unité administrative, VII, 51 ; elle y revient bientôt, 53 ; ses idées sur la situation à donner à la marine, 172.

— Origines de la Pairie sous la Restauration, X, 50.

— M. Thiers justifie les traités de commerce conclus par la —, IX, 191.

V. *Administration, Algérie, Amortissement, Budget, Crédit public, Espagne, Finances, Grèce, Impôts, Politique extérieure et intérieure.*

RETENUES. Opérées pour constituer un fonds de retraites des fonctionnaires, reconnues insuffisantes dès 1818, 1, 237.

— Élévation du taux de — sur les salaires avec le système de l'assurance obligatoire, VIII, 568 ; calcul des résultats à prévoir, 572 ; peut-on établir une — obligatoire sur le salaire des ouvriers, 575.

V. *Assistance, Pensions.*

RÉUNION (Ile de la). Causes temporaires de sa prospérité, IX, 537.

V. *Colonies.*

RÉUNION. Nécessité du droit de —, X, 350.

V. *Liberté.*

REVANCHE. Doit-on parler de —
(mars 1872), XIV, 176; indication
de la meilleure —, 190.
V. *Politique extérieure.*

REVENU. Évaluation du — foncier
en France en 1831. I, 39.
— Discours de M. Thiers contre
l'établissement d'un impôt sur le
luxe et le — (1833). II. notice. 21:
l'impôt sur le — est révolutionnaire en principe. 23; difficulté
d'établir le — imposable de chacun, 39: il n'y a aucun moyen
pratique de connaitre les — privés.
40.
— Chiffre du — foncier en 1821 et
en 1848. VIII, 22; l'impôt sur le
—. ses caractères. 39 et suiv.;
état du — de la propriété foncière
(1848). 114.
— Inconvénients de l'impôt sur le
revenu. X, 253.
— L'impôt sur le — ne peut donner
que de mauvais résultats, XIII.
399.
V. *Impôts.*

RÉVOLUTIONS. La loi seule ter-
mine les —, I, 131: effet limité
des —. 176; les — de 1789 à 1830
ont allégé les charges publiques.
363. 366; dans quelles conditions
elles sont légitimes, 513.
— Leur effet sur les dépenses publiques. II, 419.
— Elles sont toujours coûteuses.
III, 552 ; les — entraînent des
augmentations de dépenses, 571.
— Les causes et les bases de leur
succès, V. 361 ; conditions qui les
font réussir. 418.
— Leurs effets sur l'industrie. VIII.
513.

— Conséquences ordinaires de toute
révolution, XIII, 319.
V. *Politique intérieure.*

RÉVOLUTION DE 1789. Ses principes ont été une cause de guerre,
pourquoi. I. 86; elle a fait la
guerre avec des troupes disciplinées jusqu'à Jemmapes. 91 : elle
fut imprudente en attaquant le
catholicisme, 115: son principe
était de détruire, 123; son effet
en Europe. 442.
— Son œuvre en matière d'impôts.
II. 24; son action sur l'unité française. 73: sa grandeur et son utilité. 166: la — a marché trop
vite. 188; son véritable esprit.
221: son rôle en matière administrative, 235: la — n'a été finie
qu'en 1830, 398: ses résultats,
398; nécessité de la diriger, 400.
— Précautions légitimes des souve-
rains contre la —. IV. 254; elle
mérite le respect, 484.
— Comment elle a pu tenir tête à
l'Europe, V. 324; la — louée par
M. Thiers. 403; elle a été sauvée
par Napoléon. 403.
— État de l'enseignement sous la
—. VI. 465.
— Ses effets sur la politique européenne, VII, 20: vulgarisation de
ses principes. 21.
— Rôle de l'échafaud et du papier-
monnaie pendant la —, VIII, 110.
— Elle a établi l'égalité de l'impôt
en France, IX. 147; causes de sa
durée en France. 402.
— Elle a travaillé à affranchir l'État
de la domination de l'Église. X.
98; ses deux buts, 340 et suiv.;
son influence en Europe. 372.
— Politique extérieure de la —, XI,
102. 351.

— Son influence sur les esprits en France, XII, 276.

— Son action sur le système fiscal de la France, XIII, 581.

— Ses principes en matière d'impôts, XIV, 430.

— Son œuvre morale, XV, 30; grandeur et durée de son action, 661.

V. *Assignat, Crédit public, Finances, Impôts, Politique extérieure et intérieure.*

RÉVOLUTION DE 1830. Ses véritables causes, I, 40; elle a donné au pays la réalité du gouvernement représentatif, 41; son véritable but, 47; elle ne rend pas la guerre nécessaire, 87; son système et ses principes exposés par M. Thiers, 122; l'Europe craint une nouvelle — après 1830, 145; la France a eu la gloire de faire une — pacifique, 222; pensions accordées aux combattants de la —, 404; elle est restée pacifique, conséquences de ce fait, 423; ses conséquences à l'extérieur, 424; conséquence de la — en Italie (1832), 436; alarme qu'elle a répandue en Europe, 442; la — a produit très peu d'hommes, 457; son caractère, sa modération, 478; effet qu'elle a produit au dehors, 487; l'arrestation de la duchesse de Berry n'a pas eu pour but de donner un gage à la —, 495; elle était juste et nécessaire, 514; la — a détruit le système de la Sainte-Alliance, 557.

— Ses résultats, II, 417 et suiv.; apologie de la — par M. Thiers, 446; on redoute la — en France en 1830, 451.

— Son effet sur l'Europe, III, 441; le gouvernement de Juillet ne peut porter la révolution nulle part, III, 461; bilan de la —, 567, son effet en Angleterre, 602.

— La monarchie de Juillet représente une —, IV, 483.

— Sentiments des Puissances à son égard (1840), V, 232.

— Accueil fait à la — en Angleterre, VI, 288; la — et l'Église, 563.

V. *Adresse, Angleterre, Gouvernement de Juillet, Liberté, Politique extérieure et intérieure, Travail.*

RÉVOLUTION DE 1848. Ses effets sur la situation financière, VIII, 29 et suiv.; son contre-coup en Italie, 203; sympathie des peuples pour la —, sa valeur en cas de conflit avec l'Europe, 214.

— Son effet en Europe, XI, 103; sa politique extérieure, 104; effets de la liberté sur la —, 413.

V. *Assistance, Crédit, Politique extérieure et intérieure.*

RÉVOLUTIONS D'ANGLETERRE. Leur rôle et leur influence sur la formation politique du pays, I, 123.

V. *Angleterre.*

RÉVOLUTION D'ESPAGNE. Attitude du gouvernement de Juillet vis-à-vis de la —, III, 185.

— Périodes de — en Espagne, IV, 29; conséquences de la — de 1836, 50; effets de l'absence de centralisation sur les — en Espagne, 226.

V. *Espagne.*

REY (le capitaine). Assassiné pendant les journées d'avril 1834, II, 355.

V. *Procès d'avril.*

RHIN. Le — fermé aux importations hollandaises en France, V, 635 ; causes de cette interdiction, 637.
— Activité de la navigation à vapeur sur le — (1842), VI, 168.

RIBEIRA. Soutenu par la France à Montevideo, IV, 556.
V. *Plata (La)*.

RICARDO. Cité dans une discussion sur l'amortissement (1832), I, 392.

RICHARD (M. Maurice —, ministre des Beaux-Arts). Son attitude dans l'affaire Hohenzollern (1870), XV, 501.

RICHELIEU (le Cardinal de). Sa politique en Allemagne, III, 467.
— Caractères de sa politique, XI, 15.
V. *Allemagne, Politique extérieure*.

RICHELIEU (M. de). Son opinion sur la liquidation des créances pour et contre la France après 1815, II, 495.
V. *Finances*.

RICHES. Les — fournissent la moindre partie du revenu de l'État, VIII, 579.
V. *Impôts*.

RICHESSE PUBLIQUE. Le poids des charges publiques est en raison de l'état de la —, I, 295 ; la — ne s'accroît pas aussi vite que la dette, 383.
— La division des fortunes est une chose désirable, II, 35.

— Augmentation régulière de la richesse en France, III, 573.
— Exposé des caractères vrais de la —, VIII, 13.
— Ce qu'il faut entendre par —, IX, 650.
V. *Finances, Impôts*.

RIÉGO. Supplicié en présence de l'armée française en 1823, III, 186, 455.
V. *Espagne*.

RIFAAT-BEY. Incident relatif à — (1840), V, 306.
V. *Orient*.

RIFF. Affaire survenue sur les côtes du — à un bateau prussien, IX, 456.

RIGNY (l'amiral de). Nommé ministre des Affaires étrangères (1834), II, 302 ; son opinion sur la valeur des réclamations pécuniaires relatives au grand-duché de Varsovie, 490 ; nommé ministre sans portefeuille (12 mars 1835), 521.
— Son opinion relative à l'Algérie (1835), III, 500.
V. *Algérie, Politique extérieure*.

RIVES (M.). Envoyé spécial des États-Unis pour le règlement de la question des indemnités, III, 31.

RIVET (M. —, député). Sa proposition relative au titre du chef de l'État (1871), XIII, 453.

RODE (M.). Envoyé aux États-Unis pour négocier un traité contre la France, III, 55.

ROGNIAT (le général). Ses projets pour protéger la Mitidja, V, 97.
V. *Algérie*.

RÔLES DE CONTRIBUTIONS. La rédaction des — confiée aux communes, résultats de ce système, VI, 106.
V. *Impôts*.

ROMAGNES. Convention entre le Pape et la France au sujet des — et d'Ancône, IV, 332.
V. *Italie, Papauté, Rome*.

ROMAINS. Droits des — vis-à-vis de la Papauté, X, 128.

ROME. Danger d'une révolution à — au point de vue de la Papauté, I, 115.
— La politique de l'ancienne — en matière de conquêtes, IV, 155.
— La situation militaire à —, VIII, 173; affaires de — (1849), 245; rapport de M. Thiers sur le projet de loi relatif aux crédits extraordinaires pour l'expédition de — (1849), 306 et suiv.
— Mouvement des classes à —, X, 47; discours de M. Thiers sur la question romaine (13 avril 1865), 53; second discours de M. Thiers sur la question romaine (15 avril 1865), 135; importance de la perte de — pour la Papauté, 145; droits de l'Europe dans la question de —, 152; dispositions du gouvernement italien vis-à-vis de — (1866), 381.
— État de la question romaine (1867), XI, 123; discours de M. Thiers sur la question romaine (1867), XI, 255; prétentions de l'Italie sur Rome, 296.
— Système militaire de l'ancienne —, XIV, 217.
V. *Afrique, Ancône, Autriche, Italie, Papauté, Politique extérieure*.

ROQUE (la famille). Affaire de — à La Plata (1844), VI, 404.
V. *Plata (La)*.

ROSAMEL (l'amiral). Ministre de la Marine (1836), IV, 3; de nouveau nommé ministre de la Marine (15 avril 1837), 172.

ROSAS (président de la République Argentine). Ses vexations contre les Français, IV, 547.
— Exemples de sa cruauté, VI, 356, 405; M. Guizot parle en sa faveur, 401.
— Négociations de la France et de l'Angleterre avec —, VII, 241; nouvelles preuves de sa barbarie, 258.
— Nécessité pour la France de lui faire la guerre (1849), VIII, 332 et suiv.; stipulations du traité conclu avec — (1848), 372.
V. *Plata (La)*.

ROSSI (M. le comte). Envoyé à Rome pour négocier la retraite des Jésuites (1845), VI, 617, 666.
— Assassiné à Rome (1848), VIII, 203.
V. *Italie, Jésuites, Papauté, Politique extérieure, Rome*.

ROSTOLAN (le général). Envoyé à Rome (1849), VIII, 308.

ROUHER (M. —, ministre d'État). Parle sur les affaires de La Plata, réponse de M. Thiers, VIII, 329.

— Parle sur la question romaine (1865), X, 135; ses attaques contre M. Thiers, 136; réplique de M. Thiers, 137; parle sur les affaires d'Allemagne, réponse de M. Thiers (1866), 573.

— Nouveau débat sur les affaires d'Allemagne et d'Italie, XI, 93; autre discussion entre — et M. Thiers (loi sur la presse, 1868), 441; autre sur la publicité des débats des Chambres, 529.

— Refus d'une interpellation par —, réponse de M. Thiers, XII, 159; réplique du même, 165.

— Explications données par M. Thiers sur l'arrestation de — (1871), XIII, 158.
V. *Politique extérieure et intérieure.*

ROULAND (M. —, président du Conseil d'État). Parle sur les candidatures officielles, réponse de M. Thiers, IX, 407.
V. *Élections.*

ROUSSET (M. Camille). Cité par M. Thiers, XIV, 288.
V. *Armée.*

ROUSSIN (l'amiral baron). Nommé ministre de la Marine (1840), IV, 462.

— Ambassadeur à Constantinople, son attitude en 1839, V, 164; instructions données à — le 7 juillet 1839, 252.
V. *Orient.*

ROUTES. Les — mal entretenues en 1831, pourquoi, I, 272; elles sont plus coûteuses en Angleterre que chez nous (1831), 273.

— Discours sur les routes stratégiques en Vendée (1833), II, 113.
V. *Vendée.*

ROY (M. —, ministre des Finances). Déclare en 1817 que certaines pensions pourraient être réduites, I, 402.
V. *Budget, Pensions, Restauration.*

ROYAUTÉ. L'opinion favorable à la — en France en 1831, I, 155; l'hérédité est attachée comme un droit à la —, 172; la — a neutralisé les tyrannies locales, 183.

— Sa situation dans le régime constitutionnel, II, 515.

— But de ses prérogatives, VI, 225; inconvénients du règne des femmes, 232.
V. *Gouvernement de Juillet, Politique intérieure, Régence, Souverain.*

ROYER-COLLARD (M. —, député). Attaque le projet de loi sur la presse (1835), III, 129.

— Son opinion sur la durée du premier Empire, XV, 163.
V. *Liberté, Presse.*

RUES de Paris, élargies, à élargir ou à percer, XII, 208.
V. *Paris.*

RUSSIE. Rien ne pousse la — à faire la guerre à la France après 1830, I, 89; elle a des prétentions sur la Moldo-Valachie, 103; opinion de Napoléon Ier sur l'extension de la — en Europe, 105; son intérêt particulier en 1830, 110; ses pertes dans l'affaire de

Pologne, elle ne peut songer à attaquer la France (1831), I, 212 ; la — n'a jamais consenti à restituer la Pologne, pourquoi, 429 ; elle a besoin des subsides de l'Angleterre pour attaquer la France (1832), 445.

— Elle rencontre l'opposition de la France à Constantinople (1833), II, 209 ; elle est arrêtée par l'opinion du monde en Orient, 211.

— Causes de la campagne de —, en 1812, III, 44.

— Les projets de la — en Orient (1840), IV, 419 ; sa politique en Orient selon M. Thiers, 424 ; ses propositions à l'Angleterre en 1840, 443 ; la — ne peut s'entendre avec l'Angleterre en Orient, 458 ; avantages de l'alliance russe (1840), 494.

— Lord Palmerston propose au Cabinet français une action commune contre la — (1839), V, 160 ; son refus de soumettre la question d'Orient à une conférence réunie à Vienne (1839), 164 ; négociations relatives à l'intervention de la — en Orient en 1836 et en 1839, 243 ; elle accède au concert européen en 1839, 260.

— Rapports de la France avec la — avant et après 1830, VI, 8 ; son attitude dans la question d'Orient (1842), 41 ; son influence en Grèce (1843), 281 ; la — rappelle son ambassadeur de Paris (1841), 300 ; rôle de la Pologne dans sa politique (1844), 303 ; conditions d'une alliance entre la France et la — (1845), 606.

— Ses procédés pour recruter les équipages de sa flotte. VII, 189.

— Introduction du papier-monnaie en Russie, VIII, 145 ; son accord avec l'Autriche (1849), 214.

— Production et prix des blés en —, IX, 158 ; son développement économique (1851), 236.

— Permanence de son alliance avec la Prusse, X, 67 ; la — emploie la religion comme moyen d'action politique, 107 ; la — renonce à ses droits sur le Holstein, 588.

— Dangers et but de son ambition après 1815, XI, 26 ; dangers de l'occupation de Constantinople par la —, 76 ; motifs qui la portent vers l'alliance prussienne, 79 ; caractère de sa politique en Orient, 320 ; rôle de la presse en —, 479.

— Son entente avec la Prusse en 1870, XV, 513 ; son attitude en 1870, mission de M. Thiers en —, 542, 576.

V. *Adresse, Angleterre, Autriche, Danemark, Égypte, Gouvernement de Juillet, Grèce, Orient, Politique extérieure, Prusse, Turquie.*

S

SADE (M. de —, député). Critique la politique du gouvernement (1832), I, 468.

— Ses observations relatives à la loi municipale (1834), II, 239 ; son interpellation relative à la crise ministérielle de février 1835, 513.

V. *Politique intérieure.*

SADOWA. Conséquences de la bataille de —, XI, 1 ; influence de l'Italie sur l'issue de la bataille de —, XI, 68.

V. *Allemagne, Autriche, Politique extérieure, Prusse.*

SAINT-ACHEUL. Maison de —, fermée en 1828, VI, 506.

V. *Jésuites.*

SAINTE-ALLIANCE. La — garde la Belgique contre la France, I, 97; elle entretient les forteresses formant barrière contre la France, 425; il n'y a pas de — en 1832, 444; la — est détruite après 1830, 557.

— Elle était un régime étouffant, II, 147; la Restauration a recherché l'appui de la —, 282; la — a bien voulu accorder la paix à la Restauration, 423.

— Son influence sur la guerre d'Espagne de 1823, III, 9; influence de la — sur la politique française, 554, 615; la France n'a plus à la craindre, 617.

— Politique du gouvernement de Juillet vis-à-vis de la —, IV, 20; son but, 253; nécessité d'opposer une contre-ligue à la —, 254.

V. *Gouvernement de Juillet, Politique extérieure, Restauration.*

SAINT-ARNAUD (le général). Sa circulaire à l'armée (1851), IX, 311 et suiv.

SAINT-AULAIRE (le comte de). Cité par M. Thiers (affaires d'Égypte), V, 278.

V. *Orient.*

SAINT-CHAMOND. Son développement, dû au système protecteur, III, 284.

V. *Protection.*

SAINT-CYR. Détails sur l'École de —, XIV, 231.

V. *Armée.*

SAINT-DENIS. Affaire de la rue —. I, 143.

V. *Émeutes.*

SAINT-DOMINGUE. Abandonnée par l'Espagne, X, 19.

SAINTE-BEUVE (M. —, député. Propose un ordre du jour de défiance (1851). IX, 114; ses propositions relatives au régime commercial de la France (1851), 134, 245.

V. *Libre-échange, Protection, Régime économique.*

SAINT-ÉTIENNE. L'insurrection est préparée à —, (1834), II, 601.

— Ses intérêts dans l'affaire des indemnités d'Amérique, III, 16; causes de sa prospérité, 282.

V. *Émeutes, Industrie, Protection.*

SAINT-GEORGES (Banque de). Ses origines, XV, 370.

V. *Banque, Crédit.*

SAINT-GERMAIN-L'AUXERROIS. Affaire de —, ses effets sur le crédit public, I, 35.

V. *Gouvernement de Juillet.*

SAINT-MARC-GIRARDIN (M. —, député). Parle sur les affaires d'Espagne, IV, 206.

V. *Espagne, Quadruple alliance.*

SAINT-QUENTIN. Son développement sous l'influence de la protection, III, 283.

V. *Protection.*

SAINT-SÉBASTIEN. Les décrets de Berlin et de Milan appliqués à —, III, 57.

SAINT-SIÈGE.
V. *Italie, Papauté, Rome.*

SAISSET (L'amiral). Nommé chef de la garde nationale, inutilité de ses efforts (1871), XIII, 133.
V. *Commune de Paris.*

SALAIRES. Le gouvernement se refuse à intervenir dans la question des — (1834) II, 293; dangers d'une augmentation obtenue par la violence, 347.
— Comparaison des salaires en 1789 et 1848, VIII, 71; difficultés de l'assurance obligatoire par une retenue sur les —, 564; taux de la retenue nécessaire sur les — pour constituer l'assurance obligatoire, 566; le patron ne règle pas à volonté les —, 570.
— Augmentation des — agricoles (1866), X, 417.
— Influence des grèves sur les —, XV, 630.
V. *Assistance, Travail.*

SALIGNY (M. de). Sa mission au Mexique (1861), IX, 463.
V. *Mexique.*

SALLANDROUZE (M. —, député). Son amendement à l'Adresse de 1848, VII, 597.

SALUBRITÉ. Des habitations ouvrières, rôle de l'État, VIII, 542 et suiv.
V. *Assistance.*

SALVANDY (M. de). Ministre de l'Instruction publique (15 avril 1837), IV, 173.
— Discours de M. Thiers sur la démission de —, ministre de France à Turin (1844), VI, 327.
— Sa réforme du conseil de l'Instruction publique (1845), VII, 58.
V. *Gouvernement représentatif, Instruction publique, Louis-Philippe.*

SALVERTE (M. E. —, député). Critique la politique du gouvernement (1832), I, 468.
— Attaque la politique du gouvernement (1835), III, 94.
V. *Gouvernement de Juillet, Politique intérieure.*

SAMI-BEY. Sa mission à Constantinople, V, 208.
V. *Orient.*

SANDWICH (les îles). Occupées par l'Angleterre, VI, 351.

SATORY. Détails sur les manifestations impérialistes de — (1850), IX, 59, 90.
V. *Napoléon III, Second Empire.*

SAUVEGARDE. La clause de — appliquée aux remboursements des fonds des Caisses d'épargne, IV, 102.
V. *Caisses d'épargne.*

SAUZET (M. —, député de Lyon). Résumé de son discours relatif à la crise ministérielle de novembre 1834, I, 429; intervient dans la discussion relative à la formation du Cabinet du 12 novembre 1835, 539; nommé rapporteur du projet de loi sur la responsabilité des ministres, 549.

litique en Allemagne, X, 395 ; de sa politique économique, 407, 479, 561 ; de sa politique extérieure (1866), 573.

— Politique du — en Allemagne et en Italie, XI, 1 et suiv., 93, 163, 249, 255, 343 ; embarras du —, ses causes, 353 ; situation de la presse sous le —, 359, 423, 435, 441, 453, 509 ; critique de la politique économique du —(1868), 537.

— Critique de la situation financière du — (1868), XII, 1, 77 ; de la politique intérieure du —(1869), 271, 381 ; de la politique économique du — (1869), 351, 421, 519 ; de sa politique extérieure (1870), 635.

— Fautes du —, leurs conséquences, XIII, 349 ; situation faite à la France par le —, 526.

— Impopularité du — après Sedan, désorganisation et chute du gouvernement, XV, 529 et suiv. ; attitude de M. Thiers pendant les dernières années du —, 476.

V. *Élections, Empire, Finances, Gouvernement parlementaire, Impôts, Libre-échange, Liberté, Napoléon III, Politique extérieure et intérieure, Protection, Traités de commerce.*

SECOURS. A des réfugiés politiques, prévus au budget de 1832, I, 229.

— Accordés aux Vendéens, supprimés en 1832, II, 11.

— Moyens de — à employer pour les divers âges de la vie (rapport de M. Thiers, 1850), VIII, 450.

V. *Assistance.*

SECOURS A DOMICILE. Utilité des —, VIII, 582.

V. *Bienfaisance.*

SECOURS MUTUELS. Les sociétés de —, moyen de secours pour l'âge mûr, VIII, 480 ; leur rôle, leur utilité, 545 et suiv. ; contrôle nécessaire sur les —, 551.

V. *Assistance, Sociétés mutuellistes.*

SECRÉTAIRES GÉNÉRAUX. De préfecture, leur suppression proposée par la commission du budget de 1832, I, 251.

SEDAN. Effets du désastre de —, XIV, 211.

— L'expédition de —, ses origines, XV, 517.

V. *Guerre de 1870.*

SEGRIS (M. — ministre de l'Instruction publique). Son attitude dans l'affaire Hohenzollern (1870), XV, 501.

V. *Politique extérieure.*

SEIZE MAI. Le gouvernement dit du —, son attitude, XV, 678.

V. *Politique intérieure.*

SEL. Proposition de M. Bastide d'Izar, tendant à la suppression de l'impôt sur le — (1833), II, 21.

— Impopularité de l'impôt sur le sel en 1848, VIII, 51.

V. *Impôts.*

SÉMINAIRES (les petits). Dispositions du projet de loi Villemain, relatives aux — (1844), VI, 448 ; but principal des —, 474 ; régime des — (1844), 548 ; en 1828, 550.

— Les séminaires remis à la direction de l'Université (1808), VII, 64.

— Leur situation (1850), VIII, 404.
V. *Clergé, Enseignement, Instruction publique.*

SÉNAT. Attitude du — des États-Unis vis-à-vis de la France (affaire des indemnités), III, 88.
— Ses pouvoirs en matière législative (1868), XI, 513, 515.
— Utilité du système des deux Chambres, XV, 151 ; attitude du — français en 1877, 666.
V. *Chambre des Pairs, États-Unis, Gouvernement parlementaire.*

SÉNATUS-CONSULTE. Le — du 2 février 1861, sa portée, IX, 355.
V. *Second Empire.*

SÉNÉGAMBIE (le navire de guerre la). Affaire du — exposée par M. Thiers, VI, 183.

SÉPARATION DES POUVOIRS. Sa nécessité, III, 304.
— Nécessité d'en maintenir le principe, XIII, 48.
V. *Administration, Gouvernement parlementaire.*

SÉPARATION DE L'ÉGLISE ET DE L'ÉTAT. Impossibilité de faire la —, X, 120.
V. *Église, État.*

SERRES du Jardin des Plantes. Études y relatives, III, 375 et. suiv.
V. *Monuments de Paris.*

SERRURIER (le général). Envoyé comme ambassadeur à Madrid par le Directoire, I, 351.

SERVICE MILITAIRE. Ses limites raisonnables, I, 201 ; le — en France comparé au — en Prusse, 213.
— La question du remplacement traitée par M. Thiers (1848) ; VIII, 161 et suiv. ; inconvénients du — quand il est général, 172 ; question de la durée du — traitée par M. Thiers (1848), 181 ; le — en Prusse, 182 ; en Angleterre, 183.
— Ses effets sur la production, XI, 632.
— Discours de M. Thiers sur la durée utile du — (1872), XIV, 193 ; le — en Prusse, 216 ; observations sur le terme proposé de cinq ans, 279.
V. *Armée.*

SERVICES PUBLICS. Distinction entre les — productifs et non productifs, M. Thiers la combat, I, 342.

SERVIE ou SERBIE. Détails sur les affaires de — (1844), VI, 318.
V. *Orient, Politique extérieure, Russie.*

SERVITUDES MILITAIRES. Détails sur les — sous les fortifications de Paris, V, 356.
V. *Fortifications de Paris.*

SESSION. De 1865, discours d'ouverture de Napoléon III, X, 1.
— Questions à résoudre pendant la — de 1867, XI, 255.
V. *Liberté, Napoléon III, Politique intérieure, Second Empire.*

SÈZE (M. de). Cité par M. Thiers, XI, 386.

SHERIDAN. Ses attaques contre Pitt, IV, 130.
V. *Angleterre.*

SHERMAN (le général). Sa mission au Mexique, XI, 233.
V. *États-Unis, Mexique.*

SIÈGE. D'Anvers en 1832, I, 549.
— Questions relatives à l'approvisionnement de Paris en cas de —, V, 342 ; exemples fournis par le — de Turin, 479.
— Le siège de Rome par les troupes françaises en 1849, VIII, 307.
— De Paris en 1871, XIII, 193, 274.
— Détails sur les deux sièges de Paris en 1870-1871, XV, 243, 607.
V. *Commune de Paris, Fortifications de Paris, Guerre de 1870, Politique extérieure.*

SIEYÈS (l'abbé). Envoyé comme ambassadeur en Allemagne, I, 351 ; envoyé à Berlin comme ambassadeur de la République, 456.

SILÉSIE. Fondation d'un crédit commun en —, VIII, 494.
V. *Assistance.*

SIMON (M. Jules). Parle sur la question de Rome (1867), XI, 256.
— Nommé ministre de l'Instruction publique (1871), XIII, 8.

SINCÉRITÉ. La — est la vraie loi de la diplomatie, III, 460.

SINÉCURES. Les — existent en Angleterre (1831), I, 265 ; leur rareté et leur caractère en France, 265.

SITUATION. De la France, M. Thiers la déclare grave (1831), I, 25 ; exposé de la — financière en 1839, 305 et suiv. ; la — intérieure de la France en 1832, 491 ; sous le Consulat, 492.
— La situation en 1834, II, 403 ; la — extérieure en 1834, 412.
— Impossibilité d'apprécier exactement la — présente d'un pays par son passé, IV, 260.
— Situation économique en mai 1840, V, 69.
— La — morale de 1846 comparée à celle des temps antérieurs, VII, 103.
V. *Budget, Politique extérieure et intérieure.*

SKRZYNECKI (le général). Généralissime polonais (1831), veut traîner la guerre en longueur, subit la pression des clubs, I, 111.
V. *Pologne.*

SLESWIG. Situation du —, X, 585 ; l'Allemagne n'a pas de droits sur le —, 605.
V. *Danemark, Prusse.*

SMITH (Adam). Cité par M. Thiers à propos de la distinction entre les services publics productifs et non productifs, I, 342.
V. *Services publics.*

SOCIALISME. Critique des divers systèmes de — par M. Thiers (1848), VIII, 81 ; son impuissance (1848), 300.
— Il y a plusieurs variétés de —, IX, 14 et suiv.
— Le — n'est pas un système unique, XIV, 39 ; le — appliqué sous la forme de l'impôt sur le revenu, 39.

— L'impôt considéré comme moyen d'arriver au socialisme, XV, 631 : le — affaibli en France, établi en Allemagne (1877), 670.
V. *Assistance, Travail*.

SOCIÉTÉ politique. La — est menacée en France, pourquoi (1835). II, 467.
— Bases de l'ordre dans la —, VIII, 62 ; nécessité de défendre la — d'accord avec le clergé contre les doctrines antisociales (1850), 409 ; le travail, loi fondamentale de la société, 454 ; situation faite à l'individu par la — actuelle, 562.
— Nécessité des idées morales dans la —, X, 94.
— Leur évolution de l'état de nature à l'état civil, XI, 272.
V. *Liberté, Travail*.

SOCIÉTÉS par actions. Elles sont peu développées en France (1833), II, 50 ; la — comparée à l'association politique au point de vue de la surveillance, 264.

SOCIÉTÉ ALGÉRIENNE. Ses travaux en 1872, XIV, 586.

SOCIÉTÉS MUTUELLISTES. Leur influence politique à Lyon, II, 289.
V. *Émeutes*.

SOIE. Développement de l'industrie de la soie (1833), II, 418.
— Effet des tarifs sur l'écoulement des — et soieries aux États-Unis. III, 82.
— Exportation des — françaises en Amérique. V, 144.
— Efforts faits en France pour importer l'industrie de la soie, IX, 205.
— Situation de l'industrie de la — (1870), XII, 438, 536.
— Possibilité d'établir un droit fiscal à l'importation des — (1872), XIV, 75, 359, 407, 675.
V. *Impôts, Industrie, Libre-échange, Protection*.

SOLDATS. Les — ramassés à la hâte ne valent rien, I, 92.
— Nécessité d'honorer les — tombés en combattant l'émeute, II, 352.
— Dépense moyenne d'un — à diverses époques. III, 560.
— Qualités du — français. VIII, 195.
— Tableau de la vie du —, XIV, 241 : nécessité d'une éducation spéciale, 242 ; définition du vrai — par Kléber. 243.
V. *Armée, Cadres, Service militaire*.

SOLDE. Des officiers en France et à l'étranger (1832). I, 357.
V. *Armée*.

SOLEDAD (la). Convention de — (affaire du Mexique, 1862), IX. 479.
V. *Mexique*.

SONDERBUND. Formation du —, VII, 516, 535.
V. *Suisse*.

SONORA. Conditions défavorables de la province de —, IX, 512.
V. *Mexique*.

SOULT (le maréchal). Son opinion sur la probabilité de la guerre en 1840, I, 66.

d'en introduire le principe dans un code général de la comptabilité publique, I, 10.
V. *Budget.*

SPÉCULATION. La — à la Bourse: elle est favorisée par les bas cours, I, 285.
— Son activité en 1825, III, 231.
— La — interdite au Trésor, IV. 111; exemples de — en matière de culture, 598.
— La — sur les cotons (1841). V. 639.
— Son influence sur les crises économiques, VIII, 490.
— Ses dangers pour les banques d'émission, XV, 397; effets de la hausse du taux de l'escompte sur la —, 443; ses effets sur les capitaux, 451.
V. *Banques, Bourse, Crédit.*

SPINOSA. Caractère dangereux de ses doctrines, VIII, 658.

STABILITÉ POLITIQUE. Nécessité de la — en ce qui concerne le ministère, I. 146; en ce qui touche les institutions, 159.
V. *Ministère, Politique intérieure.*

STOPFORD (l'amiral lord). Ordres donnés à — au sujet de l'Égypte (1840), V, 212.
V. *Égypte, Orient.*

STATISTIQUE. Nécessité d'organiser un bon service de — (1833), I, 546.

STRASBOURG. L'affaire de — et son effet sur l'armée. IV, 139, 171; procès amené par l'affaire de —, 190.

— Le siège de Strasbourg en 1870, XV, 244, 261.
V. *Guerre de 1870, Napoléon III.*

SUBSIDES. Discours de M. Thiers sur l'affaire des — accordés à la République de l'Uruguay (1850), VIII, 327.
V. *Plata (La).*

SUBSTITUTION. Effets du régime de la — sur la situation du propriétaire, VIII. 112.
V. *Propriété.*

SUBVENTIONS. Discours de M. Thiers sur les — théâtrales (1834). II. 311.
— Autre discours de M. Thiers sur les — théâtrales (1836). III, 417.
— Détails sur les — accordées pour les lignes de paquebots à vapeur (1840), V. 131 et suiv.
— Efficacité des — accordées pour les chemins vicinaux, XV. 324.
V. *Chemins vicinaux, Paquebots, Théâtres.*

SUCRE. Influence de la protection sur le développement de l'industrie du — de betterave. III. 277.
— Discours de M. Thiers relatif à un projet de loi sur les — (1840), IV, 561; il faut maintenir l'industrie du — indigène, 586; prix de revient du — colonial et indigène, 588; consommation comparée du — en 1820 et en 1840, 602.
— Loi sur les — (1864), discours de M. Thiers relatif à la marine marchande, à propos de cette loi, IX, 533; consommation du — indigène, 542; effets de la protection du — indigène, 543; concurrence entre le — indigène et

le — colonial, IX, 549; prix de revient des — coloniaux, 552.
V. *Libre-échange, Marine marchande, Protection.*

SÜE (M. Eugène —, député). Signification de son élection (1850), IX, 9.
V. *Socialisme.*

SUÈDE. Qualité de ses fers, on en trouve d'analogues en France, III, 319.
— La — accède aux traités pour la répression de la traite, VI, 192.
— Causes de ses luttes contre la Russie, X, 61.
V. *Fer, Protection, Russie, Traite.*

SUEZ. Efforts des Anglais pour créer une route par —, III, 514.
V. *Angleterre, Egypte, Orient.*

SUFFRAGE INDIRECT. Ses avantages, IX, 26.
V. *Élections, Loi électorale.*

SUFFRAGE UNIVERSEL. Le — est préconisé par la *Gazette de France* et le parti républicain (1833), I, 530.
— Question du — en 1834, II, 183.
— Restrictions apportées au — par la loi de 1850, IX, 2 et suiv.; Signification et portée du mot « universel », 50 ; attitude du gouvernement vis-à-vis du — (1864), 382 ; le — n'a pas besoin d'être dirigé (1864), 446.
— Il est dénaturé par la candidature officielle, X, 17.
— Sa situation (1869), XII, 299.
V. *Candidature officielle, Élections, Politique intérieure.*

SUGIER. Le nommé — impliqué dans l'affaire des journées de Juin 1832, I, 472.

SUISSE. Importance de sa situation comme État neutre, I, 95.
— Causes des affaires de — en 1833, II, 198 ; action de la France en —, 199 ; l'évolution politique en Suisse (1834), 414.
— Sa situation comme État neutre, III, 46 ; effet de la levée des tarifs prohibitifs en —, 269.
— Différend entre la France et la Suisse (1836), IV, 4 ; facilités qu'elle offre pour les entreprises des réfugiés politiques, 8 ; menaces d'intervention contre la — en 1834, 8 ; négociations de M. Thiers à ce sujet, 11 ; rapport à la Diète sur les agissements des réfugiés politiques, 12.
— Guerre civile excitée par les Jésuites en — (1845), VI, 648.
— État de la — en 1846, VII, 422 ; discours de M. Thiers sur les affaires de — (1848), 515 ; luttes des partis en — (1840-1847), 519 ; sa situation à la fin du XVIIIᵉ siècle, 521 ; la Diète lève une armée en huit jours, 550 ; dispositions des traités de 1815 concernant la —, 559 ; importance de sa neutralité pour la défense de la France, 565 ; politique du Cabinet en —, 574 ; second discours relatif aux affaires de — (3 février 1848), VII, 577.
— Établissement des douanes en —, IX, 269.
— Impossibilité de lui appliquer le principe des nationalités, XI, 42 ; ses avantages industriels, 631.
— Ses progrès industriels, XII, 358 ;

ses avantages économiques sur la France, XII, 445.

V. *Adresse, Industrie, Libre-échange, Politique extérieure, Protection, Sonderbund.*

SURETÉ GÉNÉRALE (Loi de). Nécessité de l'abroger (1861), IX, 374.

V. *Politique intérieure, Second Empire.*

SURTAXES DE PAVILLON. Loi du 28 avril 1816 sur les —, V, 629.
— Effets de leur disparition, X, 543.
— Utilité des — d'entrepôt et de pavillon, XI, 572, 605.
— Définition et effets, XII, 493.
V. *Marine marchande.*

SURVEILLANTS. Question des — dans les collèges publics (1844), VI, 530.
V. *Instruction publique.*

SYLLABUS. Le — prête aux attaques, XI, 327.
V. *Papauté.*

SYNDICAT des Receveurs généraux. L'affaire du — citée par M. Thiers, IV, 105.

SYRIE. La — cédée à Méhémet-Ali, II, 191.
— Motifs de sa prospérité dans l'antiquité et au moyen âge, III, 624.
— Intérêts de l'Angleterre en — et en Égypte, IV, 510.
— Projet d'annexer la — à l'Égypte, V, 150; la — soulevée par des agents anglais contre la politique française, 190, 210; effets de l'insurrection de la — en 1840, 291;

droit exclusif de la France au protectorat de la Syrie, V, 571.
— Rôle de l'Angleterre en Syrie, VII, 279.
V. *Acre, Adana, Diarbekir, Égypte, Méhémet-Ali, Orient, Politique extérieure.*

SYSTÈME ADMINISTRATIF. Les projets de réforme du — appréciés par M. Thiers en 1831, I, 260.
V. *Administration.*

SYSTÈME POLITIQUE. Variété des — en France, I, 161; il faut perfectionner le — du gouvernement, non le changer, 284.
— Le — du gouvernement est bon (1834), II, 174, 430, 438; le seul bon — est celui de la résistance aux partis (1834), 421 et suiv.
— Éloge du — actuel (1835), III, 113; danger des — absolus en politique, 601.
— Exposé du — du gouvernement de Juillet après 1830, IV, 357.
— Le meilleur — comporte des concessions, VI, 262.
V. *Paris, Politique intérieure, Temporisation.*

T

TABAC. Production et consommation du — en France (1870), XIII, 598.
V. *Impôts.*

TAFNA (La). Expédition de —, ses causes, III, 628.
— Motifs de l'expédition de —, IV, 137; sens du traité conclu à —, 624.

— Causes qui ont amené le traité de —, V, 90.
V. *Abd-el-Kader, Algérie.*

TAILLANDIER. (M. —, député). Dépose un amendement au projet de loi sur les associations (1834), II, 289.

TAILLE. Caractères de la —, XIV, 433.
V. *Impôts.*

TAHITI. Discours de M. Thiers relatif aux affaires de — (1844), VI, 337; affaires de —, second discours de M. Thiers (1845), 569; motifs de l'expédition de —, 588.
V. *Adresse, Angleterre, Politique extérieure, Pomaré, Pritchard.*

TALABOT (M.). A créé le chemin de fer de Lyon, XII, 541.

TALHOUET (M. le marquis de). Son rapport sur les crédits de guerre (juillet 1870), XII, 668.

TALLEYRAND (le prince de). Son rôle en 1830 apprécié par M. Thiers, III, 444.

TARARE. Son développement dû au système protecteur, III, 283.
V. *Protection.*

TARGET (M.—, député). Sa motion relative à la déchéance de la dynastie (1871), XIII, 28 ; sa proposition concernant la prorogation de l'Assemblée, message de M. Thiers (13 septembre 1871), 483.

TARIFS DE DOUANE. Tendance générale à modérer les tarifs de douane (1833), I, 544.
— Importance de la question des — aux États-Unis en 1831, III, 33 ; projet de revision des — (1836), 269; origines de la protection commerciale par des —, 275.
— Accordés aux vins français en Hollande, (1840), V, 630.
— Leur influence sur la production, IX, 208 ; leurs divers buts, 254.
— Leur variabilité, X, 412 ; causes et effets de la réforme des — en Angleterre, 464 ; leur variabilité nécessaire, 483.
— Nécessité des — protecteurs, XI, 542 ; leur but, 548 ; leurs effets sur les prix, 549 ; leur utilité spécialement pour la France, 553; promptitude du changement opéré dans les — en 1860, 567 ; effets de ce changement, 568 ; nécessité de soumettre les — au vote des Chambres, 644.
— Inutilité des guerres de —, XII, 591.
— Possibilité de les éluder en partie, XIII, 540.
— Utilité de substituer des — établis d'accord, aux traités de commerce, XIV, 376.
V. *Commerce, Douanes, Industrie, Libre-échange, Protection, Traités de commerce.*

TAUX de l'intérêt. Impossibilité de le fixer arbitrairement, III, 223.
— Impossibité de le fixer législativement, V, 24 ; — de l'escompte, ses variations en Angleterre, 25.
V. *Banque, Intérêt, Rente.*

TÉLÉGRAPHIE. Progrès de la — électrique, XI, 395.

TEMPORISATION. La politique de — était indispensable en 1830, I. 66.

V. *Gouvernement de Juillet, Politique extérieure. Politique intérieure.*

TERRE. L'agiotage sur la — en Algérie, III, 518.

— Elle ne peut pas se mobiliser, VIII, 128.

V. *Algérie, Crédit.*

TERREUR. La —, conséquence de la pénurie financière du gouvernement révolutionnaire, V, 324.

V. *Révolution.*

TERRITOIRE. L'expansion territoriale de la France considérée comme nécessaire par les partis avancés (1831), I, 208.

— Discours de M. Thiers sur une convention relative à l'évacuation du — (16 septembre 1871), XIII. 495 : situation actuelle, 500 : marche de l'évacuation. 502 : succès des emprunts, 505 ; difficultés des opérations de payement. 506 ; avantages de la combinaison proposée, 511 ; précautions prises contre l'abus, 515 ; négociations relatives à l'évacuation du — (1871), 530.

V. *Allemagne, Partis, Politique extérieure.*

TESTE (M.) Fait partie du ministère des trois jours, II, 380.

— Nommé ministre de la Justice, (1839), IV, 411.

— Nommé ministre des Travaux publics (1840), V, 152.

— Son projet de loi sur les chemins de fer (1842), VI. 137.

TEXAS. Discours de M. Thiers sur l'affaire du — (1846), VII, 1 : son annexion aux États-Unis, 19.

V. *Adresse, États-Unis, Mexique.*

TEXTILES. Les traités de commerce et les industries des —, XI. 581, 622.

— État des industries — en France (1870). XII, 438.

— Question de l'impôt sur les matières premières, à propos des —. XIV, 667.

V. *Protection, Traités de commerce.*

THÉATRES. Discours de M. Thiers sur les subventions aux — (1834). II, 311.

— Décret de 1806 relatif au contrôle des —, M. Thiers se déclare décidé à l'appliquer, 325 : esprit de la législation impériale (de 1806) sur les —, 327.

— Discours de M. Thiers sur la censure théâtrale (29 août 1835), III, 169 ; nécessité de la censure préalable, 171 ; discours de M. Thiers relatif aux subventions aux — (1836), 417; le goût public et le théâtre en 1836, 420 ; élévation des frais dans les — lyriques, 526.

THÉATRE-FRANÇAIS. On demande la suppression de la subvention au — (1834), II, 311; sa situation en 1834, 317.

— Sa situation en 1836, III, 417 ; le — n'attire qu'un public restreint (1836), 422 ; procédés employés par l'Empire pour le recrutement du personnel du —, 424.

— Discours sur la revision des pensions accordées du 1er avril 1814 au 29 juillet 1830, (5 mars 1833), II, 1 ; contre l'établissement d'un impôt sur le luxe et le revenu (15 avril 1833), 21 ; sur la décentralisation (projet de loi sur les attributions municipales) (6 mai 1833), 53 ; sur la division des communes en deux classes (7 mai 1833), 89 ; sur l'achèvement des monuments de Paris, divers travaux publics dans les départements et les routes stratégiques en Vendée (30 mai 1833), 113 ; sur la bibliothèque royale (31 mai 1833), 127 ; à la Chambre des Pairs sur la garantie de l'emprunt grec (18 juin 1833), 143 ; sur la politique intérieure (4 janvier 1834), 161 ; simple homme de lettres, il est devenu député, 164 ; il expose le but de son *Histoire de la Révolution*, 165 ; discours sur la politique étrangère (discussion de l'Adresse de 1834, 8 janvier 1834), 191 ; sur les attributions des maires (28 février 1834), 213 ; sur les attributions des conseils municipaux (3 mars 1834), 239 ; sur les associations (17 mars 1834), 249 ; sur les associations (amendement Taillandier, 19 mars 1834, 289 ; sur les affaires allemandes (9 avril 1834), 301 ; nommé ministre de l'Intérieur (1834), 302 ; discours sur les subventions aux théâtres (6 mai 1834), 311 ; sur les affaires de Lyon (12 mai 1834), 335 ; sur une demande de crédit pour secours aux victimes des troubles de Lyon, (16 mai 1834), 369 ; sur la crise ministérielle (5 décembre 1834), 378 ; son attitude pendant la crise ministérielle de novembre 1834, II, 393 ; discours sur la crise ministérielle de novembre 1834 (réponse à M. Sauzet, 6 décembre 1834), 429, sur la construction d'une salle provisoire pour la Cour des Pairs (1834), 445 ; sur les dépenses relatives au procès d'avril (Chambre des Pairs, 22 janvier 1835), 465 ; sur les réclamations pécuniaires du grand-duché de Varsovie (26 janvier 1835), 489 ; sur la crise ministérielle provoquée par la retraite du maréchal Mortier (11 mars 1835), 513 ; sur le ministère du 12 mars 1835 (14 mars 1835), 521 ; son opinion sur l'amnistie (1835), 534 ; son opinion sur le duc de Broglie (1835), 535 ; discours sur la responsabilité des ministres (27 mars 1835), 549 ; sur un secours de 1,200,000 francs au profit des victimes de l'insurrection de Lyon (6 avril 1835), 573 ; lettre à M. de Gasparin, relative aux troubles de Lyon (1834), 594.

— Discours sur l'indemnité de 25 millions proposée pour les États-Unis (2 avril 1835), III, 1 ; réponse au discours de M. Berryer sur l'indemnité américaine (16 avril 1835), 23 ; ses impressions comme ministre du Commerce (1834), 83 ; discours sur le projet d'Adresse (13 janvier 1836), 87 ; sur un crédit de 1,200,000 francs pour dépenses secrètes (29 avril 1835), 93 ; son mépris pour les attaques des partis, 103 ; discours sur la juridiction de la Cour des Pairs en matière de presse (25 août 1835), 127 ; ses sentiments sous la Restauration, 134 ; discours sur la législation de la presse (incident sur les troubles d'avril,

la question d'Orient, adresse de
1840), IV, 413; son opinion sur l'alliance
anglaise (1840), 447; Président
du Conseil et ministre des
Affaires étrangères (1er mars 1840),
sa déclaration faite devant les
Chambres (4 mars 1840), 461; discours
sur les dépenses secrètes
(24 mars 1840), 467; autre sur les
dépenses secrètes (14 avril 1840),
493; sur la conversion de la rente
(21 avril 1840), 529; sur la proposition
Remilly (24 avril 1840), 529;
sur les affaires de La Plata
(27 avril 1840), 547; sur le projet de
loi relatif aux sucres (8 mai 1840),
561; il est partisan de la suppression
de l'esclavage, 613; discours
sur les affaires d'Algérie,
(14 mai 1840), 619.

— Discours sur le privilège de la
Banque de France (19 mai 1840),
V, 1; sur la conversion des rentes
(30 mai 1840), 49; sur l'affaire
des Juifs de Damas (2 juin 1840),
79; sur la colonisation de l'Algérie
(6 juin 1840), 89; sur la garantie
d'intérêt demandée pour le chemin
de fer d'Orléans (12 juin 1840),
103; sur la navigation intérieure
(24 juin 1840), 119; sur le projet
de loi relatif aux paquebots transatlantiques
(3 juillet 1840), 131;
sur la question d'Orient (25 novembre
1840), 149; il donne sa
démission (octobre 1840), 152; exposé
de sa politique dans la
question d'Égypte (1840), 175 et
suiv.; motifs de sa détermination
relativement aux affaires
d'Égypte (1840), 215; son plan
pour obtenir la modification du
traité du 15 juillet 1840, 220; discours
sur la question d'Orient
(discussion de l'Adresse, réponse

à MM. Passy et Guizot, 27 novembre
1840), V, 237; il ne craint
pas l'épithète de révolutionnaire,
269; ses rapports avec M. Guizot,
ambassadeur à Londres (1840),
279; il se dit trompé par lord Palmerston
dans l'affaire d'Égypte,
288; ses projets à la suite du traité
du 15 juillet 1840, 296; discours
sur le projet d'Adresse (réponse à
M. Desmousseaux de Givré, 5 décembre
1840), 299; rapport sur le
projet de loi tendant à ouvrir un
crédit de 140 millions pour les
fortifications de Paris (13 janvier
1841), 313; discours sur le
projet de loi relatif aux fortifications
de Paris, 375; ses sentiments
à l'égard de la Révolution,
403; son opinion sur le système de
fortifications à adopter pour Paris,
422; discours sur le contre-projet
du général Schneider, relatif aux
fortifications de Paris, 451; sur le
projet de loi relatif aux dépenses
secrètes (25 février 1841), 495;
motifs de sa politique dans la
question d'Orient, 498; la politique
à suivre en Orient en 1841,
selon lui, 508; son avis sur la
politique intérieure (1841), 510;
discours sur le projet de loi relatif
aux crédits supplémentaires
(12 avril 1841), 519; sur le projet
de loi relatif aux crédits supplémentaires
de 1841 (15 avril 1841),
557; déclare que la France n'était
pas prête à faire la guerre en 1840,
561; il ne voulait pas la guerre dans
tous les cas en 1840, 583; discours
sur la question des cadres (11 mai
1841), 587; sur l'amendement
Schauenburg (réduction des cadres,
12 mai 1841), 607; sur le
traité de commerce avec la Hol-

réformes, 12 février 1848), VII.
597.

— Rapport sur la proposition
Proudhon (réorganisation de l'impôt et du crédit, 26 juillet 1848).
VIII, 1 ; discours dans la discussion d'un projet d'impôt sur les
prêts hypothécaires (2 août 1848),
29 ; sur le droit au travail (13 septembre 1848), 57 : il accepte la République sans l'avoir désirée, 59 ;
discours sur le papier-monnaie
(10 octobre 1848), 107 : sur le
remplacement militaire (21 octobre 1848), 161 ; sur les affaires
d'Italie (31 mars 1849), 203 : discours sur la mise en accusation
du Président de la République et
des ministres (12 juin 1849).
245 ; sur le projet de loi relatif à
la presse (24 juillet 1849), 265 ;
rapport sur le projet de loi relatif
à des crédits extraordinaires pour
l'expédition de Rome (12 octobre
1849), 307 : discours sur le projet
de loi relatif à des demandes de
crédits destinés à payer le subside
dû par la France à la république
de l'Uruguay (5 janvier 1850), 327 ;
son attitude de 1848 à 1850, 329 ;
discours sur l'Instruction publique
(18 janvier 1850), 385 ; il est élu
président des commissions chargées de préparer une loi sur
l'Instruction publique (1850), 387 :
droiture de sa ligne politique, 390,
411, 599 ; rapport fait au nom de
la Commission de l'assistance et
de la prévoyance (26 janvier 1850).
449 : discours sur les conseils académiques départementaux (13 février 1850), 593 ; dans la discussion
du projet de loi sur l'Instruction
publique (amendement Lasteyrie.
23 février 1850), 653 ; dans la discussion du projet de loi sur l'Instruction publique (congrégations
religieuses non autorisées, 23 février 1850). VIII, 661 : il ne pouvait
rien pour sauver la monarchie en
1848. 692.

— Discours dans la discussion du
projet de loi ayant pour objet de
modifier la loi électorale du
15 mars 1849 (24 mai 1850), IX,
1 : il fait partie de la commission
chargée de modifier la loi, 2 ; discours sur la proposition de M. de
Rémusat relative à la formation du
nouveau ministère (17 janvier
1851), 59 : son rôle dans l'élection
du prince Napoléon, 67 ; raisons de
sa visite à Claremont (1850), 86 :
ses préférences pour le système
politique anglais, 102 ; à quelles
conditions il admet la République,
105 ; discours sur le projet de loi
relatif à l'achèvement du chemin
de fer de l'Ouest (3 mai 1851).
115 : sur le régime commercial
de la France (proposition Sainte-Beuve, 27 juin 1851), 135 ; autre
discours sur le régime commercial de la France (28 juin 1851),
245 : préface concernant les deux
discours sur le régime commercial
de la France (1851), 277 ; résumé
de sa carrière publique (1851),
278 : discours sur le droit de
réquisition directe (17 novembre
1851), 311 ; sur la dette flottante
(24 décembre 1863), 327 ; il est
élu député de Paris (mai 1863).
327 ; discours sur les libertés nécessaires à la France (11 janvier
1864), 355 ; exposé de ses principes politiques (1864), 358 ;
discours sur les candidatures
officielles (Adresse de 1864, 14 janvier). 407 ; premier discours sur

discussion du projet de loi relatif
à un appel de 90.000 hommes sur
la classe de 1870 (30 juin 1870), XII,
603 ; sur la rupture des négociations avec la Prusse (15 juillet
1870), 635 ; interruptions violentes
dont il est assailli, 648.

— Discours sur la protestation de
M. Keller contre la cession
de l'Alsace et de la Lorraine
(17 février 1871), XIII, 1 ; nommé
député de Paris et Chef du pouvoir
exécutif, 5 ; communication relative à la constitution du Cabinet,
et observations sur l'opportunité
d'une suspension des séances
(19 février 1871), 5 ; son programme, 9 ; communication des
préliminaires du traité de paix et
observations à l'effet d'obtenir la
déclaration d'urgence (28 février
1871), 17 ; discours à l'occasion de
la motion de déchéance (1er mars
1871), 27 ; sur le projet de loi
relatif aux préliminaires de paix
(1er mars 1871), 33 ; sur une proposition de loi relative à la nomination d'une commission des
finances (3 mars 1871), 45 ; réponse
à deux questions sur des émissions
de rentes et des emprunts à la
Banque (8 mars 1871), 51 ; discours
sur le projet de translation du
siège de l'Assemblée nationale
dans un lieu plus rapproché de
Paris (10 mars 1871), 61 ; observations sur l'impression d'un rapport
relatif à l'état des finances (11 mars
1871), 103 ; allocution sur un projet de proclamation au peuple et
à l'armée (21 mars 1871), 107 ;
discours sur une déclaration concernant les élections municipales
de Paris, 113 ; observations sur
une proposition concernant les

mesures à prendre pour pacifier
Paris (24 mars 1871), XIII, 139 ; discours sur une proposition concernant les maires de Paris (27 mars
1871), 143 ; il ne fera rien pour
préjuger la forme du gouvernement, 150 ; discours sur une proposition concernant les opérations
des armées allemandes (29 mars
1871), 153 ; explications sur l'arrestation de MM. Rouher et G. de
Cassagnac (31 mars 1871), 159 ;
communication sur les résultats
d'un engagement entre les troupes
régulières et les insurgés (3 avril
1871), 171 ; compte rendu de la
visite faite aux militaires blessés
par la députation de l'Assemblée
(4 avril 1871), 177 ; discours sur
le projet de loi relatif aux élections
municipales (8 avril 1871), 181 ;
communication relative aux événements de Paris et à la situation de la France (27 avril 1871),
189 ; communication relative à la
signature du traité de paix (11 mai
1871), 209 ; observations sur une
question de M. Mortimer-Ternaux
(11 mai 1871), 213 ; il obtient un
ordre du jour de confiance, 231 ;
discours sur le projet de loi portant ratification du traité de paix
avec l'Allemagne (18 mai 1871),
235 ; communication au sujet de
l'entrée des troupes dans Paris
(22 mai 1871), 263 ; ordre du jour
déclarant que l'armée et — ont
bien mérité de la patrie, 270 ;
discours au sujet d'un incident
relatif aux événements de Paris
(24 mai 1871), 273 ; observations
sur une demande d'enquête au
sujet de la capitulation de Metz
(29 mai 1871), 287 ; observations
sur une proposition de M. de Ra-

additionnels sur les patentes, les portes et fenêtres et la contribution personnelle mobilière (13 juillet 1872), XIV, 535 ; troisième discours relatif à l'établissement de centimes additionnels sur les patentes, les portes et fenêtres et la contribution personnelle et mobilière (projet Gaslonde, article additionnel Féray, 16 juillet 1872), 551 ; dans la discussion de l'impôt proposé sur les matières premières (17 juillet 1872), 565 ; dans la discussion de l'impôt sur les matières premières (18 juillet 1872), 613 ; relatif à l'impôt sur les matières premières (19 juillet 1872), 631. — Message du Président de la République lu le 13 novembre 1872, XV, 1 ; discours sur l'interpellation relative au banquet de Grenoble (18 novembre 1872), 45 ; sur les combinaisons de la commission chargée d'examiner la proposition de M. de Kerdrel (29 novembre 1872), 63 ; tableau de la politique de — depuis 1871, 63 ; discours sur les attributions des pouvoirs publics (4 mars 1873), 119 ; sa situation dans le gouvernement de 1871 à 1873, 153 ; nécessité de la tolérance politique, 161 ; discours sur la politique intérieure du gouvernement (24 mai 1873), 171 ; il donne sa démission de Président de la République (24 mai 1873), 223 ; discours sur les nouveaux forts à construire autour de Paris (27 mars 1874), 225 ; sur le classement des chemins vicinaux (29 février 1836), 293 ; sur les chemins vicinaux (3 mars 1836), 313 ; sur l'achèvement des monuments de Paris (crédit supplémentaire, 16 juin 1836, Cham-

bre des Pairs). XV, 327 : déposition dans l'enquête ouverte sur la Banque de France et sur la circulation fiduciaire (27 juillet 1866). 357 ; déposition devant la Commission d'enquête chargée d'examiner les actes du gouvernement de la Défense nationale (17 septembre 1871), 475 ; déposition devant la Commission d'enquête chargée de rechercher les causes de l'insurrection du 18 mars (24 août 1871), 567 ; discours aux délégués républicains de la Gironde (25 mars 1874), 635 ; prononcé à Arcachon (17 octobre 1875), 643 ; manifeste aux électeurs du IXe arrondissement de Paris (27 septembre 1877), 663 ; note de M. Mignet, 664.

THILLEMENT. Le nommé —, condamné pour embauchage politique (1832). I, 471.

THOMAS (le P.). Enlèvement du — à Damas (1840), V. 79.
V. *Syrie*.

THOURET (M. —, député). Son rapport sur la Régence. VI, 222.
V. *Régence*.

THOUVENEL (M. —, député). Parle au nom de la gauche, 9 août 1831, I, 45, ses critiques sur le projet de budget de 1832. 297.

THOUVENEL (M. —, ministre des Affaires étrangères). Son opinion sur la question romaine, X, 86.
V. *Italie, Papauté, Rome*.

THUROT (le général. Cité par M. Thiers. III, 52.

Cracovie, III, 465 ; nécessité de les accepter, 603.

— La France ne peut aimer les —, IV, 358 ; la France les a respectés avec raison ; opinion nouvelle de l'Angleterre sur les — (1840), 452.

— La seule clause acceptable des —, V, 644.

— Leur influence sur les rapports entre la France et l'Allemagne, VI, 11.

— Nécessité de les observer en les détestant, VII, 501 ; leur sens en ce qui concerne la Suisse, 527, 559.

— Leurs stipulations, VIII, 222 ; la France doit les observer en les détestant, 224.

— Nécessité de les respecter, XI, 25 ; l'équilibre européen repose sur les —, 28.

— Leur importance pour la France, XIII, 408.

V. *Politique extérieure, Restauration.*

TRAITÉS BELGES. Le — des Dix-huit articles, son but, ses dispositions en ce qui concerne le Luxembourg, IV, 312 ; le — des Vingt-quatre articles, ses dispositions relatives au Luxembourg, 312 ; difficulté de l'exécuter en 1839, 318.

V. *Belgique, Intervention, Luxembourg, Politique extérieure.*

TRAITÉS RELATIFS AUX AFFAIRES D'ORIENT. Le — d'Unkiar-Skelessi, juillet 1833, II, 209.

— Clauses de cet acte, IV, 443.

— Le — du 15 juillet 1840, mesures prises par M. Thiers à la suite du —, V, 151 ; on en a pré-

cipité la signature, pourquoi, V, 212 et suiv. ; circonstances qui l'ont préparé à Londres, 285 ; pourquoi il a été publié tardivement, 303.

— Le traité d'Unkiar-Skelessi, sa portée selon M. Thiers, VI, 45 ; le — du 20 décembre 1841, but de l'Angleterre en le négociant, 72 ; origines de ce traité, 194.

V. *Égypte, Orient, Russie, Turquie.*

TRAITÉS RELATIFS A L'ESPAGNE. Le — de la quadruple alliance (1834), III, 179.

— Ses stipulations, IV, 33 ; sa portée, 88.

V. *Espagne, Politique extérieure, Portugal, Quadruple alliance.*

TRAITÉS RELATIFS A L'ALGÉRIE. Obscurité des — conclus avec les Arabes, III, 627.

— Le traité de février 1834 avec Abd-el-Kader, IV, 123 ; le — de la Tafna, de 1839, 625 ; et V, 90.

V. *Algérie, Tafna (la).*

TRAITÉ DE FRANCFORT. Le — communiqué à l'Assemblée par M. Thiers, XIII, 17, 209 ; discours de M. Thiers sur le projet de loi portant ratification du —, notice, 235 ; stipulations du —, 235 ; affaire de Belfort, 236 ; Intérêts politiques sur la frontière du Luxembourg, 239 ; importance de la trouée de Belfort, 241 ; diminution de l'importance des places, 245 ; valeur défensive de Belfort, 246 ; motifs de M. de Bismarck pour céder sur la question de Belfort, 250 ; inquiétudes de l'Allemagne, 259 ; raisons straté-

tude du gouvernement français dans la question, XIV, 151 ; nécessité de lui attribuer la faculté de dénoncer les traités, 154 ; gêne résultant des — au point de vue fiscal, 341, 373, 382.

— Traité signé avec l'Angleterre, (1872), XV, 21.

V. *Commerce, Douanes, Industrie, Libre-échange, Protection, Tarifs.*

TRAITEMENTS. Réduction des — au budget de 1832, I, 243 ; des agents diplomatiques, discours de M. Thiers (1832), 451.

V. *Agents diplomatiques, Budget, Fonctionnaires.*

TRANSACTIONS COMMERCIALES. Projet d'impôt sur les —, combattu par M. Thiers, XIV, 184, 140.

TRANSIT. Des réfugiés politiques, convenu entre la France et la Suisse, IV, 11.

V. *Réfugiés, Suisse.*

TRANSLIMITATION. La — proposée par l'Angleterre comme procédé d'intervention en Espagne, IV, 44.

V. *Espagne, Quadruple alliance.*

TRANSNONAIN. Causes des événements de la rue —, II, 473.

V. *Émeutes, Gouvernement de Juillet.*

TRANSPORTS MARITIMES. Leur prix en France, IX, 565.

V. *Marine marchande.*

TRAVAIL. Observations sur la durée du travail dans les ministères (1832), I, 330.

— C'est le seul moyen d'enrichir le pays, II, 177.

— Discours de M. Thiers sur la question du droit au —, VIII, 57 ; théorie du droit au — (1848), 90 ; le — principe de la propriété, 63 le — loi fondamentale de la société, 454 ; influence de l'État sur les chômages, 581.

— Action des tarifs sur le —, XI, 259.

— Situation faite au — par le libre-échange, XI, 545 ; le — but des nations, 546.

V. *Assistance, Libre-échange, Protection.*

TRAVAUX PUBLICS. Dépenses du ministère du Commerce et des — au budget de 1832, I, 242, 250 ; la commission du budget de 1832 réclame l'application d'un système nouveau pour les —, 251 ; on ne peut recourir à l'industrie privée pour l'exécution des —, pourquoi, 272 ; somme nécessaire pour les achever (1832), 370.

— Augmentation des crédits relatifs aux — (1834), II, 420.

— Impulsion donnée aux — par la loi de 1833, III, 370 ; surveillance exercée par M. Thiers sur les — de Paris (1833-1836), 411 ; manière d'agir des entrepreneurs de —, 411.

— Causes des inexactitudes des devis en matière de —, V, 486 ; excès des — à la suite de la loi de 1833, 544 et suiv.

— Découvert résultant des — (1832), VI, 146.

— Excès des — sous le gouvernement de Juillet (1846), VII, 318 ; ordonnés par les lois de 1841 et 1842, 437 et suiv. ; danger d'exécuter une masse trop considérable de — simultanément, 483.

— Emploi des — comme moyen d'atténuer les chômages, VIII, 514 ; combinaisons proposées à propos des —, 524.

— Ils sont employés comme moyen politique, danger de les exagérer, X, 177 ; exagération des — sous le second Empire, effets économiques, 383.

— Exagération des — sous le second Empire, XII, 178 ; détail des — à exécuter à Paris, 205 et suiv.

— Supériorité de l'administration des ponts et chaussées en matière de —, XV, 310 ; règles applicables en matière de — (1836), 316 ; discours de M. Thiers sur l'achèvement des monuments de Paris (crédit supplémentaire, 16 juin 1836), 327 ; infériorité de l'adjudication pour les grands —, 346 ; contrôle des —, 347.

V. *Adjudication publique, Assistance, Budget.*

TRÉSOR. Discours de M. Thiers sur une création d'obligations du — (1831), I, 11 ; on refuse de traiter avec le — pour un emprunt en 1830, 34 ; situation du portefeuille en 1831, 34 ; effets du danger de cette négociation, possibilité de l'agiotage, 340 ; création d'un ministère du — sous l'Empire, résultats, 361 ; pensions à la charge du — à la chute de l'Empire, 401 ; ses pertes par l'effet de l'amortissement, 572.

— Ses craintes au sujet de l'emploi des fonds des caisses d'épargne,

IV, 101 ; inconvénient des avances au —, affaire du syndicat des receveurs généraux, 105, 114 ; le — ne doit pas spéculer, 111 ; ses relations avec la Banque, 117.

— Secours qu'il a tirés de la Banque à diverses époques, V, 12.

— Les engagements du — en 1842, VI, 146.

— Services rendus au — par la Banque de France, XV, 385 ; ses escomptes à la Banque de France, 412.

V. *Banque de France, Budget, Dette flottante. Emprunts, Finances, Obligations.*

TRÉZEL (le général). Loué par M. Thiers, sa conduite à Oran, IV, 136.

V. *Algérie.*

TRIBUNAL. Démarche du — de Lyon près du préfet du Rhône (mars 1834), II, 597.

— On ne peut donner aux — un droit de contrôle sur les agents du pouvoir, III, 303 et suiv.

— Choix du — le plus apte à juger les procès de presse, XI, 385.

V. *Agents du pouvoir, Cour des Pairs, Lyon, Presse, Troubles.*

TRIBUNE PARLEMENTAIRE. La liberté de la — doit être absolue, II, 295 ; danger des promesses et des accusations sans fondement faites à la —, 361.

— On y dit le vrai et le faux, IV, 130.

— Son rôle comme organe de l'opinion, VII, 493.

V. *Liberté.*

TRIPLE ALLIANCE. La — n'oserait

U

UNION DOUANIÈRE. Causes de la formation de l' — allemande, III, 487 ; l' — n'est pas sortie d'une idée politique, 612 ; impossibilité d'en empêcher la formation, 613.

— Projet d'une — franco-belge, opposition de l'Angleterre, VI, 309.

V. *Allemagne, Angleterre, Belgique, Zollverein.*

UNITÉ ADMINISTRATIVE. Origine et rôle de l' — en France, II, 73 ; le gouvernement représentatif a réalisé l' — en France, 103 ; tendance générale en Europe vers l' —, 237.

— Résultats obtenus en France par l' —, VII, 40.

V. *Administration, Napoléon Ier, Révolution.*

UNITÉ DE L'ALLEMAGNE. Dangers qu'elle présente pour la France, X, 65 ; pour l'Europe, 616 ; pour les petits États, 620.

— L' — considérée au point de vue allemand, XI, 49 ; ses origines, 143.

V. *Allemagne, Politique extérieure, Prusse.*

UNITÉ DE LA FRANCE. L' — nationale est l'œuvre de la Révolution complétée par Napoléon Ier, II, 73.

— Origines et utilité de l' —, V, 329.

— Elle fait la force de la France, VI, 460.

— Quels sont les moyens d'atteindre à l' —, VIII, 638.

V. *France.*

UNITÉ ITALIENNE. Dangers de l'— pour la France, X, 60 ; difficultés

nées de l'unité italienne, 72 ; son influence sur l'unité allemande, 64, 380, 618.

— Opinion de M. Thiers sur l' —, XI, 33 ; elle a préparé l'unité allemande, 49 ; elle devait nous préparer un adversaire, 122.

— Elle a préparé l'unité allemande, XIII, 413.

V. *Italie, Papauté, Rome.*

UNIVERSITÉ. Son avoir en rentes 5 0/0 (1836), III, 207.

— Situation de l' — avant 1789, VI, 462 ; caractère donné à l' — par Napoléon, 467 ; ses vicissitudes, 469 ; seule elle peut conférer des grades, 505 ; situation des fonctionnaires de l' —, 518 ; apologie de l' — 522 ; attaques dirigées contre l' — par certains évêques (1844), 659.

— Son organisation en 1808, en 1815 et en 1845, VII, 35 ; M. Thiers la défend contre M. de Salvandy, 42 ; son histoire, résumée par M. Thiers (1846), 43 ; il faut une loi pour opérer la réforme de l' —, 66 ; attaques du clergé contre elle, et attitude du gouvernement dans le conflit (1846), 304.

— Elle a été rétablie par Napoléon, VIII, 392 ; elle est respectée par la loi de 1850, 419 ; sa situation en 1850, 600 ; sa supériorité technique, 605 ; exagération de ses programmes, 611.

V. *Enseignement, Instruction publique.*

UNKIAR-SKELESSI. Conclusion du traité d' —, II, 191 ; signification du traité d' —, 210.

— Ses stipulations, IV, 443.

V. *Orient, Russie, Turquie.*

URUGUAY (la République de l').
Envahie par le général Oribe,
VI, 350 et suiv.; discours de
M. Thiers sur les affaires de la—
(1854), 349 ; sa situation politique
(1844), 358 ; émigration française dans la —, 358 ; autre discours de M. Thiers sur les affaires
de la — (31 mai 1844), 399 ; nécessité de protéger son indépendance, 420.
— Discours de M. Thiers relatif aux
subsides dus à la République de
l' —, VIII, 327.
V. *Oribe, Plata (La)*.

UTILITÉ SOCIALE. Le principe de
l'— s'oppose à l'extension du droit
électoral, I, 532.
— Elle dirige seule la politique des
États, VI, 287.
V. *Politique extérieure*.

UTOPIES. Danger des —, leur effet
sur les masses, II, 42.
V. *Finances, Impôts*.

UTRECHT (traité d'). La France y
reconnaît les droits des neutres,
III, 41.
V. *Droit de Visite, Neutres*.

V

VACHON-IMBERT (M. —, adjoint
au maire de Lyon). Sa lettre au
préfet du Rhône (1834), II, 582.
V. *Émeutes, Lyon, Troubles*.

VAISSEAUX. Emploi du fer dans
la construction des — (1846), VII,
200; enquête anglaise sur la
forme à donner aux —, 203.
V. *Marine marchande*.

VALAIS. Situation politique dans le
canton suisse du — (1848), VII,
538; influence du clergé, 539.
V. *Suisse*.

VALEURS FONCIÈRES. Évaluation
de la propriété foncière (1848),
VIII, 114.
V. *Impôts*.

VALEURS LOCATIVES. Emploi
des baux pour fixer les —, VI,
131.
V. *Impôts*.

VALEURS MOBILIÈRES. Propor-
tion des valeurs créées par la
Banque de France, VIII, 131.
— Progression des — en France,
XIII, 619.
— Impôt proposé sur le revenu des
— (1872), XIV, 1 ; ses inconvé-
nients, 14, 41.
V. *Impôts*.

VALMY (le duc de). Prend part à
la discussion sur les affaires
d'Orient (1840), IV, 415.
V. *Orient*.

VAN ROBAIX. Appelé en France
par Colbert pour y importer l'industrie du drap, IX, 205.
V. *Industrie, Protection*.

VARÉLA (M.). Agent du gouverne-
ment de l'Uruguay, cité par
M. Thiers, VI, 354.
V. *Plata (La), Uruguay*.

VARSOVIE. La ville de — prise par
les Russes, I, 75; le grand-duché
de — réuni à la Russie en 1815,
431 ; il doit conserver une administration distincte, 431.

— Discours de M. Thiers sur les réclamations pécuniaires relatives au grand-duché de Varsovie (1835). II, 489.

— Circonstances de la prise de Varsovie par les Russes, V, 434.

— Accueil fait à M. Thiers à — en 1870, XV, 545.

V. *Politique intérieure, Pologne.*

VATOUT (M. —, député). Ses propositions relatives aux théâtres, II, 316.

V. *Théâtres.*

VAUBAN. Propose de fortifier Paris, V, 315; justification de son autorité en matière militaire, par M. Thiers, 381; ses idées sur la nécessité de fortifier Paris, 384.

— Éloge de — par M. Thiers, XIII, 400; cité par M. Thiers, 619.

V. *Fortifications de Paris, Impôts.*

VAUCHER (M.). Cité par M. Thiers, XI, 636.

VÉGÉTATION SOCIALE. Ce qu'il faut entendre par la —, X, 46.

V. *Population. Société politique.*

VENDÉE. Attitude du gouvernement de Juillet à l'égard des troubles de —, I, 57; pensions accordées aux Vendéens sous la Restauration, 407, 413; causes véritables des désordres de la — (1832), 484; moyens employés pour arrêter l'insurrection, 502; les Bourbons y cherchent une diversion contre le gouvernement de Juillet, 518.

— Les insurgés de la — participent aux pensions établies par l'ordonnance du 1er août 1815. II, 7; les secours accordés aux insurgés de la Vendée supprimés en 1832. 11.

— Citée comme exemple des changements produits par le temps dans l'esprit public d'un pays, IV, 60.

— Causes principales de l'insurrection de la —, VIII, 200.

V. *Gouvernement de Juillet, Insurrections. Troubles.*

VENISE. Le gouvernement de — cité par M. Thiers, I, 154.

VERA-CRUZ (La). Est occupée par les alliés (1861), leurs souffrances, IX, 475.

V. *Mexique.*

VÉRITÉ. On doit la dire aux peuples comme aux rois, I, 321.

— Les vérités fondamentales de la politique française depuis 1789. XV, 694.

V. *Politique extérieure et intérieure.*

VERSAILLES. Utilité de transporter l'Assemblée à — (1871), XIII, 84, 94; observations de M. Thiers sur une proposition de M. de Ravinel concernant l'installation des services ministériels à — (1871). 291.

V. *Assemblée nationale.*

VIEILLARD (M. —, sénateur). Ménage une entrevue entre M. Thiers et Louis-Napoléon, XIII, 309.

VIEILLESSE. Moyens d'assurer des ressources à la —, VIII, 553.

V. *Assistance.*

VOIES ET MOYENS. Proposés pour couvrir les dépenses de 1831, I. 15.
V. *Budget, Finances.*

VOLONTAIRES. Des — s'offrent pour servir en cas de guerre (1831), I. 217.
— La vérité sur les — de 1793, XIV, 288.
V. *Armée, Service militaire.*

VOLTAIRE. Il ne serait plus irréligieux à l'époque actuelle, XI. 321.
V. *Religion.*

VOSGES. Importance de la frontière des —, XIII, 241.
V. *Belfort, Traité de Francfort.*

VOTE. Utilité de la publicité du —, XII, 406.
V. *Élections.*

VUITRY (M. —, ministre présidant le Conseil d'État). Parle sur le budget de 1866, X, 311.
V. *Budget, Finances.*

W

WADDINGTON (M.). Nommé ministre de l'Instruction publique (1873), XV, 172.

WAGRAM. Napoléon avait déjà des troupes trop jeunes, à —, VIII, 197.
V. *Armée, Service militaire.*

WALEWSKI (le comte). Sa mission au Caire (1840), V, 220.
V. *Égypte, Orient.*

WALLON (M. —, député). Son amendement à l'article 7 de la loi de 1850 sur l'Instruction publique. VIII, 593.

WALPOLE (Sir Robert). Son opinion sur l'alliance française, III, 437.

WASHINGTON. Son opinion sur les associations politiques, II. 272.

WASHINGTON. La ville de — brûlée par les Anglais. III, 55.

WEIMAR. Suppression de la légation française à —, III, 486.
V. *Allemagne.*

WELLINGTON (le duc de). Division du Cabinet du — sur la question de l'émancipation de la Grèce, II, 173; préside la commission chargée de fixer les sommes dues par la France aux États étrangers, 490.

WELLS (M. —, commissaire du revenu intérieur aux États-Unis). Cité par M. Thiers, XIV, 444, 462.

WENTWORTH-DILKE (Sir). Cité par M. Thiers, XII, 431.

WESTERN (M. le sénateur). Se fait l'organe des réclamations adressées à la France au sujet des navires américains pris et détruits, III, 68.
V. *Indemnités, États-Unis.*

WHIGS. Utilité de leur présence au pouvoir au point de vue français (1830-1833), I, 553.
— Prépondérance de leur politique vers 1840, IV, 450.
— Le parti — et la France après 1830, VI, 305.
V. *Angleterre, Politique extérieure, Tory.*

WURTEMBERG. Le — commence le Zollverein, III, 345; forme la première association douanière, 477.

V. *Allemagne, Union douanière, Zollverein.*

WUSTEMBERG (M. —, député). Parle contre le système protecteur (1836), III, 270.

Z

ZÉA (M.). Ses déclarations relatives à la forme du gouvernement espagnol (1833), IV, 31.

V. *Espagne, Quadruple alliance.*

ZOLLVEREIN. Ses débuts en 1833, II, 302.

— Discours de M. Thiers sur le — (1836), III, 345; tendance una-nime en Allemagne en faveur du — (1836), III, 347; la formation du — est plutôt utile que dommageable pour l'Europe, 352; impossibilité pour la France d'empêcher sa formation, 487; son influence sur la paix, 492; il n'est pas sorti d'une idée politique, 612; impossibilité d'en empêcher la formation, 613.

— Causes de sa formation, V, 656.

— La formation du — n'était pas une preuve du désir d'unité en Allemagne, XI, 140.

V. *Allemagne, Politique extérieure, Prusse, Union douanière.*

ZUMALACARRÉGUY. Dirige l'insurrection en Espagne, IV, 2; tué à Bilbao, 42.

V. *Espagne, Quadruple alliance.*

TABLE

DES DISCOURS DE M. THIERS

SELON L'ORDRE DES VOLUMES

PREMIER VOLUME.

DEUXIÈME VOLUME.

TROISIÈME VOLUME.

QUATRIÈME VOLUME.

CINQUIÈME VOLUME.

Pages.

SIXIÈME VOLUME.

SEPTIÈME VOLUME.

HUITIÈME VOLUME.

NEUVIÈME VOLUME.

DOUZIÈME VOLUME.

TREIZIÈME VOLUME.

QUINZIÈME VOLUME.

PARIS. — MAISON QUANTIN.

7, rue Saint-Benoît.